A História pensada

Consulte nosso catálogo completo e últimos lançamentos em **www.editoracontexto.com.br**.

A História pensada

Teoria e método na historiografia europeia do século XIX

Estevão de Rezende Martins (org.)

editora contexto

Capa
Reprodução tela de Theodor Mommsen

Montagem de capa
Gustavo S. Vilas Boas

Diagramação
Gapp Design

Preparação de textos
Daniela Marini Iwamoto

Revisão
Flávia Portellada

Dados Internacionais de Catalogação na Publicação (CIP)
(Câmara Brasileira do Livro, SP, Brasil)

A História pensada : teoria e método na historiografia europeia
do Século XIX / organizador Estevão de Rezende Martins. –
1. ed., 2ª reimpressão – São Paulo : Contexto, 2025.

ISBN 978-85-7244-468-2

1. História – Metodologia 2. História – Teoria 3. Historiografia
I. Martins, Estevão de Rezende.

10-01121 CDD-907.2

Índice para catálogo sistemático:
1. Historiografia 907.2

2025

EDITORA CONTEXTO
Diretor editorial: *Jaime Pinsky*

Rua Dr. José Elias, 520 – Alto da Lapa
05083-030 – São Paulo – SP
PABX: (11) 3832 5838
contato@editoracontexto.com.br
www.editoracontexto.com.br

Sumário

Introdução:
O renascimento da História como ciência

Estevão de Rezende Martins

Para compreendermos nossa situação atual temos, portanto, de identificar não só as semelhanças do presente com o passado como suas diferenças em relação ao futuro.

Mark Mazower, *Continente sombrio*.

Todo historiador tem o direito de engajar-se ética e politicamente, marcando com isso sua percepção da história. Esse engajamento não o alforria, contudo, para criar um passado para o qual não haja evidência empírica.

Georg G. Iggers, Edward Q. Wang e Supriya Mukherjee, *A Global History of Modern Historiography*.

Tornou-se corrente admitir que a reflexão histórica tem suas raízes na Antiguidade clássica, mais especialmente em Heródoto e em Tucídides. Esses autores de língua grega marcaram o ponto de partida de François Châtelet, que em um texto clássico publicado em 1962 definiu a Grécia como o berço do pensamento histórico ocidental.[1] Châtelet, desde a perspectiva filosófica, utiliza em seu título um termo próprio: *historienne*, cunhado pela língua francesa para designar o sentido do pensamento histórico enquanto produzido por uma reflexão intencionalmente voltada para a organização crítica da memória como fundamento do sentido da sociedade, da política e da cultura respectiva. Esse termo é empregado distintamente do adjetivo habitual, histórico (*historique*), aplicável para Châtelet a qualquer pensamento racional que lide com a ação humana no tempo.

Durante séculos, na tradição dominada pela cultura ocidental de origem greco-romana, a História oscilou sistematicamente entre estilos ou objetos muito diversos, como a banal existência de um indivíduo qualquer, a hagiografia política, a filosofia ou a teologia. Com o advento da crítica racional no Renascimento e, mais particularmente, com o surgimento e a consolidação das Luzes no século XVIII, a História passou por uma espécie de repaginação teórica e metódica que culminou em sua cientificização. Esse processo atravessa o século XIX e culmina na consolidação e no êxito social da historiografia nesse século e no século XX.

O uso indistinto do termo "história" aconselha que se busque, a guisa de proêmio, esclarecer os sentidos que possui. A polissemia da "história" é um truísmo. Justamente por isso é razoável convencionar com que sentido se está lidando aqui. Pode-se distinguir ao menos quatro usos correntes. Que conceitos estão presentes nesse uso? O primeiro é o mais genérico e impreciso: chama-se de história o conjunto (mesmo desconhecido) da existência humana no tempo, ainda que não se saiba quando começou ou quando há de terminar. Nesse sentido, história recobre qualquer ação humana e é nesse contexto que se fala, mais comumente, do "curso da história".

O segundo sentido introduz uma circunscrição conceitual. História diz respeito à memória consciente daqueles agentes e daquelas ações que qualificam a identidade pessoal e social dos integrantes de uma dada comunidade. Crônica da especificidade, essa história continua sendo, contudo, um registro amplo do agir no tempo, restrito dessa feita a uma sociedade particular. Não raro esse tipo de registro memorial da glória (ou da pretensão) está carregado de elementos ditos "civilizacionais", de cunho, sobretudo, político.

Um terceiro sentido promove uma restrição mais técnica. É a História enquanto conhecimento controlável e demonstrável, chamada de científica, ou ciência da história. Essa última expressão encerra ainda certa duplicidade, na medida em que mantém o pressuposto dos dois primeiros sentidos (uma História cientificamente cognoscível e explicável, mais ampla do que a metodicamente restringida), como sua base empírica suposta.

O padrão de cientificidade que se aplica é, por certo, o modelo do racionalismo moderno, cartesiano ou empirista, acentuadamente marcado pelo sucesso – mesmo que visto cada vez mais como relativo – das ciências ditas experimentais.

O quarto sentido é o que recorre ao termo "história" para designar as narrativas (de todos os tipos) com que se relata o agir passado dos homens no tempo. Com respeito aos dois primeiros sentidos, o "vou contar como foi essa história" inclui uma grande variedade de formas literárias do falar e do escrever.

Crônicas, fábulas, contos, tradições orais, memórias, anais, enfim, uma legião de possibilidades que, ao se apresentarem como "história", mesmo se não satisfazem o contrato metódico das pesquisas científicas, servem-lhes de fonte. No caso do entendimento da História como uma disciplina metódica de pesquisa, com resultados intersubjetivamente controláveis (terceiro sentido), aplica-se, para o produto narrativo acabado o termo, algo mais técnico, de historiografia. Trata-se do "livro de História" de que se fala quando tema, autor e forma metódica de tratamento do assunto ensejam determinado grau de confiabilidade somente efetivado na História como ciência – ao menos no âmbito dos paradigmas de plausibilidade amplamente adotados hoje em dia.

Como se trata de conceitos construídos – mesmo se não arbitrariamente, mas sem dúvida de modo convencional –, é útil, para o estudioso, entender e reconstituir o caminho percorrido, no debate acadêmico e historiográfico, pelos autores e pelos textos que balizaram o debate e as maneiras pelas quais esses entendimentos foram sendo distinguidos e consolidados.

Há ainda uma grande rede de inter-relações entre o que faz a História como ciência e as reflexões da Filosofia, da Sociologia, da Antropologia, da Psicologia – enfim, das ciências humanas e sociais. Questões com relação à verdade, à aptidão a conhecer, à demonstrabilidade de asserções, à relatividade subjetiva e social das narrativas, ao caráter lacunar das bases empíricas de informação, à relevância do saber histórico para a vida prática, e assim por diante, pertencem ao quotidiano do fazer histórico e da busca de sua plausibilidade.

A cada nova geração, a cada novo impacto da transformação social e cultural, o debate sobre o sentido e a função do conhecimento histórico parece sempre ocorrer contra esse pano de fundo teórico e prático. Os autores cujos textos foram escolhidos para integrar esta antologia deixam perceber como os quatro sentidos referidos se sucedem, entremeiam ou excluem. Lidam com contextos formais de técnicas de pesquisa e de formação profissional tanto quanto com missões patrióticas de constituição da nacionalidade ou do Estado. Flertam com a elegância estilística e o convencimento retórico, com a sedução da palavra ou da imagem. Ilustram, pois, por quantos caminhos começou o esforço de dar à História como ciência suas credenciais de nobreza acadêmica, de confiabilidade metódica, de plausibilidade argumentativa, de relevância político-social e cultural. Estão conscientes da fragilidade relativa das conclusões entretecidas nas narrativas, pois a cada tempo corresponde sociabilidade, sensibilidade e objetividade relacionais.[2]

A História cujo renascimento se organiza e estrutura na passagem do Iluminismo para o Romantismo e se consolida ao longo do século XIX nos cenários do positivismo, do historicismo, das escolas metódicas – e que orienta a organização deste livro –, é a História como ciência. História como ciência, cujos resultados historiográficos são expressos em narrativas que encerram argumentos demonstrativos articuladores da base empírica da pesquisa e da interpretação do historiador em seu contexto. A historiografia, assim, encerra em si as características de ser empiricamente pertinente, argumentativamente plausível e demonstrativamente convincente. Como se chega a esse patamar metódico, social e cultural de confiabilidade? A presente coletânea quer contribuir para a reconstrução de uma parte desse percurso, na prática e no espírito do pensamento histórico europeu, responsável pela geração das matrizes historiográficas contemporâneas.

No século XIX, as concepções de História e de historiografia passaram por uma mudança notável e decisiva. Esse século tornou-se conhecido como "o século da História". Sem dúvida foi ainda mais decisivo – embora essa perspectiva nem sempre tenha estado presente – o salto dado no segundo terço do século xx e seus prolongamentos até os anos 1970. Não obstante, a análise dos progressos da historiografia em nosso tempo deve ser feita mediante o contraste com o século xix, sem o qual não se pode perceber o alcance das mudanças ocorridas no século xx.

A importância marcante do século xix para os fundamentos da disciplina da historiografia em seu estado atual deve-se a um fenômeno único, de desdobramentos complexos: o abandono das concepções relativas à investigação e à escrita da história que formaram a tradição europeia praticamente desde o Renascimento e talvez mesmo desde a Antiguidade clássica. As diversas escolas e correntes historiográficas do século xix coincidem pelo menos em um ponto: deixam de considerar a história como uma crônica baseada nos testemunhos legados pelas gerações anteriores e entendem-na como uma investigação, pelo que o termo "história" recupera seu sentido originário em grego.

A evolução decisiva para a historiografia deu-se com o que se pode chamar de fundamentação metódico-documental, basilar para a disciplina "acadêmica" contemporânea, produzida pelos tratadistas do século xix e da primeira década do século xx. Tem-se aqui a origem da grande corrente historiográfica que se chamou – de forma algo exagerada, mas não totalmente imprópria – de historiografia "positivista", intimamente entrelaçada com a forte tradição do historicismo alemão. Foi no século xix que apareceram os primeiros grandes tratados do que se poderia chamar de normativismo histórico, um tipo de reflexão novo sobre a História, chamado de *Historik* por Johann Droysen. Essa reflexão definiu os parâmetros metódicos estipulados como obrigatórios para que a História se enquadrasse no que se tinha, então, por padrão de "ciência". Essa é a razão pela qual esses tratadistas tomaram como referência específica do estudo de História a ciência natural. Tal referência em momento algum foi pensada em termos miméticos (copiar a ciência natural) ou como modelo único (num movimento pré-dogmático). Normatizar os procedimentos, contudo, para obter algum grau de densidade confiável, era percebido como uma missão, que levou à produção de textos metodológicos famosos, sobretudo na França e na

Alemanha, de Buchez e Lacombe, de Ranke, de Droysen e de Bernheim, chegando a Langlois-Seignobos e a Lamprecht.

Essa mudança profunda e duradoura do horizonte dos estudos historiográficos, cuja influência se estendeu até os anos 1930, é habitualmente creditada às contribuições trazidas por uma corrente chamada, sem esforço maior de precisão, de positivismo. De outro lado, o historicismo alemão é amiúde considerado a maior contribuição do século XIX em matéria de concepções da natureza do histórico e da identidade da historiografia. Ambas as etiquetas requerem cuidadosa modulação.

Com efeito, o que se chama de "historiografia positivista" não deixa de estar interpretado por um equívoco persistente. Muitas vezes chama-se de positivista, sem mais nem menos, uma concepção da historiografia essencialmente narrativista, episódica (factual), descritiva, fruto de uma erudição bem à moda do século XIX. Na realidade, esse tipo de historiografia é o exemplo mais típico da "História tradicional", mas não tem por que ser necessariamente confundido com a historiografia "positivista". A historiografia positivista é a dos "fatos" estabelecidos mediante os documentos, indutivista, narrativa, por certo, mas também sujeita a um "método". Um exemplo disso pode ser encontrado na obra de Hippolyte Taine, na França, ou na de H. T. Buckle, na Inglaterra, cujos trabalhos se fundam justamente nessa filosofia do "fato histórico".

A escola que se costumava chamar de "positivista" pode ser também denominada – com mais propriedade – de "escola metódica", já que sua principal preocupação era a de dispor de um método. Essa escola, que fundamentava o progresso da historiografia no trabalho metódico das fontes, sempre foi avessa a qualquer "teoria" ou "filosofia". Isso não diminui, todavia, sua dependência imediata para com a concepção "positivista" da ciência, que fica evidente não apenas em obras francamente problemáticas, como o manual de Seignobos, mas também clássicas, como a de François Simiand. Trata-se, antes de mais nada, de uma corrente pragmática e empirista. Por isso pode ser chamada de escola pragmático-documental ou metódico-documental.

A "disciplina" da historiografia, no sentido contemporâneo do termo, surgiu na transição do século XIX para o século XX, mediante um primeiro corpo de regras e normas metodológicas fixado sob influência do positivismo e do historicismo. Pode-se dizer que até o primeiro grande conflito armado do século xx, a Primeira Guerra Mundial, a ortodoxia historiográfica foi ditada pela escola metódico-documental. Seus principais representantes estavam na França e na Alemanha, mas não estavam ausentes da Inglaterra, dos Estados Unidos, de Portugal ou mesmo do Brasil (sendo o mais em voga Francisco de Varnhagen, visconde de Porto Seguro).

• • •

O livro que aqui se apresenta ao leitor interessado nesse itinerário de consolidação do pensamento histórico como ciência reúne textos de protagonistas fundamentais para a virada científica da História. Essa virada se deu em um duplo e intenso debate: de um lado, com a arte de escrever e com o encanto literário do estilo. De outro, com os padrões de controle metódico requeridos pelo paradigma experimental das "ciências naturais", dominantes na concepção mesma de conhecimento científico. Os autores e os textos que constam da presente antologia foram escolhidos em função de seu caráter estratégico para a compreensão desse percurso de estruturação dos modelos de conhecimento histórico e de sua repercussão. Optou-se por autores e textos não (ou só dificilmente) disponíveis ao público de língua portuguesa. Com isso, objetiva-se alargar o arco de fontes em português para o estudo da História e da teoria da historiografia, evitando, ao mesmo tempo, superposições improdutivas. Vale destacar ainda que o processo de seleção e preparação dos textos foi o resultado de um verdadeiro trabalho de equipe, para o qual contribuiu um grupo de jovens professores universitários, dedicados à reflexão teórica e metodológica relativa às bases da produção de conhecimento histórico confiável na historiografia contemporânea, e sobre suas origens. Esses professores integram, junto com diversos outros, um grupo de trabalho (GT) da Associação Nacional de História.

Os textos originais aqui traduzidos estão distribuídos em capítulos, ao início dos quais se encontram ensaios introdutórios preparados pelos colaboradores brasileiros. Esses ensaios permitem ao leitor situar o autor traduzido, o contexto de sua obra, a relevância de sua historiografia e a natureza do texto selecionado para tradução. Certamente esta antologia não esgota as questões relevantes e requer um olhar tanto retrospectivo quanto prospectivo. Assim, o grupo de pesquisa tem a intenção de dar prosseguimento ao trabalho de coligir outros autores e textos incontornáveis na história da historiografia, que se articulem com a presente coletânea. Procurou-se evitar uma mera justaposição sequencial de textos, recorrendo à reflexão crítica dos ensaios. Tal reflexão é sempre necessária, na medida em que a consideração da relevância de tais textos parte de uma perspectiva contemporânea de informação, à maneira aristotélica, da pesquisa e de formação de pesquisadores. Por essa razão o tema não se esgota, mas se reflete na escolha dos textos aqui traduzidos e nas análises que constam dos ensaios que os acompanham.

• • •

Os autores, ao cabo desta jornada, expressam seus agradecimentos ao CNPq (Conselho Nacional de Desenvolvimento Científico e Tecnológico) e às suas universidades pelo apoio que lhes foi assegurado.

Notas

1 François Châtelet, *La Naissance de l'histoire: la formation de la pensée historienne em Grèce*, Paris, Éditions de Minuit, 1962.

2 Cf. Estevão C. de Rezende Martins, "O caráter relacional do conhecimento histórico", em Cléria Botelho da Costa (org.), *Um passeio com Clio*, Brasília, Paralelo 15, 2002, pp. 11-25.

Bibliografia

Châtelet, François. *La naissance de l'histoire: la formation de la pensée historienne em Grèce*. Paris: Éditions de Minuit, 1962.

Iggers, Georg G.; Wang, Edward Q.; Mukherjee, Supriya. *A Global History of Modern Historiography*. Harlow (Inglaterra): Pearson-Longmann, 2008.

Martins, Estevão C. de Rezende. O caráter relacional do conhecimento histórico. In: Costa, Cléria Botelho da (org.). *Um passeio com Clio*. Brasília: Paralelo 15, 2002, pp. 11-25.

Mazower, Mark. *Continente sombrio*. São Paulo: Companhia das Letras, 2001 [ed. org. 1998].

A História faz sentido

Thomas Carlyle (1795-1881)

Apresentação

Renato Lopes

No século XIX ocorre um processo de cientificização e metodização da História. Neste processo de racionalização enquanto ciência, algumas características da História foram esquecidas: esse é o caso da estética e da retórica. Esse paulatino banimento concretizou-se apesar de historiadores como Ranke e Carlyle argumentarem que métodos que tornariam a História uma ciência também incluiriam a adoção, pela historiografia, de uma certa qualidade estética.

Apesar do estilo da historiografia do século XIX não ser, necessariamente, relevante para a escrita da História de hoje, é essencial não esquecer que essa preocupação em fundamentar a História como uma ciência significou a introdução da razão na historiografia. Neste processo, a estética perdeu sua relação interna com a racionalidade sistemática da pesquisa histórica, enquanto adquiria atributos extradisciplinares. A negligência foi tal que até mesmo a reviravolta pós-moderna do final do século XX se esqueceu deste ponto, de modo a centrar sua crítica apenas nos princípios retóricos da historiografia.[1]

Reconhecer a contribuição pós-moderna sobre a função retórica na historiografia não nos deve conduzir, porém, a uma retórica pré-moderna. Hoje, um estudo de historiadores do século XIX, como Carlyle, pode ajudar-nos a pensar como liberar a razão de restrições práticas para dar eficácia à narrativa histórica. Carlyle propõe uma mistura peculiar entre o histórico e o literário,[2] o biográfico e o heroico, o figural e o literal, o histórico e o mítico: uma prosa épico-moderna, enfim.

Não é fácil rotular Carlyle: ele é radical e autoritário, compassivo e intolerante, profético e cego.[3]

Há uma divisão essencial na carreira de Carlyle. Ele começou como crítico literário, e encarou isso como missão para se aproximar das grandes figuras do Romantismo alemão. Mas, depois de *Sartor Resartus* (1832) e na meia idade, abandonou os românticos alemães, e a literatura,[4] para se transformar em um dos mais proeminentes historiadores do século XIX.

A narrativa dos experimentos de Carlyle são tão essenciais para a sua "escritura secular" quanto sua voz profética ou sua tipologia bíblica. Ver nesta retórica calvinista (de influência paterna) um declínio histórico-conservador parece simplista:

> Na Grã-Bretanha e na Itália a história acadêmica teve um papel menos importante [até meados do século XIX]. Nenhum dos historiadores britânicos importantes era acadêmico. Os dois mais eminentes eram Thomas Macaulay e Thomas Carlyle (1795-1881), ambos imensamente populares e pouco afetados pelo rigor acadêmico-científico. Carlyle chegou a introduzir um personagem ficcional, o Professor Dryasdust, que representava a tradição erudita... Enquanto Macaulay expressou fé no progresso humano manifestado na ascensão da liberdade inglesa, Carlyle olhou o mundo moderno com desdém. Viu a Revolução Francesa como uma catástrofe, admirava os grandes heróis autoritários da história, mas também, como um

> crítico da sociedade industrial, expressou sua simpatia para com as massas empobrecidas e seu escárnio para com as classes dirigentes. Em contraste com o otimismo complacente de Macaulay, foi um crítico conservador da cultura e da sociedade de seu tempo.[5]

"Anti-Dryasdust" é o título de um dos capítulos do livro *Oliver Cromwell's Letters and Speeches* (1845). Trata-se de um esquecido diálogo no qual Carlyle dramatiza dois aspectos opostos dele mesmo como historiador: "Dryasdust", um investigador estéril, monstro demoníaco (*ghoulish*) entre os mortos. O outro, um escritor anônimo amigo que desce ao submundo e retorna com o tesouro vivo do passado. O monstro (*Ghous*) e o poeta sagrado, dois lados familiares de Carlyle exercitar sua arte.[6]

"Durante os anos de Craigenputtoch (1828-34), nenhuma criação literária de Carlyle é tão importante quanto a sua autocriação como um profeta."[7] Ele anunciou tal missão à mãe em carta de setembro de 1831, algumas semanas após concluir *Sartor Resartus*. Carlyle considerava a forma figural da profecia a mais adequada para ataques e críticas.

Sartor Resartus é um novo sermão em que Carlyle tentou converter o velho "mito da religião cristã" da Inglaterra para um evangelho transcendente novo, sobre-humano: ou seja, comemora o Deus-nascido na natureza e no homem. Ao contrário, o livro *The French Revolution* (1837) representa a queda, e nele Carlyle retrata preferencialmente o diabólico no homem e na sociedade. O impulso imaginativo em *The French Revolution* é descendente: Carlyle nota que é uma jornada infernal de terror que inunda de sangue humano nossa natureza, "selvagem... infernal".[8] Tal qual Milton, seu grande poeta-precursor sobre Revolução, Carlyle escreveu seu *Paradise Regained* antes do seu *Paradise Lost*.

Carlyle se esforça para não se render à perfeição de um passado composto, mas prefere o rude, o encontro da testemunha ocular com um presente violento. Como notam alguns estudiosos, os textos de Carlyle não são lidos, mas experienciados como um furacão no mundo. No livro *The French Revolution*, o passado não é meramente narrado, mas recriado.

O retrato da Revolução, de Carlyle, é ele mesmo revolucionário, "um tipo de Revolução Francesa na historiografia".[9] A história como ele a concebe teria sido impensável antes da Revolução Francesa. Ele chegou a notar que, desde há muito tempo, nenhum livro saíra do coração de um ser vivente de forma mais direta e ardente que aquele.

É sua personalidade profética que o faz crer na verdade histórica tanto quanto na verdade de um poema épico. Em *The French Revolution*, a épica é entendida como revelação: para ressaltar tal aspecto, Carlyle lança mão de uma linguagem literária, bíblica e simbólica. Um exemplo é o paralelismo linguístico e estrutural que Carlyle faz entre a fuga e a prisão de Luis XVI e a última ceia de Jesus. Veja-se este trecho:

> O bravo Bouillé [um dos quatro generais supremos nomeados pela Assembleia Nacional. Reformista moderado, esperou o rei fugitivo e, no episódio de Varennes, tentou libertá-lo], filho da tempestade, [...] profere-lhes [aos dragões e a guarda nacional, que haviam desistido de agir] palavras de fogo que inflamam os olhos e o coração; e distribui vinte e cinco luíses de ouro por companhia; [...] É um rei que está cativo e um mundo todo a ganhar! Tal é a noite que merece ser chamada a Noite das Esporas.[10]

Neste extrato, os detalhes mais prosaicos perdem sua inocência e adquirem um significado além do literal. Para Carlyle, portanto, o poder da história épica está em símbolos animados pela força de sua linguagem coloquial.

Num primeiro ensaio sobre *Goethe* (1828), Carlyle nota que, "para o poeta, a ficção não é falsidade ou mentira, mas pura verdade". Carlyle argumenta que o mais prioritário para a criatividade não é a ficção, mas a "invenção de uma nova verdade, que nós chamamos Revelação".[11] Ele assim começou a ver na história a base possível para a poesia: dessa perspectiva, o real herdeiro do poeta épico seria o historiador.

Essa "imaginação histórica" do historiador tem uma aparente contradição. *História* sugere uma narrativa de fatos, e *imaginação* sugere invenção ou ficção. Mas, para Carlyle, o contrário de história não é ficção, mas esquecimento, o não-revelado da memória humana coletiva, que abriga o conjunto da civilização.

Carlyle repetidamente sublinha a importância do esquecimento para a escrita da história. Ele ressalta as virtudes do sábio esquecimento tanto quanto da sábia memória. Ou compara a memória e o esquecimento ao dia e à noite, cada qual essencial à existência um do outro. Ou seja, Carlyle pontua aqui o princípio da omissão seletiva, sem o qual a história não pode ser escrita. "Tal qual um talento inconsciente, a lembrança e o esquecimento são indispensáveis para a escrita da história e para a autobiografia"[12] (note-se o paralelo com a noção de memória de Paul Ricoeur).

A concepção da história como a história dos heróis, o processo histórico como "a essência de inumeráveis biografias",[13] tem pouca relação ao herói totalitário do século xx. Carlyle considera o herói como a encarnação do universal. Ou seja, contra uma história puramente factual, ele idealiza o herói para possibilitar um sentido que permita o acesso ao geral, ao universal.[14] Para ele os heróis de determinados períodos históricos (a constelação heroica ao longo da história) seriam: Jacó (e não Cristo), Maomé (e não Moisés); Dante e Shakespeare; Lutero e Cromwell, Johnson, Rousseau e Burns. Uma das tipologias do herói na história de Carlyle, o herói-rei, é atribuída ao regicida e republicano Oliver Cromwell. Carlyle sustenta tal argumento em uma época em que a história de Cromwell é basicamente formulada por historiadores realistas. Ou seja, Carlyle humaniza a figura de Cromwell para as abordagens posteriores.

A teodiceia da Revolução Francesa pode também ser vista como um enfoque de uma mitologia pessoal centrada no herói como um homem de letras. O homem de letras heroico (o próprio Carlyle) cuja epopeia histórica pode somente esforçar-se por criar a história como um sagrado-secular.

Notas

1 Cf. Jörn Rüsen, *History: Narration, Interpretation, Orientation*, New York, Berghahn Books, 2004, pp. 54-5.

2 Está claro que as interpretações mais radicais centram sua argumentação (somente) neste ponto. Veja-se este extrato de Stephen Bann: "Nem Macaulay nem Carlyle, mais do que Hume ou Gibbson, pensaram no historiador falando embasado em qualquer outro terreno que não fosse o terreno central da cultura literária, onde as barreiras profissionais eram inoperantes". Stephen Bann, *A invenção da história*, São Paulo, Unesp, 1994, p. 40.

3 Cf. John D. Rosenberg, *Carlyle and the Burden of History*, Cambridge (Mass.), Harvard University Press, 1985, p. vii.

4 Em 1834, após uma crise, Carlyle considerou abandonar a literatura. Cf. John D. Rosenberg, op. cit., p. 47.

5 Georg G. Iggers, Q. Edward Wang, e Supriya Mukherjee, *A Global History of Modern Historiography*, Harlow/New York, Pearson Longman, 2008, p. 76.

6 Cf. John D. Rosenberg, op. cit., p. 16.

7 Idem, p. 4.

8 Carlyle citado por John D. Rosenberg, op. cit., p. 11.

9 John D. Rosenberg, op. cit., p. 31.

10 Thomas Carlyle, *História da Revolução Francesa*, 3. ed., São Paulo, Melhoramentos, 1962, pp. 397-98.

11 Carlyle citado por John D. Rosenberg, op. cit., p. 7.

12 Idem, pp. 18-19.

13 Hayden White, *Meta-história: a imaginação histórica do século XIX*, São Paulo, Edusp, 1992, pp. 82. Hayden White vê este aspecto como "o feito especial da era romântica", impossível no século XVIII, pois o Iluminismo desconfiava do homem enquanto indivíduo.

14 François Dosse, *Le Pari biographique: écrire une vie*, Paris, Découverte, 2005, p. 178.

BIBLIOGRAFIA

BANN, Stephen. *A invenção da história*. São Paulo: Unesp, 1994.

CARLYLE, Thomas. *História da Revolução Francesa*. 3. ed., São Paulo, Melhoramentos, 1962.

DOSSE, François. *Le pari biographique*: écrire une vie. Paris: Découverte, 2005.

IGGERS, Georg G.; WANG, Q. Edward; MUKHERJEE, Supriya. *A Global History of Modern Historiography*. Harlow/New York: Pearson Longman, 2008.

ROSENBERG, John D. *Carlyle and the Burden of History*. Cambridge: Harvard University Press, 1985.

RÜSEN, Jörn. *History*: Narration, Interpretation, Orientation. New York: Berghahn Books, 2004.

WHITE, Hayden. *Meta-história*: a imaginação histórica do século XIX. São Paulo, Edusp, 1992.

THOMAS CARLYLE (1795-1881)

SOBRE A HISTÓRIA (1830)

[...]

Pode-se dizer que nascemos com um talento para a História, como uma importante herança.* De certo modo todos os homens são historiadores. Não estariam todos os livros de memórias já escritos repletos de anais, nos quais alegrias e pesares, conquistas e perdas alternam-se repetidamente? E, com ou sem filosofia, não estariam todo o destino de um pequeno reino afastado, juntamente com toda a sua política, seja ela interna ou externa, registrados permanentemente? Nossa própria linguagem é, curiosamente, histórica. A maioria dos homens, se você observar, fala somente para narrar; não somente para transmitir as coisas que pensou, o que, com frequência se configura como algo sem muita importância, mas ao mostrar o que se passou com eles e o que viram – algo ilimitado – os falantes expandem o seu discurso. Impedidos de usar a narrativa, o fluxo da conversação, mesmo entre os mais cultos, resumir-se-ia a parcas frases, e entre os mais tolos ele desapareceria completamente! Já que o que fazemos nada mais é do que encenar a História, pouco nos resta a não ser recitá-la. Na verdade, no mais amplo dos sentidos, nossa própria vida espiritual é construída sobre essa base. No sentido estrito, o que é todo o conhecimento senão a experiência registrada e um produto da História; dos quais, portanto, a razão e a crença, e não menos a ação e a paixão, são materiais essenciais?

[...] A verdade é que duas dificuldades, nunca totalmente superáveis, bloqueiam o caminho. Antes de poder ensinar através da experiência, a Filosofia deve estar a postos, a experiência deve ser apanhada e registrada de modo inteligível. Então, ignorando a primeira consideração e levando em conta somente a segunda, deixe-se que qualquer pessoa que tenha examinado o estado atual dos interesses humanos – e quão intrincados, con-

* N. T.: Thomas Carlyle, *English and other Critical Essays*, London, J. M. Dent & Sons; New York, E. P. Dutton & Co., 1940, pp. 80-90.

fusos, incompreensíveis, mesmo quando vistos por nossos próprios olhos, são seus movimentos de milhares de amalgamações – diga se sua verdadeira representação é fácil ou impossível. A vida social é o ajuntamento de todas as vidas dos homens que constituem a sociedade; a História é a essência de inúmeras biografias. Mas se uma biografia – como também nossa própria biografia, não importa o quanto a estudarmos ou a recapitularmos – permanece em tantos pontos incompreensível para nós; quanto mais milhões delas, os próprios fatos sobre os quais, nem chegando a considerar seu significado, nós desconhecemos e não podemos conhecer!

[...]

Não só isso, mas, se a nossa faculdade de percepção sobre as coisas passageiras não fosse tão completa, ainda haveria uma discrepância fatal entre nosso modo de observá-las e a maneira como elas acontecem. O homem mais inteligente pode observar e, melhor ainda, registrar somente as *séries* de suas próprias impressões: sua observação, portanto, não levando em conta as outras imperfeições dessa observação, deve ser *sucessiva*, enquanto as coisas feitas eram, com frequência, *simultâneas*; as coisas feitas não eram uma série, mas um grupo. Não ocorre na História vivida o que ocorre na História escrita: os eventos verdadeiros não são de modo algum relacionados entre si de maneira tão simples como pais e filhos são; um evento não é filho de somente um, mas de todos os outros eventos que lhe antecedem ou que lhe são contemporâneos, e, por sua vez, combinar-se-á com todos os outros para dar à luz novos eventos: trata-se de um caos da existência permanente e sempre em funcionamento, que forma após forma cria-se a si mesmo a partir de inúmeros elementos. E esse caos, interminável como a existência e duração do homem, incompreensível como a alma e o destino do homem, é o que o historiador descreverá e avaliará cientificamente, pode-se dizer, tecendo-o com linhas finas de poucos metros de comprimento! Pois como toda ação precisa ser, por natureza, representada por sua extensão em largura, profundidade e também em comprimento – quer dizer, é baseada na paixão e no mistério, se investigamos sua origem; e espalha-se para longe e passa por todas as mãos, modificando e sendo modificada; assim como avança em direção à sua conclusão –, assim toda narrativa é, por natureza, de uma dimensão apenas; somente segue em frente em direção a um ou a sucessivos pontos: A narrativa é *linear*, a ação é *sólida*. Infelizmente, para nossas "correntes" ou correntinhas de "causas e efeitos", que assiduamente seguimos por algumas extensões de anos passados e milhas quadradas, enquanto o todo é uma imensidão larga e profunda, cada átomo é "ligado" e interconectado com todos! Por certo, se a história é o ensino de Filosofia por meio da experiência, não se conhece o escritor capacitado para compor História. A experiência, por sua vez, requereria um conhecimento total para registrá-la – se esse conhecimento total necessário para interpretar tal Filosofia estivesse à nossa disposição. Seria melhor que historiadores meramente humanos baixassem tais expectativas, mais adequadas à onisciência do que à ciência humana; e, almejando somente uma representação parcial das coisas vividas, uma representação que será, na melhor das hipóteses, uma aproximação pobre, mantivessem seu significado inescrutável abertamente um segredo; ou que, no máximo, fazendo uso de uma fé respeitosa, muito diferente daquele ensinamento de Filosofia, pausassem ante os vestígios misteriosos Dele, cujo caminho fica nas grandes profundezas do tempo, (ele) que a História revela de fato, mas somente toda a História, e na eternidade, claramente revelará.

[...]

Deste modo, no entanto, como mencionado anteriormente, toda ação é estendida em três direções, e a soma geral da ação humana é todo um universo, com todos os seus limites desconhecidos, somente assim a História se mantém seguindo caminho após caminho, através do intransponível, em diversas direções e interseções, para nos assegurar uma visão parcial do todo; em cujo esforço, se cada historiador olhar bem em seu redor saindo desse caminho, seguindo-o com o *olho*, e não, como é mais comum, com o *nariz*, ele não terá sido, no final, de todo malsucedido. Desejando somente que cada parte exacerbada do trabalho não agrave aqui, como em outros lugares, as nossas já exageradas tendências mecânicas, para que na habilidade manual com relação às partes nós percamos todo o controle do todo, e afastando mais do que nunca toda a esperança por qualquer tipo de Filosofia ou História – vamos todos desejar-lhe grande sucesso.

Sobre a História, outra vez (1833)

[...]

Considere agora duas coisas: primeiro, que uma língua de velocidade mediana pode publicar ao ritmo de oito páginas por dia;* e então quantas línguas velozes, podem-se supor, estariam funcionando neste planeta Terra, nesta cidade de Londres, nesta hora! Segundo, que um contribuinte literário, com boa disposição e impaciente de fome, irá muitas vezes – assim fomos informados – produzir suas duas páginas de periódico dentro de vinte e quatro horas; então tais contribuintes podem ser contados não mais aos milhares, mas aos milhões. E não somente isso, se tomarmos a História em seu sentido mais limitado e vulgar, como o registro da "ocorrência" de coisas que podem ser, como costumamos dizer, "narradas", nosso cálculo ainda estará um pouco aquém. A narrativa simples, observar-se-á, é a grande ferramenta da fala; o "homem comum", diz Jean Paul, "é abundante na narrativa e exíguo na reflexão; somente com o homem culto isso pode tornar-se reversível". Permita que a milésima parte das emissões de pensamentos seja publicada – embora a milionésima parte já fosse suficiente – e ainda teremos 999 ocupados com a história propriamente, relatando ocorrências ou conjeturando probabilidades; quer dizer, quer na História, quer na profecia, a qual é uma nova forma da História: – e assim o leitor pode julgar a abundância desse sopro de vida do intelecto humano de que dispõe o mundo se a natureza lhe foi avarenta ou generosa. Coragem, leitor! O inquiridor histórico não haverá nunca de ficar sem alimento intelectual medíocre: não existem 48 pés horizontais de História em impressão miúda no seu jornal diário?

A verdade é, se a história universal é tal miserável "farrapo" defeituoso como a consideramos, a culpa não está nos órgãos históricos, mas somente em nosso mal uso desses; na verdade, no grande número de

* N. T.: Thomas Carlyle, op. cit, pp. 91-9.

carências e obstruções, variando nas diversas épocas, que perverte nosso uso adequado deles; especialmente em duas carências que são bastante prementes em todas as épocas: falta de honestidade e falta de compreensão. Se a coisa publicada não é verdadeira, é somente uma suposição ou é uma invenção deliberada, o que pode ser feito dela, exceto aboli-la ou aniquilá-la? Mas, ainda assim, a verdade, nas palavras de Horne Tooke,* significa simplesmente a coisa *suposta*, a coisa na qual se crê; e daí para a coisa em si a redução sofrida é fatal! Sem a compreensão, a crença por si só beneficia-se pouco: e para que serve uma publicação quando não há visão nela, mas somente cegueira? Já que, da mesma maneira do que ocorre em apontamentos políticos, o homem que você indica não é aquele que é mais capaz de realizar sua função, mas somente aquele que foi mais capaz de ser indicado; assim também em todas as eleições e seleções históricas o processo enlouquecido continua. O evento mais relevante é talvez o que de todos é o menos comentado: não só isso, mas também, como dizem alguns, a própria essência desse evento determina isso. Assim, naqueles mesmos 48 pés horizontais de História, ou até mesmo quando esses se convertem em 48 milhas horizontais de História, ou qualquer coisa semelhante, pode não haver a quadragésima oitava parte de um fio de cabelo que sirva para algo. É verdade, nesses tempos, a quantidade de publicações impressas que deveria ser consumida pelo fogo antes que uma ínfima vantagem permanente possa ser extraída dela poderia nos encher de assombro para não falar de apreensão. Infelizmente, onde está o intrépido e hercúleo Dr. Wagtail,** que reduzirá todas essas montanhas de papel a cinzas, e tirará disso as três gotas de elixir de água de cinzas?

Pois, de fato, examinando a atividade da histórica "pena e imprensa" nesta última metade de século, e a quantidade de história que ela tem produzido somente nesse período, e como, desde então, é provável que ela cresça em progressão geométrica na grandeza de dez ou vinte vezes, poder-se-ia achar que o dia estaria próximo em que toda a Terra não poderia conter os relatos escritos do que foi feito sobre a Terra, a memória

* N. T.: Político e agitador radical inglês que viveu entre 1736 e 1812.

** N. T.: Ao pé da letra, *wagtail* significa "abano de cauda", como em um cachorro.

humana acabará se afogando na confusão e parará de lembrar-se! Para alguns a reflexão de que esse estado de coisas não é tão sem precedentes como parece pode ser nova e consoladora; de que o caso foi sempre intrinsecamente semelhante no que tange à memória e às coisas memoráveis. A vida de Nero ocupa algumas páginas de diamante de nosso Tácito: mas, nos arquivos de pergaminho e papiro da geração de Nero, quantas terá ocupado? O autor de *Vie de Sénèque*,* nesta época, apanhando alguns trechos residuais, facilmente produziu oito páginas com eles. Por outro lado, se o conteúdo dessas memórias romanas na época ou, indo mais além, se tudo o que tivesse sido falado sobre elas fosse convertido para impressão, quantos "pés horizontais" de picas** teríamos – em tiras que circulariam o globo!

A História, portanto, antes de tornar-se a História universal, necessita primeiramente ser comprimida. Se não houvesse a glorificação da História, ninguém conseguiria lembrar-se de fatos ocorridos após uma semana. E não só isso, mas exclua-se a compressão totalmente e não nos lembraríamos de uma hora, ou de nada: já que o tempo, assim como o espaço, é infinitamente divisível; e uma hora com seus eventos, com suas sensações e emoções, poderia ser espalhada e ficar de tal modo difusa que cobriria todo o campo da memória, empurrando tudo o mais para além dos limites. O hábito, no entanto, e a constituição natural do homem realizam a função prática de lembrar; e mantêm a uma distância segura de nós essas possibilidades fantásticas – na qual somente um tolo Califa maometano, afundando sua cabeça em um balde de água encantada, e assim transformando um minuto úmido em sete longos anos de servidão, poderia cair. O camponês mais rústico tem o seu conjunto completo de registros anuais impresso e bem legível no seu cérebro; e sem o mínimo treinamento em mnemônica tem as pausas, subdivisões e subordinações apropriadas, das menores para as maiores, todas lá. Memória e esquecimento, como o dia e a noite, e, na verdade, como todas as outras contradições nessa nossa vida estranha e dualista, são necessários para

* N. T.: Provável referência a Denis Diderot.

** N. T.: Unidade de medida tipográfica.

a existência um do outro; o esquecimento é a página escura, na qual a memória escreve seus caracteres de luz e os faz legíveis; se fosse tudo luz, nada poderia ser lido lá, do mesmo modo que numa escuridão total.

Assim como o homem e seus registros anuais autobiográficos, da mesma forma funciona a humanidade e sua História universal, que também é sua autobiografia; uma espécie de talento inconsciente de lembrar e esquecer novamente opera aí. As transações são sempre barulhentas, mas não podem permanecer ruidosas para sempre; o outro dia vem com seus novos barulhos, também querendo ser registrados: nesse conflito e concerto imensuráveis desse caos de existência, número após número afunda, já que tudo que emerge precisa um dia afundar: o que não pode ser mantido na mente desaparece dela; a História se contrai para que sua extensão seja legível; e, finalmente, nas mãos de alguém como Bossuet ou Muller, toda a História impressa do mundo, da criação em diante, tornou-se mais curta do que a do bairro de Portsoken em um único dia solar.

É possível questionar se essa contração sempre se forma de maneira razoável; ou melhor, não, não é possível. Cleópatras e Messalinas escandalosas, Calígulas e Cômodos, todos eles, sobrevivem na memória a uma proporção inútil, ao passo que um Pancirollus cientista tem de escrever o seu *Livro das artes perdidas*; e um Pancirollus moralista poderia escrever um ainda mais fúnebre *Livro das virtudes perdidas*: um livro sobre homens magnânimos, homens a agir, ousar e resistir; homens cuja vida heroica fora outrora uma nova revelação e um novo desenvolvimento da própria Vida. Homens cuja vida heroica fora um bem comum. E que foram, entretanto, esquecidos, pois a história tomou outro rumo. De fato, aqui, assim como em qualquer outra situação, aquilo que denominamos "acaso" é largamente determinante. Em todo caso, a história desenrola-se não de acordo com o que deveria ser, mas, antes, de acordo com o que pode e tem de ser.

Tradução: *Deborah Scheidt*
Revisão técnica: *Renato Lopes*

Johann Gustav Droysen (1808-1884)

Apresentação

Arthur Assis

Droysen foi um dos mais significativos representantes do pensamento histórico alemão do século XIX. Estudou na Universidade de Berlim, onde frequentou cursos do filólogo clássico August Böckh (1785-1867), do filósofo Georg Wilhelm Friedrich Hegel (1770-1831) e do geógrafo Carl Ritter (1779-1859), entre outros.[1]

Três linhas de interesse temático perpassam a obra de Droysen. A primeira está relacionada com a história antiga, mais especificamente com a civilização helenística. O texto que melhor representa esta fase é a sua biografia do imperador macedônico Alexandre (356-323 a.C.), publicada em 1833 e seguida pelos dois volumes da *História do helenismo*, os quais cobrem o período entre 356 e 221 a.C.[2] Ao empregar o termo "helenismo" para designar a civilização que emergiu no mundo mediterrânico após Alexandre, Droysen introduziu uma inovação semântica a qual, subsequentemente, marcaria e estimularia as investigações acerca do período.[3]

Em 1840, a transferência para a Universidade de Kiel – após cerca de dez anos de magistério em escolas secundárias e de atividades (não remuneradas) na Universidade de Berlim – inaugurou o segundo momento temático da obra de Droysen. Acompanhando a mudança de ambiente acadêmico, deslocaram-se os seus interesses de investigação da Antiguidade clássica para o período moderno, e da Filologia para a História Política. As *Conferências sobre as guerras da liberdade* são o mais consistente testemunho de tal mudança. Publicadas em 1846, abordam a história ocidental desde a independência dos Estados Unidos (1776) até o Congresso de Viena (1815), enquadrando os acontecimentos políticos então sucedidos em diversos países da Europa e das Américas no contexto de uma história universal da expansão da ideia de liberdade.[4]

A mudança para Kiel também marcou o início da sua participação ativa na vida política alemã. Droysen engajou-se no movimento de oposição às pretensões dinamarquesas sobre os ducados de Schleswig e Holstein. Quando, após a revolução de março de 1848, se convocou uma assembleia constituinte com a finalidade de unificar os estados alemães, Droysen foi eleito um dos representantes de Holstein, mudando-se, assim, para Frankfurt. Em abril de 1849, fracassado o projeto de unificação nacional proposto pela assembleia, Droysen regressa à vida acadêmica. A partir de então buscaria exercer influência política somente através de investigações e textos históricos fortemente influenciados pelas suas aspirações nacionalistas.[5]

Publicada entre 1851-1852, sua biografia do conde Yorck von Wartenburg – um importante comandante militar prussiano da época das guerras contra a França napoleônica – representou então uma tentativa de despertar a consciência alemã do estado prussiano e de reforçar a tese da responsabilidade deste perante a tarefa da unificação nacional.[6] Em 1851, Droysen transferiu-se para a Universidade de Jena, onde publicou os primeiros volumes do que considerava a sua *magnum opus*, a História da Política Prussiana (*Geschichte der preußischen Politik*), obra que alcançaria 14 volumes, mais de 7 mil páginas, e ficaria inconclusa em razão do seu falecimento.[7] Enfocando a política externa do estado prussiano durante o período que se prolonga entre o século xv e o começo da Guerra dos Sete Anos (1756), a obra é guiada pela intenção de documentar empiricamente a ideia (nacionalista e histórico-religiosa) de que à monarquia prussiana se havia confiado a missão histórica da unificação dos estados alemães.

Em 1859, após a mudança no comando do estado prussiano (do conservador Frederico Guilherme iv, para o relativamente liberal Guilherme i), Droysen foi chamado de volta para a Universidade de Berlim, onde passaria a ter por colegas historiadores como Leopold von Ranke (1795-1886), Theodor Mommsen (1817-1903) e Heinrich von Treitschke (1834-1896). Entre os estudantes sobre quem Droysen exerceu influência direta destacam-se Alfred Dove (1844-1916), Bernhard Erdmannsdörffer (1833-1901), Otto Hintze (1861-1940), Reinhold Koser (1852-1914), e Friedrich Meinecke (1862-1954).[8]

Todavia, Droysen notabilizou-se não somente pelos seus trabalhos acerca da Antiguidade grega e da história moderna europeia e prussiana, mas também pelas suas reflexões sobre teoria e metodologia da ciência histórica.[9] A originalidade da teoria da história de Droysen decorre da sua inusitada síntese de filosofia da história, teoria do conhecimento, metodologia, e teoria da historiografia. Tal síntese foi concebida por Droysen no contexto da autonomização da História enquanto disciplina acadêmica nas universidades alemãs. Tinha em vista, portanto, delimitar e fundamentar a especificidade do conhecimento histórico, sobretudo por contraposição à Filosofia e às ciências naturais. Ao contrário da reflexão filosófica, a historiografia é, para Droysen, o resultado de uma cognição empírica, e não especulativa. Por outro lado, essa orientação empírica diverge do padrão característico das chamadas ciências naturais, uma vez que promove o conhecimento do mundo empírico sem recorrer ao procedimento da remissão de fenômenos particulares a leis gerais. Tal posição intermediária entre a especulação filosófica e a explicação causal das ciências naturais foi o que, a partir da segunda metade do século xix, estimulou historiadores, filósofos, filólogos e sociólogos a investigar e ressaltar a especificidade metodológica das ciências humanas. Droysen é o nome mais importante da primeira fase dessa discussão. O procedimento metódico característico da ciência da história foi por ele definido por meio da fórmula "compreensão mediante pesquisa" [*forschendes Verstehen*].

Droysen externou as suas reflexões teórico-metodológicas sobretudo (mas, de modo algum, exclusivamente) em cursos realizados, com boa regularidade, entre 1857 e 1882-1883. Já em 1858, ele fez imprimir um manuscrito contendo as linhas gerais das conferências, e o distribuiu aos estudantes e a alguns dos seus contatos acadêmicos. Em 1868, o resumo das conferências ganharia a sua primeira edição pública sob o título *Esquema da teoria da história* (*Grundriß der Historik*). Ao longo da vida de Droysen, essa publicação seria objeto de mais duas edições (1875, 1882), a última das quais introduziria alterações substantivas no texto.[10]

• • •

O texto que se segue foi publicado em anexo ao *Grundriß der Historik* desde a sua primeira edição pública (1868). Na descrição do próprio autor, consiste de uma série de comentários aforísticos cuja finalidade é mostrar os limites entre ciência [*Wissenschaft*] e diletantismo. Partes do texto haviam sido lidas numa conferência à Academia de Ciências de Berlim realizada em 1867.[11]

Notas

1 Sobre a vida e o percurso acadêmico de Droysen, cf. Gustav Droysen, *Johann Gustav Droysen*, Leipzig, B.G. Teubner, 1910, v. 1: Bis zum Beginn der Frankfurter Tätigkeit; Otto Hintze, "Johann Gustav Droysen", em Otto Hintze, *Zur Theorie der Geschichte: Gesammelte Abhandlungen*, Leipzig, Koehler & Amelang, 1942, pp. 150-213; Friedrich Meinecke, "Johann Gustav Droysen. Sein Briefwechsel und seine Geschichtsschreibung", *Historische Zeitschrift*, 141, 1930, pp. 249-87; Wilfried Nippel, *Johann Gustav Droysen: Ein Leben zwischen Wissenschaft und Politik*, München, C. H. Beck, 2008; Werner Obermann, *Der Junge Johann Gustav Droysen: Ein Beitrag zur Entstehungsgeschichte des Historismus*, Bonn, 1977, dissertation, Universität Bonn; Jörn Rüsen, "Johann Gustav Droysen", em Hans-Ulrich Wehler (org.), *Deutsche Historiker*, Göttingen, Vandenhoeck & Ruprecht, 1973, pp. 115-31; Theodor Schieder, "Johann Gustav Bernhard Droysen", *Neue Deutsche Biographie*, Berlin, Duncker & Humblot, 1959, Band 4.

2 Johann Gustav Droysen, *Geschichte des Hellenismus*, München, DTV, 1980, Band 1: Geschichte Alexander des Großen, Band 2: Geschichte der Diadochen, Band 3: Geschichte der Epigonen, Darmstadt.

3 Cf. Arnaldo Momigliano, "Die Geschichte der Entstehung und die heutige Funktion des Begriffs des Hellenismus", em Arnaldo Momigliano, *Ausgewählte Schriften zur Geschichte und Geschichtsschreibung*, Stuttgart, J. B. Metzler, 2000, pp. 113-42, Band 3: Die moderne Geschichtsschreibung der alten Welt.

4 Johann Gustav Droysen, *Vorlesungen über die Freiheitskriege*, Kiel, Universitäts-Buchhandlung, 1846, 2 vols.

5 Cf. Robert Henry Handy, *J. G. Droysen: The Historian and German Politics in the Nineteenth Century*, Washington, D. C., 1966, Ph.D. thesis, Georgetown University; Robert Southard, *Droysen and the Prussian School of History*, Lexington, University Press of Kentucky, 1995.

6 Johann Gustav Droysen, *York von Wartenburg: Ein Leben preussischer Pflichterfüllung*, Essen, Phaidon, 1996.

7 Johann Gustav Droysen, *Geschichte der Preußischen Politik*, Leipzig/Berlin, Veit & Comp., 1855-1886, 14 vols.

8 Wilfried Nippel, *Johann Gustav Droysen: Ein Leben zwischen Wissenschaft und Politik*, op. cit., pp. 293-94.

9 Cf. Pedro Caldas, *Que significa pensar historicamente: uma interpretação da teoria da história de Johann Gustav Droysen*, Rio de Janeiro, 2004, tese (doutorado em História), Pontifícia Universidade Católica do Rio de Janeiro; Friedrich Jaeger, *Bürgerliche Modernisierungskrise und historische Sinnbildung: Kulturgeschichte bei Droysen, Burckhardt und Max Weber*, Göttingen, Vanderhoeck & Ruprecht, 1994; Irene Kohlstrunk, *Logik und Historie in Droysens Geschichtstheorie: Eine Analyse von Genese und Konstitutionsprinzipien seiner "Historik"*, Wiesbaden, Franz Steiner, 1980; Michael MacLean, "Johann Gustav Droysen and the Development of Historical Hermeneutics", *History and Theory*, v. 21, n. 3, 1982, pp. 347-65; Jörn Rüsen, *Begriffene Geschichte: Genesis und Begründung der Geschichtstheorie J. G. Droysen*, Paderborn, Ferdinand Schöningh, 1969.

10 Tanto o curso sobre teoria da história ministrado em 1857 quanto a primeira e a última versões do *Esquema da teoria da história* constam da seguinte edição: Johann Gustav Droysen, *Historik*, Stuttgart, Frommann-Holzboog, 1977, Band 1.

11 Johann Gustav Droysen, *Historik*, Band 1, op. cit., p. 415.

Bibliografia

Caldas, Pedro. *Que significa pensar historicamente*: uma interpretação da teoria da história de Johann Gustav Droysen. Rio de Janeiro, 2004. Tese (doutorado em História) – Pontifícia Universidade Católica do Rio de Janeiro.

Droysen, Gustav. *Johann Gustav Droysen*. Leipzig: B. G. Teubner, 1910, v.1: Bis zum Beginn der Frankfurter Tätigkeit.

Droysen, Johann Gustav. *Vorlesungen über die Freiheitskriege*, 2 vols. Kiel: Universitäts-Buchhandlung, 1846.

______. *Geschichte der Preußischen Politik*, 14 vols. Leipzig/Berlin, Veit & Comp., 1855-1886.

______. *Historik*. Stuttgart: Frommann-Holzboog, 1977, Band 1: Rekonstruktion der ersten vollständigen Fassung der Vorlesungen (1857); Grundriß der Historik in der ersten handschriftlichen (1857/58) und in den letzten gedruckten Fassung (1882) (ed. Peter Leyh).

______. *Geschichte des Hellenismus*. 2. ed. (ed. Erich Bayer). München: dtv, 1980, Band 1: Geschichte Alexander des Großen [1. ed. 1833, título original: *Geschichte Alexander des Großen*].

______. *Geschichte des Hellenismus*. 2. ed. (ed. Erich Bayer). München: dtv, 1980, Band 2: Geschichte der Diadochen [1. ed. 1836, título original: *Geschichte des Hellenismus I*].

______. *Geschichte des Hellenismus*. 2. ed. (ed. Erich Bayer). Darmstadt: Wissenschaftliche Buchgesellschaft, 1980, Band 3: Geschichte der Epigonen [1. ed. 1843, título original: *Geschichte des Hellenismus II*].

______. *York von Wartenburg*: Ein Leben preussischer Pflichterfüllung. Essen: Phaidon, 1996 [1. ed. 1851-1852, 3 vols, título original: *Das Leben des Feldmarschalls Grafen York von Wartenburg*].

Handy, Robert Henry. *J. G. Droysen:* The Historian and German Politics in the Nineteenth Century. Washington, D. C., 1966. Ph.D. thesis – Georgetown University [Facsimile: Ann Arbor/ London: University Microfilms International, 1979].

Hintze, Otto. Johann Gustav Droysen. In: Hintze, Otto. *Zur Theorie der Geschichte*: Gesammelte Abhandlungen (ed. Fritz Hartung). Leipzig: Koehler & Amelang, 1942, pp. 150-213.

Jaeger, Friedrich. *Bürgerliche Modernisierungskrise und historische Sinnbildung*: Kulturgeschichte bei Droysen, Burckhardt und Max Weber. Göttingen: Vanderhoeck & Ruprecht, 1994.

Kohlstrunk, Irene. *Logik und Historie in Droysens Geschichtstheorie*: Eine Analyse von Genese und Konstitutionsprinzipien seiner "Historik". Wiesbaden: Franz Steiner, 1980.

Maclean, Michael. Johann Gustav Droysen and the Development of Historical Hermeneutics. *History and Theory*, v. 21, n. 3, 1982, pp. 347-65.

Meinecke, Friedrich. Johann Gustav Droysen. Sein Briefwechsel und seine Geschichtsschreibung. *Historische Zeitschrift*, 141, 1930, pp. 249-87.

Momigliano, Arnaldo. Die Geschichte der Entstehung und die heutige Funktion des Begriffs des Hellenismus. In: Momigliano, Arnaldo. *Ausgewählte Schriften zur Geschichte und Geschichtsschreibung*. Stuttgart: J. B. Metzler, 2000, pp. 113-42, Band 3: Die moderne Geschichtsschreibung der alten Welt. (ed. Glenn Most; trad. Kai Brodersen & Andreas Wittenburg).

Nippel, Wilfried. *Johann Gustav Droysen*: Ein Leben zwischen Wissenschaft und Politik. München: C. H. Beck, 2008.

Obermann, Werner. *Der Junge Johann Gustav Droysen*: Ein Beitrag zur Entstehungsgeschichte des Historismus. Bonn, 1977. Dissertation – Universität Bonn.

Rüsen, Jörn. Johann Gustav Droysen. In: Wehler, Hans-Ulrich (org.). *Deutsche Historiker*. Göttingen: Vandenhoeck & Ruprecht, 1973, pp. 115-31.

______. *Begriffene Geschichte*: Genesis und Begründung der Geschichtstheorie J. G. Droysens. Paderborn: Ferdinand Schöningh, 1969.

Schieder, Theodor. Johann Gustav Bernhard Droysen. *Neue Deutsche Biographie*. 4. Band. Berlin: Duncker & Humblot, 1959.

Southard, Robert. *Droysen and the Prussian School of History*. Lexington: University Press of Kentucky, 1995.

Johann Gustav Droysen (1808-1884)

Arte e método (1868)

Já se fazia poesia antes que houvesse uma Poética, e os homens já falavam antes que existissem a Retórica e a Gramática.* E as necessidades práticas já tinham feito com que se aprendesse tanto a misturar e decompor materiais quanto a mobilizar as forças naturais em conformidade com os propósitos humanos, antes mesmo que a Química e a Física tivessem investigado a natureza e o enunciado sob a forma científica, as leis desta.

Também as recordações pertencem à essência e às necessidades mais autênticas da humanidade. Seja estreito ou amplo o círculo que abarcam, elas jamais deixam o homem; mesmo no plano mais pessoal, que é a forma como primeiramente surgem, elas são um elo entre as almas que nelas se encontram. Não há comunidade humana possível sem as recordações; toda comunidade tem, em seu devir e em sua história, uma imagem de seu ser – um bem comum de todos os que nela participam, e que só torna sua comunhão mais sólida e íntima.

É compreensível que povos extremamente bem dotados embelezem suas recordações em sagas convertidas em tipos transmissores de ideais para os quais se direciona o espírito do povo. É também compreensível que sua crença se lhes transpareça e justifique na forma de histórias sagradas nas quais o objeto da crença é apresentado como conteúdo real, e, assim, que o mito e a saga se desenvolvam conjuntamente. Só quando as recordações estão finalmente saturadas desta infinita e vivaz mistura, elas chegam às grandes configurações épicas, e não mais quererão pertencer exclusivamente à crença ingênua. Com a coleção e inspeção de tais mitos e sagas começou a História mais antiga, a saber, a dos gregos, em que se encontram as primeiras tentativas de levar ordem, contexto, concordância e um sistema cronológico nesta floresta virgem de tradições.

* N. T.: A presente tradução foi cotejada com a tradução inglesa do texto, realizada por Fritz Stern: Johann Gustav Droysen, "Art and Method", em Fritz Stern (org.), *The Varieties of History: From Voltaire to the Present*, New York, Vintage Books, 1972.

A continuidade das ciências provém dos gregos, quase todos que ainda hoje ocupam sua inteligência têm na Grécia antiga o seu começo; sobretudo a região que bem se denomina como ciências morais foi privilegiadamente organizada pelos gregos. Mas, ao lado da Ética, da Política, da Economia etc., eles não têm uma teoria da história [*Historik*].

Que depois da genial historiografia da era de Péricles e de Maratona, cujo último representante é Tucídides, tenha sido Isócrates e não Aristóteles a formar uma escola histórica é algo que colocou a História em uma trilha da qual Políbio tentou em vão retornar. A História tornou-se, então, parte da Retórica, das "belas letras", permanecendo nesta situação entre os romanos até o momento em que a Filologia dela tomasse posse. Divididos entre a Filologia e a Retórica, os escritos acerca da finalidade prática da História – e a estes devem ser somados também os textos enciclopédicos e os manuais escolares – foram gradualmente decaindo, tornando-se, por fim, áridos e pobres.

Menos ainda do que na historiografia da Antiguidade decadente haverá de se encontrar no Medievo novos impulsos de um espírito científico, contanto que não se leve em consideração os esforços construtivos e teológicos que espocam aqui e acolá. Ainda assim, este ou aquele historiador do período carolíngio e da época de Otto Magno ainda procurou nos antigos um exemplo estilístico e enfeitou seus heróis com floreios retóricos.

E, novamente, mesmo quando nos momentos finais da Idade Média, no contexto da renovada luta contra o papado e a hierarquia, se tomou a pesquisa histórica como arma – a partir da qual investigações sobre a suposta doação de Constantino resultariam em ataques contínuos que criticavam historicamente as falsas tradições, as instituições resistentes aos textos escritos e às ambições canônicas da Igreja – mesmo assim, foi a Retórica, e primeiramente na Itália, que tomou rapidamente a dianteira sobre essas tendências científicas; e a última grande tentativa do lado alemão (realizada por Sebastian Franck) de sintetizar cientificamente os esforços e os conhecimentos adquiridos foi emudecida pelo barulho da discordância dogmática entre as confissões.

Somente desde que as ciências da natureza, seguras e conscientes de seu caminho, fundamentaram seu método, e assim conseguiram realizar um novo começo, surgiu o pensamento de que a *améthodos hyle** da História poderia adquirir uma face metódica. À época de Galileu e Bacon pertenceu Jean Bodin, ao tempo de von Huygens e Newton pertenceram Puffendorf e aquele que rompeu barreiras em todas as direções, Leibniz. Esta mesma questão também foi abordada depois pelo Iluminismo inglês – se é que é permitido definir desta maneira a época dos assim chamados deístas, lá se tentou sistematizar nossa ciência de acordo com suas tarefas e regiões; falou-se de história mundial, história da humanidade, história universal, de história dos Estados e dos povos etc. Voltaire, discípulo e herdeiro desta tendência inglesa, acrescentou-lhe o obscuro nome "philosophie de l'histoire".** A escola histórica de Göttingen desenvolveu a sistemática das novas ciências e das suas ciências auxiliares, passando também a preencher com o espírito destas disciplinas mesmo as disciplinas mais remotas. E enquanto alguns dos grandes poetas e pensadores da nossa nação mergulhavam nas questões teóricas do conhecimento histórico, desenvolvia-se no escopo dos trabalhos históricos a precisão e a solidez da crítica que, qualquer que fosse a área da História em que se a aplicasse, trazia resultados inteiramente novos e surpreendentes. Na nossa nação, o pioneiro da crítica histórica foi Niebuhr e, ao que parece, só foi necessário que a maneira ou técnica (até hoje preservada) presentes em trabalhos brilhantes tenham se expressado em sentenças gerais e teóricas para que as mesmas adquirissem valor como método histórico.

Para ser sincero, o grande público não foi contemplado com esta direção de nossa História. O grande público preferia ler a estudar e reclamava que lhe eram oferecidas as receitas dos pratos, e não os pratos; e o modo alemão de se fazer História foi chamado de pedante, excludente, intragável; os ensaios de Macaulay poderiam ser lidos com muito mais conforto do que tais pesquisas eruditas e monótonas, assim como eram cativantes as descrições de Thiers da Revolução Francesa. Então é bem possível que não somente o gosto histórico, mas também, e em grau nada menor, o juízo po-

* N. T.: Em grego antigo no original; tradução possível: matéria caótica ou matéria desestruturada, desprovida de elaboração metódica.

** N. T.: Em francês no original.

lítico da Alemanha tenham sido formados e guiados por uma historiografia estrangeira, dominados por sua superioridade retórica.

E ainda mais: na medida em que tal arte retórica trata da virulência de eventos monumentais e dos efeitos graves nos quais os grandes eventos desembocam ou mesmo preparam, na medida em que tal arte retórica transforma o horror de paixões acorrentadas ou de repressões fanáticas em uma imagem esmaecida artisticamente, em uma leitura dramática e envolvente, é certo que ela seja mais convincente e inteligível. Ela encontrou o meio pelo qual mesmo o leitor menos informado pode se familiarizar com coisas, cujo processo real exigiria de um contemporâneo – que quisesse entendê-las – milhares de conhecimentos prévios, muita experiência e um juízo formado com muita calma e de maneira articulada; tudo isso a arte histórica sabe como tornar palatável, de modo que o leitor atento, ao cabo da leitura de seu Thiers ou de seu Macaulay, se veja como alguém enriquecido pelas experiências dessas revoluções, dessas lutas partidárias, desses desenvolvimentos de constituições; ele se vê enriquecido justamente por experiências que, sinceramente, prescindem do melhor que constitui uma experiência frutífera: a seriedade do real duro e exigente, a responsabilidade em tomar decisões incontornáveis, o sacrifício exigido por qualquer vitória, o fracasso que se planta sob os pés das causas mais justas. A arte do historiador dispensa o leitor de pensar em tais assuntos menores, ela enche sua fantasia com representações e imagens que, da dura, tenaz e monótona realidade preservam somente os ápices brilhantemente iluminados; a arte do historiador convence o leitor de que tais ápices representam o sumo das particularidades e a verdade que há em todas as realidades. De sua parte, a arte do historiador colabora com a imensa influência exercida sobre as opiniões dos seres humanos, uma vez que estes não somente medem a realidade a partir de suas ideias, mas também lhe exigem que se conforme ou reajuste a esta ou aquela maneira – e os homens o exigirão com impaciência cada vez maior o quanto mais facilmente estiverem habituados a pensar a partir de tal inversão das coisas.

Também nós na Alemanha nos vangloriamos de já dispormos de uma literatura histórica que corresponda às necessidades populares; também entre nós já se adotou a perspectiva de que "a História é simultaneamente ciência e arte". Só que, com isso, a questão metodológica – e é disso que tratamos – cai novamente na obscuridade.

Como se relacionam arte e ciência em nossos trabalhos? A crítica e a erudição satisfazem o lado científico da História? E se não lhe resta o que fazer, a História passa a ser devedora da arte? Deveriam realmente os estudos que o historiador se propõe fazer ter outro propósito a não ser escrever um ou outro livro? Não há nenhuma outra aplicação a não ser descontrair com ensinamentos, e ensinar de maneira descontraída?

Não seria sem interesse investigar o motivo profundo que leva a História a ser a única dentre todas as ciências que tem a ambígua felicidade de também dever ser arte; uma felicidade que, apesar dos diálogos platônicos, nem mesmo com a Filosofia pode ser partilhada.

Vejamos a questão por um outro lado. Nos trabalhos artísticos – de acordo com uma antiga expressão – inspiração e transpiração* estão de mãos dadas. Pertence à essência da arte o fenômeno de que, em seu fazer, sejam esquecidos os defeitos inerentes ao seu meio; e a arte pode fazê-lo, porquanto a ideia que ela deseja exprimir em formas, materiais e técnicas os vivifica e ilumina. O que é assim criado se torna uma totalidade, um mundo em si mesmo; a inspiração possui o poder de fazer com que o espectador ou o ouvinte recebam e sintam apenas aquilo que ela quis expressar.

As ciências são diferentes. As ciências empíricas, sobretudo, não têm qualquer obrigação fora constatar as lacunas presentes nos objetos de sua pesquisa, bem como controlar os erros resultantes de sua técnica e investigar as implicações de seu método, que somente pode produzir resultados seguros dentro do âmbito de seus limites básicos.

Em nossa ciência, talvez o grande mérito da Escola Crítica, ao menos o mais significativo dentro de uma perspectiva metodológica, seja o de ter incutido a visão de que a comprovação das "fontes" (a partir das quais nós criamos) é o fundamento de nossos estudos. Com isso, a relação da História com o passado foi alicerçada sobre um ponto cientificamente basilar. Essa visão crítica de que o passado não nos é

* N. T.: Tradução para *technische* e *musische*, ou seja, o lado técnico e o lado das musas, da inspiração.

imediato – porquanto se nos apresenta, ao contrário, sempre de maneira mediada, e que, portanto, não conhecemos objetivamente o passado, mas podemos, por meio das fontes, produzir dele apenas uma concepção, uma visão, uma contraimagem, e de que as visões e concepções adquiridas e adquiríveis desse modo são tudo o que podemos saber do passado, de maneira que a História não é fenomênica [*äusserlich*] e realista, mas somente mediada, pesquisada e conhecida desta maneira –, essa visão precisa ser, ao que parece, o ponto de partida caso se queira cessar o hábito de se naturalizar a História.

O que nos está disponível para a pesquisa não são os passados, mas, em parte, *resquícios* deles, e, em outra parte, *concepções* a respeito deles. Resquícios que os são somente para a percepção histórica, pois estão de fato inseridos no seio do presente; alguns, destroçados e isolados, evocam a lembrança de como foram um dia vivos e significativos; outros já se apresentam reformados e ainda com utilidade prática; outros ainda alterados até o ponto de serem irreconhecíveis e estarem totalmente imersos no ser e na vida do presente; e este nada mais é do que a síntese de todos os restos e resultantes do passado. Desse modo, as concepções daquilo que existiu e aconteceu nem sempre se originam dos sobreviventes daquela época, dos bem informados ou dos imparciais, mas provêm de terceira ou quarta mão; mesmo quando aqueles que viveram em uma época nos informam algo sobre seu tempo, o que eles de fato presenciaram ou testemunharam? E mesmo quando se vê ou ouve algo diretamente, o que se apreende, então, é apenas uma parte, um lado, um sentido dos eventos etc.

O caráter metodológico destes dois modos é de tal forma extraordinariamente distinto que seria melhor distingui-los tecnicamente; e recomenda-se àqueles que *desejam* ser fontes que as designem, mesmo porque, visto por outro lado, eles são iguais aos demais resquícios, resquícios literários do tempo no qual surgiram.

O método – ou técnica – atualmente usual da pesquisa histórica desenvolveu-se a partir de estudos de épocas das quais, ao menos para a História Política, pouco ou nada restou além do tipo de visão anteriormente caracterizada, dada a partir de narradores mais ou menos contemporâneos entre si. Muito do que gostaríamos de perguntar e investigar não foi compreendido em sua própria época; à pergunta como nosso imperador manteve nos Alpes milhares de homens e cavalos em suas viagens à Roma, à pergunta como o comércio do Mediterrâneo se organizou após a revolução que Alexandre Magno levou à Ásia: a tais perguntas as fontes não nos dão qualquer resposta.

Sempre que nossos estudos nos remetem a períodos cujos arquivos nos forneçam mais do que meros "documentos" de arranjos legais concluídos – dos quais provêm relatórios, relatórios de autoridades, atas de transações de todo tipo –, nós, então, ficamos a par do quanto são superficiais e suspeitas as nossas informações acerca de tempos remotos, e de como a visão que podemos ter dos mesmos é necessariamente lacunar e, em certos pontos, limitada. E, ainda assim, como se mostram vivas neste caso as diferenças entre as "concepções" dos embaixadores estrangeiros ou das autoridades pátrias e os "resquícios" provenientes do curso das transações, das ponderações feitas por ambos os lados, dos protocolos das conversas etc. Certamente estas atas governamentais não oferecem, como aquelas relações, uma concepção já formada, uma primeira imagem histórica daquilo que aconteceu durante o processo, mas elas são resquícios do que aconteceu, são o que permanece de imediato das negociações e de seu percurso. E, se é que posso usar tal expressão com sentido assim tão abrangente, é como transação – no sentido abrangente de um presente de mil maneiras determinado e determinante que se configuram coisas que posteriormente apreenderemos na escala sucessiva da História –, apreenderemos, então, a partir de uma direção bem diversa em relação àquela em que elas ocorreram e em relação à vontade e ação daqueles por meio dos quais elas ocorreram. Assim, não é paradoxal que se pergunte como a história surge dos feitos, e como, com essa transposição para um outro meio, em parte se acrescenta algo, e em parte se perde algo definitivamente.

Para concluir, permitam-me tocar ainda em outro ponto. Em uma outra situação, recusei a intenção realizada em nossa ciência por parte daqueles para os quais o método das ciências naturais é o único método científico, e que ainda afirmam que a História o precisa aplicar com o fito de alçar-se ao nível de uma ciência.

Seria como se na região dos eventos históricos, isto é, da vida moral,* somente o análogo fosse digno de atenção, e não também o anômalo, o individual, o livre-arbítrio, a responsabilidade, o gênio; como se não fosse uma tarefa científica buscar caminhos de pesquisa, de verificação e de compreensão para os movimentos e efeitos da liberdade humana, da singularidade pessoal, não importando o quão pequeno ou grande seja o peso que se ponha nelas.

Afinal, temos de qualquer jeito uma compreensão imediata e algo certo das coisas humanas, pois são dadas à nossa observação cada expressão e palavra impressa da inventividade e da lide dos homens. Mas há de se encontrar métodos para que obtenhamos parâmetros e controles *objetivos* que permitam fundamentar, ajuizar e aprofundar estas concepções imediatas e subjetivas – especialmente porque, do passado, apenas dispomos de concepções registradas por outros autores ou fragmentos daquilo que um dia existiu, pois esse parece ser o sentido daquilo que por várias vezes se denominou *objetividade histórica.*

Há de se encontrar métodos. Para tal, são necessárias diferentes pessoas para diferentes tarefas, e frequentemente para solucionar *uma* tarefa não se pode prescindir de uma combinação de várias pessoas. Enquanto se acreditar que "a História" é essencialmente História Política, e que a tarefa do historiador seria, a partir do legado pelas revoluções, guerras, atos de Estado etc., narrar tendo como fundamento uma nova concepção e uma nova compilação bastará pegar das fontes o melhor material que há, talvez mesmo o material que tenha sido mais bem assegurado pela crítica, e elaborá-lo em um livro, uma conferência ou algo semelhante. Ao despertar, porém, a perspectiva de que também as artes, a formação do direito, além de cada criação humana e todas as configurações do mundo moral, podem ser historicamente pesquisadas para que se compreenda o que é a partir do seu processo de transformação, desde então exigências de um outro tipo surgiram em nossa ciência. Ela passou a pesquisar configurações segundo

* N. T.: Vida moral, nos termos de Droysen, corresponde à expressão *sittliches Leben. Sittlic* e *Sittlichkeit* são termos de difícil tradução, podendo dizer moral, moralidade, ética, eticidade, quando as palavras *Ethik* e *Moral* também existem no idioma alemão. Por ser ética uma área dos estudos filosóficos, preferi um termo, digamos, menos científico e conceitual.

seu contexto histórico, das quais estão disponíveis apenas alguns resquícios; ela deve explorar campos que, pelo menos por aqueles que viviam em seu meio, até então não foram considerados e concebidos como históricos. Por todos os lados perguntas se impõem, perguntas por coisas que, em grande medida, são incomparavelmente mais importantes do que as informações superficiais e ocasionais que até então se faziam valer como História. Deve a História largar aí suas armas?

Quando entramos em uma exposição de antiguidades egípcias, obtemos a sensação rara e a visão subjetiva desse período fascinante da Antiguidade; mas ao menos podemos, pesquisando nesta ou naquela direção, chegar a resultados positivos. Lá estão os sienitos polidos; lá estão aquelas cores, aqueles tecidos; que ferramentas e metais foram necessários para que se trabalhasse sobre pedras tão duras, que construções mecânicas foram possíveis para tirar massas das rochas e colocá-las nas embarcações? Como foram quimicamente preparadas essas cores? De que materiais são feitos os tecidos e de onde eles provêm? Na senda de tais interpretações tecnológicas dos resquícios resultam fatos, que complementam de várias e significativas maneiras o exíguo legado do Egito antigo, e quanto menos diretamente tais fatos tenham sido obtidos tanto maior será a certeza de seu resultado.

A muitos parece criticável que da constituição da Roma antiga ou sobre a Atenas das guerras persas apenas seja considerado válido o que foi legado e testemunhado literalmente. Mas a fantasia do leitor não deixará de articular essas parcas informações e de complementá-las de maneira a formar a imagem própria; ocorre que esse complemento é um jogo de fantasia e essa imagem pode ser deliberada ou não. Não é possível encontrar métodos que regulem e fundamentem o processo de complementação? Na natureza *pragmática* das coisas desse tipo – pois se deveria parar de desconsiderar a expressão "pragmática" cunhada por Políbio – encontram-se momentos, condições, necessidades cujos indícios, caso se observe com mais acuidade, se deixam reconhecer naquilo que se nos apresenta à disposição; e a linha hipotética que nos deixa definir essa natureza pragmática das coisas confirma-se na medida em que este ou aquele fragmento se insere perfeitamente nela.

Quando se tratava de aprimorar a História da Arte do tempo de Rafael e Dürer, não era possível ir muito longe com as "fontes" e com a crítica de fontes, ainda que se pudesse encontrar, ao menos em Vasari e noutros, informações superficiais extremamente desejadas; em suas obras e nas de seus contemporâneos alemães havia um material totalmente diverso, um material autenticamente destinado à pesquisa; um material que, sinceramente, só poderia ser totalmente devassado pelo pesquisador que possuísse recursos bem específicos; ele precisaria conhecer a técnica do pintor para diferenciá-lo dos demais pintores, em seus usos de tonalidades de cor, do *chiaroscuro*, da pincelada; ele precisaria determinar como no olhar de Albrecht Dürer se apresentava a figura humana para poder comprovar se aquele crucifixo foi feito por ele; ele precisaria lançar mão de um erudito aparato de rascunhos, de desenhos feitos à mão etc. para finalmente decidir se tal retrato foi feito por Leonardo da Vinci ou Holbein; ele precisaria dispor do modo de ver daquele tempo, da abrangência de seus conhecimentos gerais, de suas convicções comuns eclesiásticas e profanas, sua história local e diária, para interpretar corretamente o que se apresenta nas obras de arte e que está sugerido em assuntos paralelos, de modo a comprovar de maneira convincente as intenções ou concepções profundas ou superficiais, em vez de meramente senti-las esteticamente.

O mesmo vale para todos os outros casos. Seja para pesquisar historicamente arte, direito, comércio, agricultura ou ainda o Estado e a política, somente o profundo e múltiplo conhecimento objetivo e técnico dará ao pesquisador condições de encontrar o método para cada caso e com tal método trabalhar; da mesma maneira nas ciências naturais novos métodos vêm sendo constantemente criados para que se retirem os segredos da muda natureza.

Todos os métodos aqui mencionados, que encontram aplicação na área dos estudos históricos, movimentam-se dentro da mesma periferia, têm o mesmo ponto de gravitação determinante. Sintetizá-los em pensamentos comuns, desenvolver seu sistema e sua teoria e assim determinar as leis da pesquisa histórica, e não as leis da história: essa é de fato a tarefa da teoria da história.

Tradução: *Pedro Caldas*

Ernst Bernheim (1850-1942)

Apresentação

Arthur Assis

Filho de um próspero comerciante ultramarino de ascendência judaica, Bernheim estudou nas universidades de Berlim e Heidelberg. Doutorou-se em 1873 pela Universidade de Estrasburgo, com um trabalho acerca da Concordata de Worms (1122), supervisionado por Julius Weizsäcker (1828-1889). Em 1875, habilitou-se como *Privatdozent* na Universidade de Göttingen, sob a orientação de Georg Waitz (1813-1886). De 1883 até a sua aposentadoria em 1921, foi professor de História Medieval na Universidade de Greifswald, da qual também foi o reitor em 1899. Bernheim converteu-se ao protestantismo em 1886, por ocasião do seu casamento com Amalie Jessen (1861-1945).

Tal conversão não impediu, todavia, que Bernheim sofresse diretamente os efeitos da perseguição aos "não-arianos", perpetrada pelo Estado nazista de 1933 a 1945. Os últimos 10 anos antes de sua morte foram marcado pelo afastamento da vida pública e pela tentativa de preservar ou reconquistar direitos ameaçados pelo racismo nacional-socialista. Impossibilitado de emigrar devido à idade avançada, Bernheim somente escapou à provável deportação para um campo de concentração por ter, em 1938, obtido um atestado provisório de cidadania plena – a qual havia sido retirada aos indivíduos de origem judaica no contexto das chamadas "leis de Nurembergue", promulgadas em setembro de 1935.

Bernheim tornou-se conhecido, na Alemanha e no exterior, em virtude dos seus escritos sobre teoria e metodologia históricas – e são naturalmente estes os trabalhos que justificam a sua inclusão na presente coletânea. É interessante, contudo, lembrar que as suas reflexões metodológicas resultaram da racionalização de uma ampla experiência de pesquisa histórica. Em Göttingen, por exemplo, ele esteve vinculado ao seminário de pesquisas local, cuja área de concentração era a História do Direito e das Constituições. Após a conclusão da sua *Habilitation*, foi também colaborador ativo do projeto "Monumenta Germania Historica", para o qual catalogou documentos referentes ao Reichstag (o "parlamento" do Sacro-Império Romano-Germânico). Contribuiu, ademais, para diversas outras edições de fontes primárias.

Ao mesmo tempo, as reflexões metodológicas de Bernheim também estiveram estreitamente conectadas com o seu engajamento pedagógico. Interessavam-lhe, sobretudo, as questões da organização do ensino superior e da relação entre a universidade e os demais níveis de ensino.[1] Particularmente conhecido no meio pedagógico foi o seu panfleto sobre "O ensino universitário e as necessidades do presente" (1898), no qual teceu duras críticas ao sistema acadêmico alemão de então, advogando a necessidade de reformas estruturais ao mesmo.

O interesse por teoria e metodologia histórica acompanhou a atividade docente de Bernheim desde o seu início. A sua obra propriamente teórica e metodológica inaugurou-se com o volume *Pesquisa histórica e filosofia da história* (1880), mas o seu ponto de culminância foi mesmo o *Manual do método histórico* (1889).[2] Esse livro representou uma das mais consistentes tentativas de fundamentação do conhecimento histórico empreendidas na segunda metade do século XIX.[3] Bernheim apresenta o "método histórico" como o resultado da sistematização teórica dos procedimentos práticos da pesquisa histórica, enfatizando – como se verá a seguir – o caráter propedêutico do mesmo. O *Manual do método histórico* refletiu, explicitou e reforçou a autopercepção que muitos historiadores mantinham acerca da sua disciplina ao final do século XIX.[4] Na sua tentativa de delimitar a especificidade do método histórico diante das demais ciências e da pesquisa histórica amadora, a obra atingiu um impacto somente rivalizado pela *Introdução aos estudos históricos*, publicada em 1898 pelos franceses Charles Victor Langlois (1863-1929) e Charles Seignobos (1854-1942) – autores que não disfarçaram a sua admiração pelo livro de Bernheim.[5] O *Manual do método histórico* foi diversas vezes corrigido, ampliado, reeditado e republicado, tendo contabilizado duas traduções italianas (1897, 1907). Curiosamente, a partir de 1914, a sexta edição em língua alemã foi republicada também nos Estados Unidos. A partir da terceira edição, em 1903, o livro foi renomeado para *Manual do método histórico e da filosofia da história*. Bernheim publicou ainda uma versão resumida da argumentação contida no *Manual*, sob o título *Introdução à ciência histórica* (1905) – outra obra que contabilizaria diversas reimpressões ao longo da primeira metade do século XX, bem como traduções para o francês (1905) e para o espanhol (1937).[6]

O *Manual do método histórico e da filosofia da história* inicia-se com uma introdução geral acerca da natureza da ciência histórica (cap. 1), na sequência da qual se encontram tanto a fundamentação teórica do método histórico quanto um resumo da história do problema do método na historiografia (cap. 2). Finalizam o livro quatro volumosos capítulos, cada um dos quais detalha uma das operações metódicas fundamentais diferenciadas por Bernheim, nomeadamente: heurística, crítica, concepção e representação (ressalve-se, contudo, que a esta última etapa apenas foram dedicadas pouco mais de vinte páginas).

• • •

O texto a seguir compõe-se de excertos do segundo capítulo do *Manual do método histórico e da filosofia da história*, e pretende oferecer um panorama geral da metodologia da ciência histórica desenvolvida por Bernheim. Uma vez que o capítulo teve de ser sensivelmente encurtado para esta publicação, optou-se pela supressão tanto de referências cruzadas quanto de digressões presentes no texto original. Da mesma maneira, fez-se necessária a exclusão da seção dedicada à história da noção de "método histórico". A tradução literal do título original seria, simplesmente, "Metodologia" (*Methodologie*). Na presente publicação tal título foi acrescido da expressão "da ciência da história". As citações bibliográficas constantes do texto foram preservadas de acordo com a notação original, isto é, algumas vezes, sem a indicação do ano de publicação do texto, do seu local de publicação e da editora. A tradução baseou-se na quinta e sexta edições da obra.[7]

NOTAS

1 Cf. Irene Blechle, *"Entdecker" der Hochschulpädagogik: Die Universitätsreformer Ernst Bernheim (1850-1942) und Hans Schmidkunz (1863-1934)*, Aachen, Shaker, 2002. Andreas Gestrich, "Ist vielleicht der Universitätsunterricht selber verbesserungsbedürftig?: Ernst Bernheim und die Diskussion um die Reform des universitären Unterrichts um 1900", em Gabrielle Lingelbach (org.), *Vorlesung, Seminar, Repetitorium: Universitäre*, München, Martin Meidenbauer, 2006, pp. 129-54.

2 Ernst Bernheim, *Lehrbuch der historischen Methode*, Leipzig, Duncker & Humblot, 1889.

3 Rolf Torstendahl, "Fact, Truth and Text: The Quest for a Firm Basis for Historical Knowledge around 1900", em *History and Theory*, v. 42, n. 3, 2002, pp. 305-31 (cit., pp. 314-15).

4 Jörn Rüsen e Winfried Schulze, "Historische Methode", em Joachim Ritter e Karlfried Gründer (orgs.), *Historisches Wörterbuch der Philosophie*, v. 5, Basel/Stuttgart, Schwabe & Co, 1980, pp. 1.345-1.355 (cit. p. 1.351).

5 Charles Victor Langlois e Charles Seignobos, *Introduction aux études historiques*, Paris, Kimé, 1992, p. 9 (1. ed., Paris, Hachette, 1898). Cf. também Rolf Torstendahl, op. cit.

6 Ernst Bernheim, *Einleitung in die Geschichtswissenschaft*, Berlin, G. J. Göschen, 1905.

7 Ernst Bernheim, *Lehrbuch der historischen Methode und der Geschichtsphilosophie*, Leipzig, Duncker & Humblot, 1908.

BIBLIOGRAFIA

BERNHEIM, Ernst. *Lehrbuch der historischen Methode*. 1. ed. Leipzig: Duncker & Humblot, 1889.

______. *Einleitung in die Geschichtswissenschaft*. Berlin: G. J. Göschen, 1905.

______. *Lehrbuch der historischen Methode und der Geschichtsphilosophie*. 5. e 6. eds. Leipzig: Duncker & Humblot, 1908.

Blechle, Irene. *"Entdecker" der Hochschulpädagogik:* Die Universitätsreformer Ernst Bernheim (1850-1942) und Hans Schmidkunz (1863-1934). Aachen: Shaker, 2002.

Gestrich, Andreas. Ist vielleicht der Universitätsunterricht selber verbesserungsbedürftig?: Ernst Bernheim und die Diskussion um die Reform des universitären Unterrichts um 1900. In: Lingelbach, Gabrielle (org.). *Vorlesung, Seminar, Repetitorium*: Universitäre. München: Martin Meidenbauer, 2006, pp. 129-54.

Langlois, Charles Victor; Seignobos, Charles. *Introduction aux études historiques*. Paris: Kimé, 1992 [1. ed. Paris: Hachette, 1898].

Rüsen, Jörn; Schulze, Winfried. Historische Methode. In: Ritter, Joachim; Gründer, Karlfried (orgs.). *Historisches Wörterbuch der Philosophie*, v. 5, Basel: Schwabe & Co, 1980, pp. 1345-55.

Torstendahl Rolf. Fact, Truth and Text: The Quest for a Firm Basis for Historical Knowledge around 1900. *History and Theory*, v. 42, n. 3, 2002, pp. 305-31.

METODOLOGIA DA CIÊNCIA HISTÓRICA (1908)

Método é o procedimento utilizado por uma ciência para obter resultados cognitivos de um dado material empírico.* Nós compreendemos por "metodologia" [*Methodologie*] ou "teoria do método" [*Methodenlehre*] a demonstração geral da concepção e da natureza do método de uma ciência; ao passo que por "metódica" [*Methodik*] designamos os princípios e técnicas metódicas particulares derivadas de uma metodologia.[1] Neste capítulo, trataremos da metodologia histórica [...].

Não raro se ouve – e até mesmo de colegas experientes – a opinião de que, na verdade, é supérfluo refletir sobre o método, trabalhar na sistematização do mesmo e lecionar acerca de seus princípios e regras. Método nada mais seria senão a aplicação do bom entendimento humano à respectiva ciência e às suas tarefas; a cada investigador caberia, portanto, assimilar tal senso comum e aprender a aplicá-lo, de acordo com as suas próprias necessidades e inclinações. Na nossa opinião, todavia, tal afirmação é questionável e incorreta.

Em primeiro lugar, é bastante evidente que se pode levantar essa mesma objeção contra qualquer objeto de ensino. Pois o que é todo o conhecimento humano senão, fundamentalmente, bom entendimento acumulado e ordenado de acordo com diferentes direções e relações? E o que mais são as capacidades humanas senão o emprego adequado de tal conhecimento? "Até mesmo a mais simples das artes" – afirma com razão R. von Jhering – "possui a sua técnica, a qual nada mais é senão a acumulação objetivada do bom entendimento humano. Tal técnica, no entanto, somente pode ser utilizada e estimada por aquele que já se deu o trabalho de a conhecer".[2] Ademais, Luciano já havia afirmado: [...há historiadores que,] por falta de familiaridade com as regras da sua arte, por falta de sensibilidade e de co-

* N. T.: Ernst Bernheim, *Lehrbuch der historischen Methode und der Geschichtsphilosophie*, Leipzig, Duncker & Humblot, 1908, pp. 179-206.

nhecimento do que deve ser ou não dito, acabam ou por calar justamente os acontecimentos mais importantes e dignos de nota ou por os mencionar apenas incidentalmente; por outro lado, detêm-se longamente nos mais insignificantes pormenores esforçando-se por descrevê-los minuciosamente".

Sugerir que se deve sempre aprender tudo por conta própria implica, simultaneamente, tanto numa rejeição da noção convencional de educação quanto na abertura de espaço para o autodidatismo. Contudo, os nossos adversários ainda objetam que sobretudo o método histórico seria tão autoevidente, tão simples e demandaria tão poucos pré-conhecimentos técnicos que, por isso, neste campo se poderia abdicar de treinamento sistemático. Mas quem o afirmará depois de ter refletido seriamente acerca da nossa ciência, a qual teve de esperar séculos e séculos até que conquistasse uma base razoavelmente segura para a pesquisa metódica? Não se discute ainda todos os dias acerca dos princípios norteadores do procedimento histórico correto? E excelentes pesquisadores ainda não trocam diariamente acusações mútuas de infração contra a metódica? Se o método histórico fosse algo tão simples assim, tão autoevidente assim, seriam tais divergências possíveis? [...]

Uma outra objeção lançada ocasionalmente contra o aprendizado sistemático do método histórico é a de que nunca se podem arrolar regras que detenham validade geral: cada caso particular seria um caso especial, e, portanto, o pesquisador, em cada momento da pesquisa, teria de encontrar o seu modo de proceder com base na sua própria avaliação do caso particular diante do qual se encontra. Seguramente, contudo, seria possível empregar este mesmo argumento contra a metódica da maior parte das demais ciências! Na Medicina, por exemplo, não revela cada ocorrência particular de uma determinada doença uma imagem divergente da que se aprende na sala de aula? Pensará alguém, por acaso, em negar, com base em tal argumento, a necessidade e a utilidade da formação metódico-sistemática em diagnóstico, cirurgia etc.? Em face deste e de outros exemplos similares, nos sentimos dispensados de detalhar por que, mesmo com toda a multiplicidade dos casos particulares, em cada ciência sempre se aplicam princípios e práticas gerais, os quais se podem ensinar e aprender.

Mas talvez alguém ainda objete que a disciplina metódica ou limita os impulsos característicos do gênio criador e crítico, ou os coloca numa posição subordinada. A esse crítico somente se poderá responder que, mesmo no domínio das artes, o gênio atuará tanto mais livre e fecundamente quanto mais segura e conscientemente dominar os fundamentos técnicos da sua arte. Na verdade, os maiores gênios não obtêm nenhum proveito quando teimosamente procuram desenvolver por conta própria fundamentos técnicos que a escola e a tradição lhes podem oferecer de pronto. De qualquer modo, não se deve retirar valor à metódica simplesmente por causa de um ou outro noviço que imagine que o aprendizado escolar de regras seja o bastante para fazer de alguém um historiador.

Nós não desconhecemos as boas razões subjacentes às mencionadas críticas à sistematização do método, nomeadamente, a aversão instintiva ao temível formalismo mecânico.[3] Contudo, consideramos injustificável que o medo de cair num extremo nos leve a cair noutro; que o medo de sermos adestrados pelo método nos conduza à ausência completa de disciplina. Espírito [*Geist*] desacompanhado de método prejudica tanto a ciência quanto método desacompanhado de espírito. Em termos comparativos, a nossa ciência é muito pouco capaz de tolerar a carência de disciplinarização, pois o material com que trabalha é tão popular e acessível que, desde sempre, interesses práticos e científicos se encontram nele misturados. Georg Waitz afirmou acertadamente que "talvez nenhuma outra ciência seja tão prejudicada pelo diletantismo quanto a História". Essas palavras sábias devem servir-nos de advertência para que cultivemos estima pela disciplina metódica.[4]

A já mencionada desinformação acerca do significado tanto da maneira histórica de pensar quanto do método histórico explica por que quase não se tem mencionado o método histórico na teoria geral do método, na lógica, bem como noutros campos. Pelo que sabemos, o primeiro autor a ter tentado definir a relação do método histórico com a teoria geral do conhecimento e com a lógica foi J. M. Chladenius, no seu livro *A ciência geral da história*,[5] e, depois dele, por muito tempo, mais ninguém. Somente em 1852, veio G. C. Lewis, no seu *Tratado acerca dos métodos de observação e argumentação*,[6] a analisar detalhadamente o problema da indução e da dedução no conhecimento histórico. Recentemente, os filósofos finalmente perceberam que a lógica, por se ter ocupado primordialmente das ciências nomotéticas, acabou negligenciando o modo histórico de conhecimento.[7] Somente agora se começa a corrigir esta omissão; e o melhor exemplo disso é a metódica desenvolvida por W. Wundt.[8] Entretanto, desafortunadamente, uma tendência à excessiva especialização parece já estar atrapalhando o avanço da discussão. Scheler afirma com razão[9] que "uma teoria do conhecimento se torna apropriada na medida em que determina de maneira clara e precisa as formas de conhecimento as quais se revelam frutíferas às ciências já existentes". Essa afirmação não o impediu, todavia, de negligenciar por completo a forma de conhecimento que os historiadores empregam na sua prática profissional – forma de conhecimento essa que é fundamentada através da reflexão metodológica. Tal negligência é bastante comum entre os filósofos alemães, ao contrário do que se passa atualmente, por exemplo, na França, onde historiadores e filósofos mantêm uma estreita cooperação, como no caso da *Revue de Synthèse Historique*, entre outros. Eu, particularmente, tenho esforçado-me para, na medida do possível, extrair proveito das investigações dos filósofos.

• • •

De acordo com a definição anterior, o caráter de um método depende diretamente do caráter da respectiva ciência, do material com que esta trabalha e do tipo de conhecimento que tem em vista.

O material com que trabalham os historiadores é peculiar. Na sua maior parte, o mesmo não se apresenta diretamente à nossa percepção sensorial, ao contrário do material com que trabalham as ciências da natureza. O material histórico consiste de atividades executadas pelos seres humanos, de ocorrências, das quais somente podemos ver fragmentos minúsculos. Trata-se de ocorrências que ou se tornaram passadas sem nos terem deixado rastros diretamente perceptíveis – e que, portanto, nos são transmitidas somente enquanto recordações, através de narrativas e relatos; ou de ocorrências que são documentadas pelos resíduos diretos dos seus efeitos, resíduos a partir dos quais se podem identificar as ações que os produziram. [...] Uma das tarefas fundamentais do método histórico, a qual se coloca na sequência da coleta do material, é o estabelecimento da factualidade das ocorrências referenciadas pelas fontes, isto é, a verificação de se as ocorrências mencionadas de fato aconteceram. A constatação da factualidade assenta-se, por um lado, sobre percepções contemporâneas imediatamente referidas aos acontecimentos e sobre os resíduos destes que se façam disponíveis ao presente; por outro, sobre a percepção de testemunhas cuja credibilidade já foi atestada; e, finalmente, sobre juízos e conclusões que nós extraiamos com base na avaliação dos já mencionados tipos de percepção. [...]

A segunda tarefa fundamental a ser desempenhada pelo método liga-se com o conhecimento da inter-relação entre os respectivos fatos, ou seja, com a concepção [*Auffassung*].[10] Em geral, a inter-relação entre os fatos históricos – enquanto resultados de ações sociais determinadas por propósitos – é conhecida à medida que encontram, na sequência de eventos em questão, os fatos particulares em que tal inter-relação se expressa de modo essencial, bem como as causas gerais destes fatos. Impreterivelmente tal conhecimento é comunicado na forma de juízos referenciais. Por conseguinte, os fatos particulares devem sempre ser colocados em relação causal tanto com a totalidade do desenvolvimento correspondente, [...] quanto com a dimensão geral do mesmo desenvolvimento – isto é com as condições e causas psíquicas e físicas. Isso, contudo, não pode impedir que cada elemento singular seja apreciado na sua especificidade e no seu significado perante a totalidade do desenvolvimento.

Através desta contínua remissão do singular a totalidades e ao geral e do constante retorno aos elementos singulares assim determinados, a metódica histórica ganha traços bastante característicos,[11] os quais perpassam desde as elevadas tarefas da concepção até os detalhes das técnicas de crítica. Quase não é preciso observar que o conhecimento das inter-relações e a verificação da factualidade se condicionam mutuamente, intercruzando-se. Tais fases somente são consideradas separadamente por razões de organização da exposição.

A utilidade da remissão dos fatos singulares a totalidades é bastante evidente, mas remissões ao geral não são menos importantes. Na pesquisa histórica, nos movimentamos sempre sobre o chão da causalidade psíquica; por via de regra, são conceitos e juízos de fato de natureza psicológica que formam os elementos dos nossos julgamentos e as premissas fundamentais das nossas deduções. Todavia, graves erros na concepção e na crítica, bem como muitas ambiguidades no pensamento e na expressão, devem-se à circunstância de que se opera com tais elementos e premissas de modo não consciente, subentendendo-os, e ignorando as condições lógicas para a sua validade. [...] Frequentemente se deixa passar despercebido que os juízos de fato de natureza psicológica com que trabalha a pesquisa histórica só parcialmente resultam de uma verdadeira indução; no mais das vezes, eles são obtidos através de analogias, pois a identidade do sentir, pensar e querer humanos, sobre a qual se assenta toda compreensão e dedução históricas, é absoluta somente nos seus aspectos mais gerais, permanecendo, de resto, apenas relativa. Muitas vezes não se observa que as deduções empregadas pela pesquisa histórica, a despeito das premissas psicológicas gerais nelas contidas, são completamente distintas das que, em geral, são utilizadas pelas ciências naturais. Por isso, não se pode automaticamente deduzir do que se conhece acerca das atividades, motivos e relações características de um determinado indivíduo ou grupo de indivíduos que as mesmas atividades, motivos e relações estariam dadas ou dar-se-iam em indivíduos similares – tal cautela, entretanto, não se faz marcante entre as pesquisas dos etnólogos e historiadores da cultura, algo que não raro os conduz a formular falsas hipóteses.[12]

Compreende-se assim, ademais, por que a comparação, que em todas as formas de pesquisa desempenha um papel tão importante, recebe na pesquisa histórica uma aplicação particularmente especial. Nesta, a comparação serve não somente à descoberta do geral, mas também à determinação definitiva do singular, bem como da identidade e das diferenças entre este e outros singulares.[13] [...]

• • •

Ao método histórico ligam-se duas dificuldades distintas, as quais podem fortalecer as dúvidas com relação à possibilidade de se obterem resultados seguros, e que, de fato, repetidas vezes, têm suscitado bastante ceticismo acerca da "confiabilidade [*Gewißheit*] da História". Nós não podemos deixar de discutir essas dúvidas, pois uma das características essenciais de qualquer ciência é a sua aptidão para fornecer conhecimento seguro.

As mencionadas dificuldades encontram-se, por um lado, junto ao material histórico, sendo assim objetivas; por outro, contudo, relacionam-se com as nossas capacidades cognitivas, sendo, portanto, de natureza subjetiva. Por conseguinte, questiona-se tanto a possibilidade objetiva quanto a possibilidade subjetiva de um saber seguro sobre a história.

De início, observemos apenas que de vez em quando se afirma, sem se ter o menor conhecimento de causa, que a nossa ciência não seria confiável uma vez que o conhecimento por ela produzido não se deixaria comprovar nem lógica nem empiricamente. Tal afirmação origina-se do preconceito unilateral segundo o qual verdades seguras seriam somente aquelas que, de um modo ou de outro, se deixem comprovar. A confiabilidade da experiência e da visão imediatas, sobre a qual [...] se assenta o conhecimento histórico, é, todavia, também um tipo de confiabilidade de não menos importância. J. M. Chladenius[14] já havia acertadamente rejeitado essa distorção do conceito de "confiabilidade" [*Gewißheit*]. Porém, essa mesma distorção sempre teima em reaparecer.

• • •

[No que diz respeito à possibilidade subjetiva de conhecimento histórico seguro], estamos, de passagem, diante de uma já envelhecida crítica, a qual tem sido endereçada, de modo geral, à confiabilidade de todas as formas do conhecimento humano. Trata-se, pois, de uma teoria geral do conhecimento da qual não nos temos de ocupar. Além disso, no mais das vezes, esse ceticismo geral é endereçado à ciência da natureza, raramente atingindo a História de maneira direta. Em todo caso, interessa-nos entender disso o porquê. Vale, de fato, aquele antigo e conhecido ataque do ceticismo à capacidade cognitiva: "o que o nosso espírito apreende não são as coisas próprias, as manifestações do mundo exterior em si mesmas, mas tão somente as impressões das mesmas, tais como recebidas pelos nossos sentidos e elaborada pelo nosso pensamento. Quem nos pode dizer que tais impressões, que esses resultados de pensamento, correspondem à realidade?" Pode-se endereçar esse ataque tanto ao conhecimento da história quanto ao conhecimento da natureza, visto que também aquele concerne a fenômenos do mundo exterior. Contudo, o primeiro caso ocorre de modo mais raro por causa da relação imediata entre o nosso espírito [*Geist*] e os objetos do conhecimento histórico. Tais objetos são ações dos seres humanos, ações que resultam do sentir, pensar e querer humanos, sendo assim da mesma natureza do que experimentamos cotidianamente na nossa própria vida espiritual. Essa experiência com o nosso próprio sentir, pensar e querer, bem como com as ações que destes resultam, convence-nos, de modo bastante imediato e irrefutável, de que seriam reais fenômenos análogos associados às vidas dos que nos são próximos – e, consequentemente, também aqueles relacionados com os seres humanos do passado.[15] Somente pode querer negar a realidade da história aquele que chegar a afirmar que a sua própria vida é um sonho, e que o mundo que lhe circunda é o produto de tal sonho.

Mas um outro questionamento particular coloca-se exatamente no que tange àquela base interna do conhecimento histórico. Devemos não só estar convictos da realidade do mundo histórico; queremos também apreender e compreender os acontecimentos enquanto ações, isto é, enquanto expressões racionais e coerentes do sentir, pensar e querer humanos. Queremos, portanto, reproduzir em nós as sensações e representações de outros seres humanos como se nós mesmos as sentíssemos e representássemos. É isso possível? Estamos mesmos seguros de que os nossos próximos no presente e no passado não sentem e pensam de uma forma completamente diferente da nossa – de tal modo que seria uma ilusão se eu acreditasse poder sentir e pensar novamente o que foi sentido e pensado por outrem? Com efeito, não se o pode afirmar com certeza lógica: também aqui somente se pode apelar à experiência prática da existência cotidiana. Mas esta, através de contínuas e repetidas provas, concede-nos imediatamente a convicção e a certeza de que, com base no princípio da causalidade e por analogia com as nossas próprias ações e motivos, nós compreendemos corretamente as ações dos seres humanos à nossa volta, assim como os seus motivos. Esta confiabilidade que resulta da analogia entre os modos de sentir, imaginar e querer de todos os seres humanos – ou, como se pode dizer também, da identidade da natureza humana – é o axioma fundamental de todo conhecimento histórico.[16] Na verdade houvesse ou tivesse havido um povo ou indivíduo que pensasse numa lógica distinta da nossa, povo ou indivíduo para o qual o ódio não fosse ódio e o amor não fosse amor, então a história do mesmo ser-nos-ia ainda menos acessível que a de uma colmeia de abelhas.[17]

Mas reconhecer tal axioma não basta para que se ponham definitivamente de lado todas as mencionadas dúvidas. Mesmo quando se admite que nós somos capazes de compreender as ações dos seres humanos com quem vivemos – visto que sentimos e pensamos de forma análoga à dos mesmos –, mesmo assim, é aparentemente justificável duvidar de que o mesmo se dê também com relação a estirpes antigas e povos distantes. Não achamos detestável, por exemplo, a vingança de sangue, a qual para os germanos antigos significava uma obrigação sagrada? Conseguimos mesmo compreender a ascese dos eremitas medievais e dos faquires indianos? Não nos são completamente estranhos tantos costumes e opiniões que em tempos passados foram moeda corrente? Dúvidas como essas somente nos podem desconsertar contanto que não percebamos que em todos os mencionados casos se está diante de expressões diferentes de uma só e mesma disposição mental e espiritual. Percebemos isso facilmente no plano do pensamento: em cada povo e época, o pensamento exprime-se de forma completamente diferente, em diferentes línguas e formas linguísticas. Continuamente, o pensamento ganha um novo conteúdo, e mesmo a direção do pensamento e o seu modo de operação modificam-se. A despeito disso, não nos ocorre duvidar que possamos compreender, por exemplo, as obras de Aristóteles tão bem quanto os seus contemporâneos. A razão para tal é que, apesar de toda a variação dos modos de expressão e de conteúdo, os processos gerais de pensamento permanecem invariavelmente os mesmos: a lógica, as leis do pensamento, nunca se alteram.

Correspondentemente, podem-se notar entre os diferentes povos e épocas diferentes formas de expressão dos sentimentos. Contudo, os processos psíquicos gerais que conferem base a tais sentimentos permanecem invariáveis. Por exemplo: quando um faquir indiano se mortifica, quando um grego eleva as mãos aos deuses em oração ou quando o ser humano moderno se ajoelha humildemente ao ouvir o som do órgão e se perde a pensar no universo, em cada uma dessas ocasiões está-se diante de formas de expressão de sentimento bastante distintas. Mas o sentimento comum a todas elas, a religiosidade [*Frömmigkeit*], é, nos seus processos internos, somente um. É, certamente, fácil deixar que a forma externa em que sentimentos e opiniões aparecem nos engane acerca da própria essência de tais sensações e opiniões. Por isso, deve-se prestar atenção metódica à transformação das mesmas; deve-se saber reconhecer na diversidade dos modos de expressão os sentimentos e opiniões que lhes estão na base. Assim podemos transferir-nos para o mundo imaginativo e sensitivo de outras épocas e indivíduos, ainda que apenas experimentemos diretamente um só tempo, o nosso, e um só indivíduo, nomeadamente, nós próprios. Pois essa experiência completa-se através do exame direto da vida interna de outros seres humanos, o qual nos é facultado por nosso estudo e vivência.[18] Da mesma maneira podemos apreender épocas pretéritas cujas escalas de valores divergem das nossas, bem como outros grupos humanos diferentes do nosso. Nós incorporamos tais épocas ou grupos humanos aos nossos juízos, constituímos assim os chamados juízos de valor parciais [...].

Ainda é preciso considerar um questionamento relacionado com o que se acabou de discutir. Ao reconhecermos que os processos sensitivos e imaginativos de todos os seres humanos são análogos, nós nem queremos nem podemos negar a diversidade de todo particular sentimento ou imaginação humanas.[19] Tal diversidade assenta-se sobre a relativa diversidade das individualidades, não apenas de povos e épocas, mas também de cada pessoa particular. Poder-se-ia, portanto, objetar o seguinte: se assim compreendes outros seres humanos em geral, então estás, no particular, exposto a muitas incompreensões, pois não tens em ti todos os elementos psíquicos que, numa única vez num lugar específico, moveram e movem um ser humano; não és, portanto, um microcosmo psíquico, um ser humano total. Concedamos, portanto, neste ponto. Mas, na nossa opinião, todo ser humano normal carrega em si todas as potencialidades psíquicas, podendo desenvolvê-las em alto grau – ainda que, no mais das vezes, não as desenvolvam. Os historiadores, em todo caso, têm de desenvolvê-las, e assim, na ciência, se uma concepção apresentada por um determinado historiador se revela deficiente, a mesma sempre pode ser, ao longo do tempo, corrigida e equilibrada por um segundo ou terceiro.

Desfaz-se da mesma maneira um outro questionamento – esse ainda mais frequente. A constituição dos nossos órgãos sensoriais é tal que nenhum de nós apreende os objetos do mundo exterior da mesma maneira, ninguém percebe o mesmo processo externo exatamente do mesmo modo que um outro observador. Nas ciências naturais nós podemos controlar e eliminar tal déficit da capacidade humana de observação à medida que observamos repedidas vezes o mesmo objeto, e trazemos o mesmo processo à percepção através de experimentos, de modo a finalmente apreender dele todos os momentos. Isso, contudo, em grande parte, não se pode executar com os objetos com que trabalha a nossa ciência: os acontecimentos do passado de que ela trata somente foram acessíveis à observação imediata uma única vez. Além disso, os mesmos acontecimentos são amiúde tão complicados que mesmo o observador direto pôde perceber deles apenas uma pequeníssima parte, e somente alguns dos seus resultados são largamente observáveis enquanto resíduos ou condições atuais de agir. Devido à diversidade e parcialidade das concepções individuais parece mesmo justificável duvidar que possamos conhecer processos históricos particulares de um modo condizente com a verdade destes. Mas essa crítica desfaz-se quando se a considera melhor: o recurso a diferentes concepções individuais somente reforça a confiabilidade dos fatos estabelecidos, pois certos acontecimentos foram observados simultaneamente e da mesma maneira por mais de uma testemunha, e as observações destas muitas vezes deixam-se complementar mutuamente. Na História – assim como nas ciências naturais –, tanto a consonância de diferentes observações quanto a complementaridade mútua destas consistem em meios de controle e proteção em face da unilateralidade e parcialidade da capacidade de observação de todo indivíduo. [...] Aqui, a crítica à confiabilidade do conhecimento histórico, embora assente sobre observações factuais corretas, mais uma vez erra o alvo, ao duvidar da possibilidade de um conhecimento seguro no mesmo ponto em que a metodologia simplesmente encontra ocasião para o emprego de regras especiais.

• • •

A observação sobre o caráter do ceticismo histórico apresentada ao final da sessão anterior torna-se ainda mais clara quando referida aos ataques dirigidos ao próprio objeto da História, uma vez que tais ataques também se baseiam em asserções pertinentes acerca da natureza do material histórico.

Desde o despertar do espírito científico na época dos humanistas já se notava a respeito dos escritores históricos que estes, ao relatarem os acontecimentos, frequentemente se contradiziam – devido ou a deficiências de conhecimento, ou à sua excessiva parcialidade. Tais críticos também passaram longe do alvo em que atiraram, pois em vez de se perguntarem se, apesar de tudo, a verdade não poderia ser obtida, em vez de procurarem um meio de remover conhecidas fontes de erros, adotaram a opinião de que, em face da falta de confiabilidade dos testemunhos históricos, não se poderia obter conhecimento seguro do passado. Encontramos essa opinião já em 1530, num escrito de Aggripa de Nettesheim intitulado "Da vanidade e falta de confiabilidade da ciência". A mesma opinião apareceu na França no começo do século XVIII nas investigações críticas e frequentemente céticas de Pierre Bayle e do seu *Dicionário histórico e crítico*, publicado em 1696. Desde então tal opinião tem encontrado grande repercussão entre os mais vivazes espíritos franceses; a sua expressão clássica é o *bon mot* "a história não é senão uma fábula que convém", o qual remonta a Bernhard le Bouvier de Fontenelle.[20]

Ultimamente, ainda que de uma forma mais branda e sutil, esse ceticismo vem revigorando-se, sendo projetado, sobretudo, contra as mais penetrantes formas de pesquisa crítica. [...] Tanto referentemente aos escritores históricos quanto, e sobretudo, às demais formas de registro histórico – às fontes históricas, tais como as chamamos de modo geral –, o exame crítico sempre conduz a um limiar no qual, em razão do próprio caráter da fonte em questão, cessa a confiabilidade e iniciam-se as dúvidas. Os informantes que nos fornecem relatos orais e escritos, bem como os autores de obras históricas, não nos transmitem imediatamente os acontecimentos, mas apenas o que de tais acontecimentos conseguiram reter nos seus espíritos – e tão somente da maneira como os conseguiram reter, enviesado e desfigurado através das modificações, em parte arbitrárias, impingidas pelas suas concepções e disposições subjetivas. Os relatos dos informantes assentam-se sobre observações que não podemos nem repetir nem controlar.[21] Frequentemente paramo-nos diante de um único fato que nos foi transmitido por um informante não confiável, ou de diversas indicações que se contradizem mutuamente e sobre as quais não podemos afirmar qual delas deve ser tomada como factual. De fato, os resíduos dos acontecimentos oferecem-nos testemunhos diretos, os quais, todavia, nem sempre são necessariamente factuais: por exemplo, em documentos e protocolos oficiais, muitas vezes se reproduzem as ocorrências com base numa determinada tendência que não corresponde à verdade; muitas vezes se perderam instruções secretas e tratados de paz que contradiziam ou suspendiam os que se deixaram publicar; às vezes, o material que se conservou é tão lacunar que, dos documentos de que tomamos conhecimento, apenas conseguimos obter uma imagem unilateral ou equivocada dos acontecimentos; além do mais, os documentos muitas vezes contêm equívocos e não estão datados, e as resoluções que registram não nos são compreensíveis, porque tais documentos pressupõem um conhecimento das situações em questão de que somente alguns indivíduos dispuseram e que nos escapa.[22]

Todas essas observações são completamente corretas e valiosas, mas, em todo caso, não são suficientes para que tenhamos de adotar um ceticismo desanimado. Elas somente nos chamam a atenção para que tratemos metodicamente as nossas fontes de acordo com o seu caráter, aplicando-lhes medidas de controle e precaução de modo que possamos identificar os acontecimentos factuais, a despeito da opacidade das fontes. [...] É certo que em muitos casos particulares nós não necessariamente atingiremos um conhecimento seguro: as nossas deduções e juízos metódicos também se baseiam sobre a confiabilidade das fontes, sobre asserções empíricas as quais, em casos particulares, podem estar entrecortadas com divergências e, excepcionalmente, com acasos. De qualquer maneira, não estaremos desatentos para essa circunstância e, na medida do possível, tentaremos eliminar o acaso. Mas mesmo quando concluirmos definitivamente que, num determinado caso, não se conseguirá obter confiabilidade incondicional, não nos deixaremos levar por generalizações céticas como as de Volney[23] ou W. Vischer,[24] segundo quem na História não há certezas. Do contrário teríamos, pelas mesmas razões, que dizer o mesmo de todas as demais ciências. Pois que se nos apresentem uma ciência em que resultados prováveis e hipotéticos não estivessem lado a lado com conhecimentos seguros! E de que, na História, aqueles predominem em relação a estes somente se irá convencer o pesquisador de detalhes, o qual, por penetrar muito profundamente nas particularidades, pouco pode estabelecer constatações seguras, e com isso acaba por se esquecer de que os traços gerais dos acontecimentos já foram indubitavelmente constatados e assim permanecem. O desenrolar detalhado de uma batalha, por exemplo, pode deixar as mais inextrincáveis e disparatadas dúvidas, mas a factualidade da batalha, o seu local, a data, o resultado final permanecem constatáveis apesar das dúvidas quanto às particularidades. E, da mesma maneira, há em toda História, a despeito de todas as dúvidas quanto ao desenrolar dos detalhes, um grande estoque de fatos definitivamente estabelecidos, algo que somente podemos ignorar porque nos acostumamos a tomá-los por autoevidentes. Para ilustrar este ponto, que se tome qualquer compêndio ou tabela de eventos históricos que esteja razoavelmente conforme aos princípios na moderna crítica de fontes: encontrar-se-ão assim muito poucos dados cuja confiabilidade ainda se poderia colocar em questão! Uma vez mencionado este estoque de fatos já estabelecidos, nós podemos então reconhecer tranquilamente que, frequentemente, na História, assim como em todas as outras ciências, temos de nos contentar com probabilidades e, não raras vezes, com possibilidades.

De nada ajuda entregar-se, por causa disso, à lamentação sentimental acerca das insuficiências do conhecimento humano. Pelo contrário, em cada caso particular a tarefa do pesquisador é prestar contas a si e ao seu público sobre o quão distantes os seus resultados investigativos se encontram em relação ao que é confiável, sobre até que ponto os mesmos resultados apenas podem ser considerados prováveis.

Na pesquisa histórica, designamos "prováveis"[25] aqueles fatos que consideramos como tendo acontecido porque dispomos de relatos e razões que são mais fiáveis ou plausíveis do que os relatos e razões em contrário, ainda que reconheçamos a possibilidade de que estejamos errados. Chamamos "possível" um fato quando não dispomos nem de evidência contrária ao seu caráter de acontecimento, nem de razões positivas para tomá-lo como ocorrido. Vê-se que, de acordo com o número e intensidade dos argumentos em prol e em contrário à factualidade de um dado evento, podem ocorrer diferentes graus de probabilidade, os quais variam entre a confiabilidade aproximada e a mera possibilidade. A ponderação e determinação de tais eventualidades e diferentes graus de probabilidade é uma tarefa da metódica. É, todavia, difícil determinar se, em geral, a ciência histórica, em comparação com outras ciências, tem menos certezas e mais meras probabilidades a mostrar. E. A. Freemann[26] liquidou a questão com as seguintes palavras: "Se tal evidência é suficiente para fazer da História ou uma ciência ou um caminho para uma ciência, essa é, na verdade uma questão de palavras e nada mais." [...]

Estamos, portanto, em condição de repelir os ataques céticos à confiabilidade do conhecimento histórico, venham esses de onde vierem. Tais ataques apenas nos foram proveitosos na medida em que contribuíram para reforçar a percepção de que o procedimento metódico consciente deve constituir o fundamento da nossa ciência. [...]

• • •

Tal como afirmamos no início deste, os quatro seguintes capítulos concernem aos princípios e operações que perfazem a metodologia aplicada ou metódica. Essas operações podem ser resumidas em quatro grupos distintos:[27] a heurística, que diz respeito à coleção e exploração das fontes; a crítica, que se ocupa da inspeção do material e da constatação dos fatos; a concepção [*Auffassung*], que deve conhecer o significado dos fatos e a sua conexão interna; e a representação, que restitui os fatos na sua conexão.

Temos de sublinhar que, no decurso prático da pesquisa, as funções aqui diferenciadas por razões meramente sistemáticas dão-se em simultaneidade, como quando, por exemplo, já na heurística vemos a concepção desempenhar um papel essencial. "Tudo está conectado" – afirma-o Ranke[28] – "estudo crítico de fontes autênticas, concepção apartidária, representação objetiva; a meta é dar visibilidade à verdade completa".

Tradução: *Arthur O. A. Assis*

Notas

1 Cf. G. Körting, *Enzyklopädie und Methodologie der Romanischen Philologie*, p. 115, Band 1.

2 R. von Ihering, *Geist des Römischen Rechts*, 3, Auflage, Teil 2, Abteilung 2, p. 320.

3 O. Lorenz, nas suas recentes publicações – e, sobretudo, na segunda parte de *Die Geschichtswissenschaft in Hauptrichtungen und Aufgaben*, 1892 – parte exatamente deste ponto de vista, chegando a declarar virtualmente guerra à metodologia. Lorenz, contudo, restringe o seu conceito de metodologia às regras da crítica de fontes, contrastando com esta a alta crítica e a concepção (*Auffassung*) – como se no caso destes últimos procedimentos fosse impossível oferecer qualquer tipo de treinamento metódico.

4 *Historische Zeitschrift*, Band 1, p. 20.

5 J. M. Chladenius, *Allgemeine Geschichtswissenschaft*, Leipzig, 1752, capítulo 9.

6 G. C. Lewis, *On the Methods of Observation and Reasoning in Politics*, London, 1852.

7 Cf. W. Windelband, "Geschichte und Naturwissenschaft", *Festrede Straßburg*, 1894, p. 27. H. Rickert, *Die Grenzen der naturwissenschaftlichen Begriffsbildung*, 1902, p. 248 e ss.

8 W. Wundt (*Logik*, 2. Auf., 1895 Band. 2 Abteilg. 2) e A. Rhomberg (*Die Erhebung der Geschichte zum Range einer Wissenschaft oder Die Historische Gewißheit und ihre Gesetze*, Wien, 1883) ocupam-se somente com a fundamentação dos axiomas da crítica; W. Dilthey, que na sua obra *Einleitung in die Geisteswissenschaften*, 1883, Band 1, investigou profundamente as relações entre História e conhecimento, sublinhando a necessidade de uma fundamentação epistemológica, somente tratará da metodologia num trabalho futuro.

9 M. F. Scheler, *Die transzendentale und die psychologische Methode*, 1900, p. 144.

10 Empregamos aqui o termo "concepção" (*Auffassung*) na falta de uma designação mais apropriada. Os franceses empregam neste sentido a expressão *synthèse*.

11 Cf. J. G. Droysen, *Grundriß der Historik*, 3. Auf. 1882, §10, e p. 52; W. Wundt, op. cit., p. 85 e ss., Band 2.

12 C. Seignobos, *La Méthode historique appliquée aux sciences sociales*, Paris, 1901, p. 25, diz acertadamente: "O método histórico é exclusivamente um método de interpretação psicológica através da analogia".

13 W. Wundt, op. cit., Band 2, Abtlg. 2, p. 64 e ss.

14 Idem, cap. 9, § 4.

15 Cf. W. Schuppe, *Erkenntnistheoretische Logik*, p. 240. C. Stumpf, *Zur Einteilung der Wissenschaften*, philos.-hist. Klasse Jahrg., 1906, Abhandlung v, pp. 20-1.

[16] G. Simmel, *Die Probleme der Geschichtsphilosophie*, 3. Auf., 1907, p. 14 e ss., analisa o processo da "compreensão" histórica de modo penetrante e elegante.

[17] Da mesma maneira, afirma C. Seignobos, op. cit., p. 120: "Se os fatos referenciados nos documentos não fossem análogos aos que nós observamos, então não os poderíamos compreender".

[18] A interpretação e concepção psicológicas ocupam-se dessa tarefa, a qual na grande maioria das vezes é bastante negligenciada.

[19] J. Busch, "Über konstruierende und skeptische historische Kritik", *Programm des könig. Progymnasiums zu St. Wendel*, 1867.

[20] H. Bourdeau, *L'Histoire et les historiens*, 1888, p. 285 e ss.., refere-se a uma série de outros ditos similares provenientes de autores franceses.

[21] C. Seignobos, op. cit.

[22] Cf. E. Freeman, *The Methods of Historical Study*, p. 122 pp.

[23] *Leçons d'histoire*, Paris, 1799.

[24] W. Vischer, "Über die Grenzen des historischen Wissens", *Preußische Jahrbücher*, 1880, Bd. 46.

[25] Cf. A. Rhomberg, op. cit., 1883, p. 81; A. Böckh, *Enzyklopädie und Methodologie der philologischen Wissenschaften*, 2. ed., 1886, § 30, p. 175 pp.; P. C. F. Daunou, *Cours d'études historiques*, Paris, 1842, vol. 1, p. 27 e ss.

[26] Idem, p. 152.

[27] Assim como Droysen o fez pela primeira vez, no seu *Grundriß der Historik*, op. cit.

[28] Leopold von Ranke, *Sämtliche Werke*, Bd. XXI, p. 114.

O sentido produzido pela História

Wilhelm von Humboldt (1767-1835)

Apresentação

Pedro Caldas

A conferência "Sobre a tarefa do historiador", proferida por Wilhelm von Humboldt no dia 12 de abril de 1821, oferece ricas surpresas para os leitores atuais, sobretudo quando os mesmos já adquiriram alguma formação historiográfica e estão condicionados a desconsiderar as reflexões sobre o conceito de história e do ofício do historiador feitas no século XIX. Mesmo uma primeira leitura apressada deste denso texto de Humboldt nos obrigaria a remexer todas as gavetas onde guardamos os nossos conceitos mofados e estabelecidos acerca do lugar do século XIX no processo de desenvolvimento do conceito de história. O leitor nota sem demora a clareza da mensagem de Humboldt: o historiador será passivo caso se limite a reproduzir os fatos, e, o que seria ainda pior, acredite que nisso consiste sua tarefa. O sentido não está previamente dado, mas é uma construção do historiador; tal construção, todavia, também está longe de se restringir a um arroubo romântico vulgar. Há algo de contemplativo na busca da verdade histórica, que, nas palavras de Humboldt, "pode ser equiparada às nuvens, que somente ganham forma a distância dos olhos".

É realmente notável. Impressionados pela serenidade das afirmações do texto, é de se esperar que o estudioso fique imediatamente tomado por uma curiosidade natural: quem foi Wilhelm von Humboldt? Estaremos cumprindo apenas parte da tarefa proposta se nos limitássemos a simplesmente comentar o texto, deixando de lado algumas informações elementares sobre o autor e sua obra, e como ela nos ajuda, ainda que em nível introdutório, a compreender as reflexões teóricas contidas na conferência aqui traduzida e como esta tem implicações que convidam a uma reflexão interdisciplinar.

• • •

E não poderia mesmo ser diferente, em se tratando de Wilhelm von Humboldt. Em 1821, ele já terá produzido uma série de trabalhos e atuado em vários ramos da vida política e universitária que ultrapassam o leque acanhado da vida de um erudito mais convencional. Além de político, Humboldt é autor de escritos sobre História, Pedagogia, Filosofia da Natureza, Estética e Filosofia da Linguagem, tornando-se sinônimo de abrangência do conhecimento e de um modelo de universidade que procura se livrar dos males da excessiva especialização, sem deixar de lado a defesa da pesquisa livre e isenta de intervenção estatal. Em jogo estava o ideal alemão da *Bildung* (traduzível para o português como cultura ou formação), manifesto também nas obras literárias de Goethe e Schiller.

Wilhelm Von Humboldt nasce em Potsdam (cidade vizinha de Berlim), no dia 22 de Junho de 1767, filho do oficial prussiano Alexander Georg von Humboldt e Maria Elisabeth Colomb. Dois anos mais tarde, o casal terá outro filho, Alexander, que tornar-se-ia um naturalista mundialmente famoso por seu livro *Cosmos*. Entre 1769 e 1787, as várias etapas da sofisticada educação de Wilhelm e Alexander dão-se em casa, por meio de preceptores que ministram aos dois irmãos aulas particulares, às quais posteriormente somar-se-ão pequenos grupos de estudos. Até o ano de 1787, quando Wilhelm deixa Berlim para cursar a faculdade de Direito em Frankfurt an der Oder, a atmosfera intelectual berlinense lapida o que já vinha sendo tenazmente burilado pelos mestres: ao pensamento iluminista de Nicolai e Mendelssohn, divulgado no prestigioso *Berlinischen Monatsschrift* (em cujas páginas, por exemplo, seria publicado em 1784 o famoso texto de Immanuel Kant, "Resposta à pergunta: O que é esclarecimento?"), conjugava-se a sensibilidade que poderia ser livremente desfrutada nos salões que os irmãos Humboldt frequentavam desde 1785. Tão decisiva, porém, quanto a sua vida social em Berlim, seria a sequência de seus estudos na importante Universidade de Göttingen, em cujas dependências ele assistiria às preleções de Georg Christoph Lichtenberg sobre Física Experimental e Augusto Ludwig Schlözer sobre História nos semestres de verão de 1788 e 1789. Aliás, estes dois anos seriam decisivos para a vida pessoal e política de Humboldt: em 1788, ele conhece aquela que viria a ser sua esposa, Caroline von Dachroeden, e em 1789, após deixar Göttingen, Humboldt vai para Paris. E, como não é necessário exigir muito da memória para se saber exatamente o que está ocorrendo na capital francesa no verão (europeu) de 1789, comentadores como Tilman Borsche sublinham a importância decisiva do fato de Humboldt ter estado em Paris em seus dias de Revolução. De lá, volta para Berlim, onde começaria uma brilhante carreira no mundo das leis. Sai de Berlim em 1794, e vai para Jena, onde conhece aquele com quem formaria uma das mais relevantes coleções de epístolas do humanismo alemão: Friedrich Schiller. Após três anos, retorna a Paris, de onde sai somente em 1801 para assumir seu primeiro cargo político de peso, a saber, um posto no serviço diplomático, do qual sairá em 1802 para exercer a mesma função junto ao Vaticano. Morará em Roma até 1808, dando conta sem sobressaltos das tarefas diplomáticas, o que lhe deu energia para enriquecer sua formação no contato com a cultura clássica do mundo antigo.

Nesse meio tempo, já se iniciaram as Reformas do Estado Prussiano, das quais Humboldt começará a participar ativamente em fevereiro de 1809, quando assumirá cargo importante como conselheiro de Estado e Diretor da seção para "culto e ensino". É nesse período em que ele ajuda a montar o projeto da universidade moderna, com ênfase na pesquisa e com a liberdade de cátedra apoiadas pelo Estado, mas sem a intervenção do mesmo.

Em 1814, representaria interesses da Prússia no Congresso de Viena, e, em 1819, tornar-se-ia ministro de Estado, cargo no qual não demoraria muito, pois, no outono daquele mesmo ano, ao protestar contra censura e espionagem nas universidades, ele daria seus primeiros passos para abandonar de vez a vida pública no último dia de 1819. De 1820 até sua morte, em 08 de abril de 1835, Humboldt viverá recolhido, ocupando seus dias como professor particular e preceptor. As peripécias de sua vida, envolvida por tantos anos em viagens e cargos importantes, formam a personalidade daquele que escreverá um texto central para a epistemologia histórica. Portanto, o que o leitor tem em mãos é fruto da lavra de um cidadão cosmopolita.

Tilman Borsche reconhece que tal diversidade na vida de Humboldt constitui sua especificidade, mas também sua dificuldade. Os especialistas brigam: deve ser enfatizado o homem que adorava ler Homero, mas que se via preso às obrigações de estadista, ou o político que utilizava a cultura como mero verniz? O melhor, segundo Borsche, é buscar o equilíbrio, demonstrando, então, que tais facetas compõem um retrato orgânico e complexo de Wilhelm von Humboldt. Borsche[1] lembra que tais perguntas só fazem sentido quando se parte do princípio que política e conhecimento são esferas cuja sobreposição só poderia ser feita de modo pouco natural. Não é assim na tradição francesa; tomar como natural uma perspectiva específica da cultura alemã (denominada por Fritz Ringer[2] de "tradição mandarim") é tomar o histórico por natural e a parte pelo todo.

Um breve perfil da obra de Humboldt haverá de respeitar essa diversidade, sem ter a pretensão de resolver as controvérsias dos especialistas. Três das dimensões da obra humboldtiana serão aqui delineadas, nomeadamente, a política, a pedagógica e a filosófica.

De grande importância para a história das ideias políticas é a obra *Ideen zu einem Versuch, die Gränzen der Wirksamkeit des Staats zu bestimmen* (Ideias para um ensaio que determine os limites da ação do Estado),[3] publicada em 1792. Trata-se de um clássico do liberalismo político. De acordo com Tilman Borsche,[4] a originalidade da investigação de Humboldt consiste em perguntar-se pela finalidade do Estado, em vez de questionar sua origem, tendência marcante da tradição de pensamento político que vai de Hobbes a Rousseau. E esta mudança de sentido da pergunta altera radicalmente o sentido do próprio Estado, pois, ao perguntar pela sua finalidade, está-se a perguntar pela utilidade, e isso não pode ser algo cumprido pelo Estado, porquanto, como lembra Borsche, a utilidade é sempre relativa (útil para quem, para quê?), e não geral. Assim, toda finalidade só pode ser estabelecida em âmbito privado, por indivíduos.

Em um pequeno texto de Humboldt sobre a religião, bem menos pretensioso que este sobre o Estado, Humboldt demonstrará que este caráter mais formal do Estado haverá de liberar as potencialidades de outras manifestações de vida e instituições humanas. A religião só teria a ganhar se deixasse de estar atrelada a um Estado, diz-nos Humboldt, pois só então ela poderá ser realmente universal, em vez de estar materialmente atada a um corpo estatal específico: "Antes a religião era apenas um meio de opressão; agora é meio de formação."[5]

A obra se insere em um contexto histórico bastante significativo. Afinal, é o momento de reação e reavaliação dos efeitos da Revolução Francesa, sentidos de modo impactante em obras como *Reflections on the Revolution in France*[6] (1790), de Edmund Burke e *Über die ästhetischen Erziehung des Menschen in einer Reihe von Briefen*[7] (1795), de Friedrich Schiller, texto no qual o eixo de formação do homem deixa de ser político e passa a ser guiado pela arte. Como observou bem Ricardo Barbosa,[8] o que se manifesta nas cartas de Schiller não é um lamento conservador, mas, sim, um pensador interessado em colocar a própria Revolução perante o tribunal da razão: o que realmente interessava a Schiller, e pode-se dizer o mesmo a respeito de Humboldt, era fazer com que a liberdade estivesse antes cultivada no indivíduo que criará o Estado, e não tentar obrigar este mesmo indivíduo a ser livre por decreto.

Esta mesma busca pela liberdade animará Humboldt na reforma pedagógica que estruturará a fundação da Universidade de Berlim, em 1810, criada para compensar a perda da Universidade de Halle, uma das principais do espaço alemão no final do século XVIII, que passara a território estrangeiro após o Tratado de Tilsitt.[9] Homem de mente alerta, Humboldt se insere em um debate já iniciado por grandes nomes do pensamento alemão, como os filósofos Friedrich Schelling e Johann Gottlieb Fichte e o notável teólogo Friedrich Schleiermacher. Antes, portanto, de escrever seu texto (inacabado) de 1810, chamado "Sobre a organização interna e externa das instituições científicas superiores de Berlim", Humboldt, como nota João Cezar de Castro Rocha,[10] já conhecia os textos fundamentais dos autores sobre o polêmico tema.[11]

O debate era intenso, e em jogo estava a estrutura universitária que existia, em linhas gerais, desde a Idade Média. O que homens como Humboldt, mas, sobretudo, Fichte, planejavam era uma inversão da hierarquia até então existente,[12] que atribuía mais importância às faculdades superiores, como Teologia, Direito e Medicina, úteis para o Estado (por formarem profissionais como pastores, juristas e médicos), em detrimento de outras que teriam, até as concepções idealistas, função meramente propedêutica (a Filosofia e as artes liberais), que, segundo os seus defensores, haveriam de assumir o centro da Universidade, contra o que se tornou o *Brotstudium*, o estudo "ganha-pão", voltado para interesses práticos e sem vocação especulativa, alimento sem o qual não há pesquisa e produção de conhecimento, meramente sua reprodução. Um belo documento da discussão encontra-se em *Der Streit der Fakultäten* (1798),[13] de Immanuel Kant, no qual o filósofo, entre outros argumentos, demonstra que as faculdades superiores se definem pelo uso que o governo é delas capaz de fazer, com o objetivo da manter sua influência sobre o povo.

Filosoficamente, ainda que Humboldt não ocupe o lugar de destaque entre nomes alemães da época, como Fichte, Kant, Schelling e Hegel, suas contribuições à Filosofia da Linguagem são dignas de menção. Humboldt estudou profundamente Gramática, Linguística, esmerandose na abordagem comparativa que corresponde ao seu cosmopolitismo, mas que, sobretudo, colocou no centro das suas atenções o conceito de compreensão [*Verstehen*], decisivo para o posterior desenvolvimento da metodologia histórica por Johann Gustav Droysen, seu confesso admirador que proferirá em 1857 as seguintes palavras: "Caso nós, os alemães, consigamos estruturar uma teoria da história, uma doutrina científica da história, então [Wilhelm von] Humboldt deve ser declarado seu fundador".[14] É uma obra tardia, fruto do amadurecimento de anos de trabalho intelectual e político, na qual se destaca *Über die Verschiedenheit des menschlichen Sprachbaues* (Sobre a variedade da estrutura das línguas humanas), redigida entre 1827 e 1829.

O problema que rege a discussão sobre a sua filosofia da linguagem é o mesmo que se encontra em sua teoria política e em suas ideias pedagógicas, a saber, a formação do indivíduo. Ao pensar na possibilidade de uma lógica unificada das línguas a partir do estudo comparativo de gramáticas, Humboldt, sem endossar totalmente a necessidade da existência de uma metafísica linguística, na verdade buscava compreender como era possível a compreensão entre os homens, dada a irredutível variedade. Mantinha-se a preocupação com a expressão, isto é, a manifestação linguística e estética de um indivíduo, mas a ênfase passara a recair no que hoje costumou-se denominar "intersubjetividade". Mas Humboldt, como afirma Borsche, mantém a tensão na dialética entre o todo e as partes. Para Humboldt, a condição da compreensão residiria justamente na explicitação das diferenças e das contradições:

> Na verdade, só na contradição o sujeito é considerado seriamente. Quando ele deixa de ser contradito e passa a ser administrado, sua existência é destruída. Afinal, sujeitos nada podem saber uns dos outros. Pois um sujeito é exatamente aquilo que não pode ser transformado em um objeto, seja na teoria, seja na prática.[15]

A preocupação com a Filosofia da Linguagem não é inédita na Alemanha: Johann Gottfried Herder, por exemplo, já ganhara um prêmio da Academia de Berlim em 1772 por causa de seu *Ensaio sobre a origem da linguagem*, texto que ilumina enormemente a sua filosofia da história e antecipa algumas das conclusões de Ludwig Wittgenstein a respeito da relação entre linguagem e pensamento, ou seja, para Herder a linguagem era mais do que instrumento de comunicação, era o próprio signo de toda criação. Nesse sentido, não foi necessário o surgimento de Humboldt para que se desse o casamento entre Filosofia da Linguagem e uma concepção historicista de História. Esta aparecerá de maneira mais madura no texto traduzido nesta coletânea.

"Sobre a tarefa do historiador" faz parte de uma tradição alemã de reflexões sobre a natureza da história e do conhecimento histórico; antes de receber a atenção de Wilhelm von Humboldt, o tema já havia sido abordado por Johann Gottfried Herder, seja em uma obra como *Auch eine Philosophie der Geschichte zur Bildung der Menscheit* (1774),[16] cujas modestas dimensões são inversamente proporcionais ao impacto causado, como nos cinco volumes das *Ideen zur Philosophie der Geschichte der Menschheit*, publicados entre 1784 e 1791.[17] Immanuel Kant dera também sua contribuição, no pequeno porém decisivo *Idee zu einer allgemeinen Geschichte in weltbürgerlichen Absicht* (1784),[18] assim como G. E. Lessing em seu *Die Erziehung des Menschengeschlechts*.[19]

Em todas essas obras, algumas alinhadas à corrente historicista (caso de Herder) e outras de sabor mais iluminista (Kant e Lessing), predomina a preocupação em torno da natureza da história, e não tanto de seu conhecimento e exposição por parte do historiador. Com propósitos e ênfases distintos, Herder, Kant e Lessing elaboram o tema a partir da articulação entre as partes e o todo, entre as épocas históricas e o sentido histórico unificado, entre as experiências particulares e suas consequências para o destino da humanidade, entre as concepções específicas de mundo, diversas no tempo e no espaço, e a ideia de uma razão idêntica a si mesma independentemente das variações sofridas e causadas pelos homens. Importa de menos, por ora, saber o quão o argumento de Herder estava marcado por um providencialismo algo tardio, ou se Kant tinha preocupações políticas voltadas para o direito internacional, ou se Lessing preocupava-se com a diferença entre religiões singulares e a existência de uma verdade eterna essencial; o que vale ressaltar, no momento, é que Humboldt não está tão interessado, como os seus predecessores, em investigar o sentido da história, mas sim, antecipando Droysen, em ver como se produz o sentido histórico. O que fizera com o Estado, em escrito de 1792, repetirá Humboldt quase trinta anos depois, adotando o mesmo procedimento de investigar como algo produz e funciona, tentando compreender sua finalidade, em vez de buscar-lhe uma natureza imutável.

A diferença de abordagem efetuada por Humboldt explica-se, muito provavelmente, pelo estágio já relativamente avançado de profissionalização da ciência histórica no âmbito das universidades alemãs.[20] Daí sua convidativa atualidade, visível na intenção em conhecer a especificidade do conhecimento histórico. Para Humboldt, o estudo da História dá ao homem algo que não se encontra na Filosofia e na Poesia, a saber, o sentido para a realidade. Tal sentido, porém, em momento algum poderá ser igualado a uma objetividade ingênua e descritiva: em meio ao caos aparente da realidade, cabe, sim, ao historiador, com o intermédio da fantasia, reconhecer formas. As linhas seguintes do texto de Humboldt nos mostram que a percepção deste todo plástico é algo que assemelha o historiador ao poeta – tema que é trabalhado até hoje nas discussões teóricas mais refinadas –, sem que tal semelhança se dissolva em uma pura identidade que aniquile as características e as peculiaridades de um e de outro, algo tão imprudente quanto afirmar sua rigorosa e inconciliável diferença. Portanto, o historiador, tal como o poeta, constrói símbolos a partir de fragmentos dispersos, e os símbolos são o que, por meio da fantasia indispensável, despertam o sentido para a realidade.

Notas

1 Cf. Tilman Borsche, *Wilhelm von Humboldt*, München, Beck, 1990, p. 30.

2 Cf. Fritz Ringer, *O declínio dos mandarins alemães*, São Paulo, Edusp, 1999.

3 Versão em português: Wilhelm von Humboldt, *Os limites da ação do estado*, trad. Jesualdo Correia, Rio de Janeiro, Topbooks, 2004. Esta edição contém estudos introdutórios de Denis Rosenfield e J. W. Burrow. Como se trata de uma coleção feita a partir da série de clássicos da Liberty Fund, não poderia garantir que a versão brasileira seja uma tradução direta do alemão.

4 Cf. Tilman Borsche, op. cit., p. 41.

5 Wilhelm von Humboldt, "Über die Religion", em W. von Humboldt, *Werke in funf Bänden*, Stuttgart: J. G. Cotta'sche Buchhandlung, 1995, p. 4.

6 Tradução para o português: Edmund Burke, *Reflexões sobre a Revolução em França*, trad. Renato de Assumpção Faria, Brasília, Editora Universidade de Brasília, 2. ed., 1997.

7 Tradução para o português: Friedrich Schiller, *A educação estética do homem em uma série de cartas*, trad. Márcio Suzuki, São Paulo, Iluminuras, 1990.

8 Cf. Ricardo Barbosa, *Schiller e a cultura estética*, Rio de Janeiro, Jorge Zahar, 2004, p. 22.

9 Cf. Christophe Charle e Jacques Verger, *História das universidades*, São Paulo, Ed. Unesp, 1996, p. 70. Os autores mostram como as reformas universitárias, na Alemanha e em toda a Europa, embora tenham se dado gradualmente, sofreram grande impulso a partir da Revolução Francesa e do processo de industrialização da Europa no século xix.

10 João Cezar de Castro Rocha, "Respostas à pergunta: que é universidade?", em Gerhard Casper, *Um mundo sem universidades?*, Rio de Janeiro, Eduerj, 1997. Nesta mesma edição encontra-se disponível uma tradução do texto de Humboldt sobre o assunto.

11 Estes textos clássicos que levam à fundação da Universidade de Berlim, em 1810, estão reunidos na seguinte coletânea: Ernst Anrich (org.), *Die Idee der deutschen Universität: Die fünf Grundschriften aus der Zeit ihrer Neubegründung durch klassichen Idealismus und romantischen Realismus*, Darmstadt, Wissenschaftliche Buchgesellschaft, 1956. Os cinco textos aludidos no título do original em alemão são de F. W. J. Schelling, J. G. Fichte, F. Schleiermacher, Heinrich Steffens e Wilhelm von Humboldt.

12 Cf. Tilman Borsche, op. cit., p. 63.

13 Tradução em língua portuguesa: Immanuel Kant, *O conflito das faculdades*, Lisboa, Edições 70, 1993.

14 Johann Gustav Droysen, *Historik*, org. Peter Leyh, Stuttgart/Bad-Canstatt, Fromann-Holzboog, 1977, p. 53.

15 Tilman Borsche, op. cit., p. 168.

16 Tradução para o português: Johann Gottfried Herder, *Também uma filosofia da história para a formação da humanidade*, trad. José Maria Justo, Lisboa, Antígona, 1995.

17 Não há, até o presente momento, tradução disponível desta obra em língua portuguesa.

18 Tradução para o português: Immanuel Kant, *Ideia de uma história universal de um ponto de vista cosmopolita*, São Paulo, Martins Fontes, 2003. Esta edição, organizada pelo professor Ricardo Terra, oferece, além do texto de Kant, comentários de Gérard Lebrun, José Arthur Giannotti e do próprio Ricardo Terra.

19 Também não há, até o presente momento, versão em língua portuguesa para esta obra de Lessing.

20 Para compreender este processo de profissionalização, consultar: Georg G. Iggers, "Ist in der Tat in Deutschland früher zur Verwissenschaftlichung der Geschichte gekommen als in anderen europäischen Ländern?", em Wolfgang Kütller, Jörn Rüsen e Ernst Schulin, *Geschichtsdiskurs Band 2: Anfänge modernen historischen Denkens*, Frankfurt am Main, Fischer, 1994.

BIBLIOGRAFIA

ANRICH, Ernst (org.). *Die Idee der deutschen Universität: Die fünf Grundschriften aus der Zeit ihrer Neubegründung durch klassichen Idealismus und romantischen Realismus*. Darmstadt: Wissenschaftliche Buchgesellschaft, 1956.

BARBOSA, Ricardo. *Schiller e a cultura estética*. Rio de Janeiro: Jorge Zahar, 2004.

BORSCHE, Tilman. *Wilhelm von Humboldt*. München: Beck, 1990.

BURKE, Edmund. *Reflexões sobre a Revolução em França*. 2. ed. Trad. Renato de Assumpção Faria. Brasília: Editora Universidade de Brasília, 1997.

CHARLE, Christophe; VERGER, Jacques. *História das universidades*. São Paulo: Ed. Unesp, 1996.

DROYSEN, Johann Gustav. *Historik*. Ed. Peter Leyh. Stuttgart: Frommann-Holzboog, 1977, Band 1: Rekonstruktion der ersten vollständigen Fassung der Vorlesungen (1857); Grundriß der Historik in der ersten handschriftlichen (1857/58) und in den letzten gedruckten Fassung (1882).

HERDER, Johann Gottfried. *Também uma filosofia da história para a formação da humanidade*. Trad. José Maria Justo. Lisboa: Antígona, 1995.

HUMBOLDT, Wilhelm von. *Os limites da ação do estado*. Trad. Jesualdo Correia. Rio de Janeiro: Topbooks, 2004.

______. Über die Religion. In: ______. *Werke in funf Bänden*. Stuttgart: J. G. Cotta'sche Buchhandlung, 1995.

IGGERS, Georg G. Ist in der Tat in Deutschland früher zur Verwissenschaftlichung der Geschichte gekommen als in anderen europäischen Ländern?. In: KÜTLLER, Wolfgang; RÜSEN, Jörn; SCHUlin, Ernst (orgs.). *Geschichtsdiskurs*. Frankfurt am Main: Fischer, 1994, pp. 73-86, Band 2: Anfänge modernen historischen Denkens.

Kant, Immanuel. *Ideia de uma história universal de um ponto de vista cosmopolita*. São Paulo: Martins Fontes, 2003.

______. *O conflito das faculdades*. Lisboa: Edições 70, 1993.

Ringer, Fritz. *O declínio dos mandarins alemães*. Trad. Dinah de Abreu Azevedo. São Paulo: Edusp, 1999.

Rocha, João Cezar de Castro. Respostas à pergunta: que é universidade?". In: Casper, Gerhard (org.). *Um mundo sem universidades?* Rio de Janeiro: Eduerj, 1997.

Schiller, Friedrich. *A educação estética do homem em uma série de cartas*. Trad. Márcio Suzuki. São Paulo: Iluminuras, 1990.

Sobre a tarefa do historiador (1821)

A tarefa do historiador consiste na exposição[*] do acontecimento.[**] Tanto maior será seu sucesso quanto mais pura e completa possível for esta exposição. Esta é a primeira e inevitável exigência de seu ofício, e, simultaneamente, o que ele pode pretender de mais elevado. Visto por esse lado, o historiador se mostra receptivo e reprodutor, jamais autônomo e criativo.

No mundo dos sentidos, porém, o acontecimento só é visível parcialmente, precisando o restante ser intuído, concluído e deduzido. O que surge desse mundo se encontra disperso, isolado e estilhaçado, permanecendo alheio ao horizonte da observação imediata o elemento que articula esses fragmentos, que põe o particular sob sua verdadeira luz e que dá ao todo a sua forma. A observação imediata só capta a concomitância e a sequência das circunstâncias, jamais o contexto causal interno no qual exclusivamente se encontra a verdade essencial [*innere Wahrheit*]. Quando se tenta esclarecer o fato mais insignificante, mas limita-se somente a dizer o que realmente aconteceu, logo se percebe que, sem um cuidado extremo na escolha e na medida das expressões, tornam-se inevitáveis os erros e as imprecisões, porquanto pequenos fatores acabam se mesclando

[*] N. T.: No original encontra-se a palavra *Darstellung*, que poderia ser traduzida como "apresentação", ou ainda mesmo "representação". Embora a segunda pareça ser uma interessante alternativa, ela foi reservada para um momento posterior do texto, em que servirá de tradução para *Vorstellung*. A tradução para o inglês opta pela literalidade (*present*), mas preferi seguir a escolha da tradução de Disselkamp e Laks, que adotaram a ideia de "exposição".

[**] N. T.: Preleção dada em 12 de abril de 1821. Título original: "Über die Aufgabe des Geschichtsschreibers", em Wilhelm von Humboldt, *Werke in fünf Bänden*, (org.) Andreas Filtner e Klaus Giel, Stuttgart, J. G. Cotta'sche Buchhandlung, pp. 585-605, I: Schriften zur Anthropologie und Geschichte. Para cotejo, foram utilizadas traduções do inglês e do francês, a saber: "On the Historian's Task", publicado no número especial de 1967 da prestigiosa revista *History and Theory*, denominado "Classics in the Philosophy of History", e "La tâche de l'historien", em G. de Humboldt, *Considérations sur l'histoire mondiale / Considérations sur les causes motrices dans l'historie mondiale / La tâche de l'historien*, trad. Annette Disselkamps e André Laks, Lille, Presses Universitaires de Lille, 1985. Esta tradução foi originalmente publicada na revista *Anima: História, Teoria e Cultura*, Rio de Janeiro, Editora da PUC-Rio/Curitiba: Casa da Imagem, ano 1, n. 2, 2001, pp. 79-89.

aos eventos do passado. Como brota da plenitude da alma, a própria linguagem contribui para tal situação, pois frequentemente lhe faltam expressões que estejam livres de conotações. Por isso, nada mais raro do que uma narrativa literalmente verdadeira, e nada serve de melhor prova de uma disposição livre e objetiva da alma, e de uma mente saudável, ordenada e capaz de puro discernimento. Por isso, a verdade histórica pode ser equiparada às nuvens, que somente ganham forma a distância dos olhos. Pelo mesmo motivo, os fatos da história, em suas singulares circunstâncias intrincadas, e por serem verossímeis em si e se adequarem bem ao todo em que se inserem, são pouco mais que o resultado da tradição e da pesquisa, cuja veracidade simplesmente se aceita.

Mal se obtém o esqueleto do dado através da crua triagem do que realmente aconteceu. O que se adquire por essa triagem é o fundamento necessário da história, seu material, mas nunca a própria história. Parar neste ponto significaria sacrificar uma verdade autêntica, interna e fundamentada em um contexto causal, em benefício de uma outra, superficial, literal e aparente. Significaria também optar por erros conhecidos para escapar do perigo de um erro cuja possibilidade de ocorrer ainda é incerta. A verdade do acontecimento baseia-se na complementação a ser feita pelo historiador ao que chamamos anteriormente de parte invisível do fato. Visto por esse lado, o historiador é autônomo, e até mesmo criativo; e não na medida em que produz o que não está previamente dado, mas na medida em que, com sua própria força, dá forma ao que realmente é, algo impossível de ser obtido sendo meramente receptivo. De um modo diverso ao do poeta, mas ainda assim mantendo semelhanças com ele, o historiador precisa compor um todo a partir de um conjunto de fragmentos.

Pode parecer duvidoso fazer com que se toquem, mesmo que o seja em um ponto, as áreas do historiador e do poeta. As atividades de ambos, porém, têm afinidades inegáveis, pois, se a exposição feita pelo historiador, como já foi dito antes, só atinge a verdade do acontecimento se houver complementação e articulação do que à observação imediata se mostra incompleto e fragmentado, tal conquista só é possível ao historiador, caso ele, como o poeta, use a fantasia. Fica, porém, afastado o risco da total supressão das diferenças entre as duas áreas quando se vê que o historiador subordina a fantasia à experiência e à investigação da realidade. Subordinada, a fantasia não age livremente, razão pela qual é melhor denominá-la "faculdade da intuição" e "dom de estabelecer conexões". Ainda assim, ficaria reservado à História um lugar inferior. A verdade do acontecimento bem pode parecer simples, mas é o que há de mais elevado a ser pensado. Conquistada integralmente, nela se desvelaria, como uma cadeia necessária, aquilo que condiciona o real. O historiador também precisa buscar o necessário e, ao contrário do poeta, não deve submeter o elemento material ao domínio da forma da necessidade, mas sim às ideias que lhe servem de leis e se preservaram incorruptíveis no espírito. Somente trespassado pelas ideias pode o historiador encontrar seus vestígios durante a árdua pesquisa da realidade.

O historiador abrange todas as ramificações da ação secular [*irdische*] e todas as marcas das ideias sagradas [*überirdischen Ideen*]; a soma de tudo o que existe é, de modo mais ou menos aproximado, o objeto de seu trabalho. Partindo desse ponto, ele precisa perscrutar todos os direcionamentos do espírito. Especulação, experiência e poesia não são atividades isoladas, limitadas e opostas umas às outras, mas diferentes raios de luz que emanam de um mesmo prisma.

Para aproximar-se da verdade histórica, dois caminhos precisam ser simultaneamente percorridos. Primeiramente, tem-se a fundamentação crítica, exata e imparcial dos acontecimentos; em um segundo momento, há de se articular os resultados da pesquisa e intuir o que não fora alcançado pelo primeiro meio. Aquele que segue somente o primeiro caminho ignora a essência da própria história, e quem o despreza corre o risco de falsificar as particularidades. Mesmo a simples descrição da natureza não se basta com a enumeração e delineamento das partes e dos ângulos, uma vez que não somente há um sopro vital a encobrir o todo, mas também um caráter interior que se expressa nesse sopro, e tanto um como o outro não podem ser medidos ou simplesmente descritos. Também a descrição da natureza se vê compelida a percorrer o segundo caminho, pois nele se encontra a representação [*Vorstellung*] da forma da existência geral e individual do corpo natural. Mesmo na história, nenhuma especificidade pode ser encontrada através do segundo caminho. Apropriando-se da forma de todos os acontecimentos, o espírito deve limitar-se a compreender melhor o material investigado na realidade, fazendo com que os acontecimentos se reconheçam melhor nele do que seria possível, por meio da mera operação do entendimento. Tudo depende da assimilação da força de investigação ao objeto pesquisado. A tarefa do historiador terá tanto mais se aproximado da perfeição quanto mais profunda for, através do engenho e do estudo, a sua compreensão da humanidade e de suas ações, ou quanto mais humana for a sua disposição junto à natureza e às circunstâncias, ou ainda quanto mais sua humanidade puder fluir com pureza, de que servem de prova as crônicas. Ninguém pode negar-lhes um fundamento da mais autêntica verdade histórica, ainda que, mesmo nas melhores dentre elas, haja fatos deturpados e, inclusive, fábulas evidentes. Às crônicas se juntam as mais antigas das ditas memórias, ainda que a estreita relação destas com o que é individual geralmente vete o acesso ao aspecto geral da humanidade, que é justamente a exigência da História ao se lidar com um ponto isolado.

Desconsiderando que a História, como qualquer ocupação científica, se presta a muitos fins secundários, seu trabalho, assim como a Filosofia e a Poesia, é livre, uma arte plena em si mesma. É infinito o turbilhão de acontecimentos mundiais que rompem por todos os lados, gerados da condição do solo terrestre, da natureza da humanidade, do caráter das nações e dos indivíduos; mas que também podem surgir do nada, plantados como milagre, dependentes de forças intuitivas e obscuras, visivelmente urdidas por ideias eternas, profundamente arraigadas no seio da humanidade. A esta infinitude o espírito jamais poderá dar uma forma única, ainda que a tentativa de fazê-lo lhe dê forças para realizá-lo parcialmente. Assim como a Filosofia busca o fundamento primordial das coisas e a Arte, por sua vez, o ideal de beleza, a História persegue a imagem do destino humano em sua verdade autêntica, plenitude viva e pura clareza, e ela deve ser sentida de tal maneira pela alma resguardada no objeto a ponto de que, perante essa imagem, se percam e se dissolvam as opiniões, os sentimentos e as ambições pessoais. Produzir e nutrir essa disposição é o último estágio que o historiador pode alcançar, mas que só é atingido se ele cumprir fielmente com a sua tarefa mais imediata e próxima, a saber, a exposição do acontecimento.

Despertar e fazer reviver o sentido para a realidade é o que determina o historiador, e seu ofício se delimita subjetivamente pelo desenvolvimento desse conceito e objetivamente pela exposição do acontecimento. Todo esforço espiritual que age sobre a totalidade do homem possui algo que pode ser denominado seu "elemento", sua força ativa, o mistério de sua influência sobre o espírito. Este "elemento" se distingue tão visivelmente dos objetos circundantes que estes geralmente servem apenas para apresentá-lo para a alma de uma maneira nova e diferente. Na matemática, este elemento é a redução de tudo a números e linhas; na metafísica, ele consiste na abstração de toda experiência; e na arte, no maravilhoso tratamento da natureza em que tudo parece ter sido dela retirado, mas, ao fim, as obras não encontram na própria natureza nada que se lhes iguale em seu modo. O elemento no qual a história se move é o sentido para a realidade, e nele se encontram o sentimento da transitoriedade da existência temporal e a dependência em relação às causas passadas e simultâneas; a tais sentimentos se contrapõem a consciência da liberdade espiritual interna e o conhecimento racional de que a realidade, a despeito de sua aparência contingente, articula-se por uma necessidade essencial. Se apenas uma vida humana percorresse o espírito, ela seria agarrada por este momento excepcional através do qual a história estimula e envolve; e assim o historiador, se quiser cumprir a tarefa de seu ofício, deve compor os eventos de tal maneira que a alma se ponha no mesmo movimento da realidade.

Vista por este lado, a história tem afinidade com a vida ativa. Ela não lhe presta serviço ao fornecer exemplos que devem ser seguidos ou evitados, pois isso geralmente conduz ao erro e raramente ensina. Sua utilidade verdadeira e incomensurável é, mais com o auxílio da forma a que se aderem os eventos que do conteúdo, fazer reviver o sentido para a realidade, enfatizando e proibindo ainda que o historiador não passe para a região de ideias puras, mas sem com isso deixar que ele se guie pelas ideias. A alma deve, então, se manter presente nesta tênue trilha intermediária, de modo que não tenha sucesso nenhuma outra empreitada que se aventure no tumulto dos eventos, salvo aquela que, de maneira clarividente, reconheça a verdade em cada direcionamento preponderante da ideia, tecendo, destarte, um sentido sólido.

A história deve sempre produzir esse efeito interno, não importando, no caso, se o seu objeto é uma teia de eventos ou a narrativa de um fato singular. O historiador digno deste nome deve expor cada evento como parte de um todo, ou, o que é a mesma coisa, a cada evento dar a forma da História.

Isso leva ao desenvolvimento preciso e exigido do conceito de exposição. A teia dos eventos se mostra ao historiador como uma aparente confusão, somente inteligível em seus fatores cronológicos e geográficos. Para dar forma à sua exposição, ele precisa separar o necessário do contingente, descobrir as sequências internas, tornar visíveis as verdadeiras forças ativas. Tal forma não está assentada sobre um valor filosófico imaginado ou prescindível, ou sobre um estímulo poético do mesmo tipo, mas sobre sua necessidade primordial e essencial, sua verdade e sua autenticidade, uma vez que um evento acaba sendo conhecido somente pela metade (ou de maneira deturpada) se apenas se considera sua aparência superficial. A todo instante o observador comum atribui equívocos e falsidades aos eventos que somente serão dissipados através da verdadeira forma revelada unicamente pelo olhar do historiador, um dom natural burilado pelo estudo e pelo exercício. Como o historiador deve proceder para que seu intuito tenha sucesso?

Assim como a artística, a exposição histórica é uma imitação da natureza. O fundamento de ambas é o conhecimento da forma verdadeira, a descoberta do necessário e a eliminação do contingente. Não devemos nos intimidar em aplicar ao historiador o processo criativo do artista, já que neste é mais evidente o seu processo do que naquele, sobre o qual recaem muitas dúvidas a respeito deste tema.

A imitação da forma orgânica pode se dar através de um duplo caminho, seja ela através da reprodução imediata de traços exteriores, que pode ser feita com olhos e mãos, ou ainda de dentro para fora – o que se dá não somente através do estudo prévio do modo pelo qual os traços exteriores surgem dos conceitos e a forma provém do todo –, mas também através da abstração de suas relações e, ainda, por meio de um trabalho mediante o qual a forma é reconhecida de modo totalmente diferente do que é percebida pelo olhar não artístico, para depois ser recriada pela imaginação. Assim, junto à semelhança inerente com a natureza, ela traz consigo uma verdade mais elevada; afinal, o maior privilégio da obra de arte consiste em revelar a verdade interna e obscurecida da forma quando esta aparece na realidade. Ambos os caminhos têm sido, através dos tempos e gêneros, os critérios de verdade e falsidade em arte. Essa diferença se mostra visivelmente em dois povos, os egípcios e os mexicanos, que são distantes no tempo e diferentes em suas circunstâncias históricas, mas que representam os primeiros momentos da cultura. Tem-se mostrado, e com razão, várias semelhanças entre ambos, pois tanto um quanto o outro precisaram ultrapassar o maior obstáculo para toda arte, nomeadamente a utilização da imagem para a escrita; todavia, enquanto nos mexicanos não se vê nenhuma característica da forma, nos egípcios há estilo mesmo no mais insignificante hieróglifo.[1] O que é muito natural. Nos desenhos mexicanos mal se encontra um resquício de intuição da forma interna ou de conhecimento da estrutura orgânica; tudo parte da imitação da forma exterior. A tentativa da arte inferior em usar como modelo os traços exteriores leva necessariamente ao fracasso completo, e, portanto, ao desfiguramento, ao passo que a investigação das proporções e da harmonia, por outro lado, pode ser feita mesmo se forem deficientes as mãos e os instrumentos.

Quando o traço da forma se fez compreender de dentro para fora, é necessário que se recorra, acima de tudo, à forma e à essência do organismo; logo, à Matemática e às ciências da natureza. Estas fornecem o conceito; aquela, a ideia de forma. Às duas se junta necessariamente, como um terceiro fator a articulá-las, a expressão da alma e da vida espiritual. A forma pura, tal como se apresenta na simetria das partes e no equilíbrio das proporções, é o mais essencial, e também o mais primitivo, posto que o espírito ainda fresco e vivo está mais aberto para a ciência pura, podendo melhor superar os obstáculos do que a preparação variada exigida pela experiência. Isso fica claro nas obras iconográficas dos egípcios e dos gregos. Por todos os lados, surgem primeiramente pureza e rigor da forma (que dificilmente recuam perante a dureza), a regularidade dos círculos e dos semicírculos, a precisão dos ângulos e a definição das linhas; somente sobre esse fundamento seguro edifica-se o traço exterior. Logo, evidencia-se sem disfarces a falta do conhecimento exato da formação orgânica, e quando o artista se tornava mestre no domínio deste tipo de formação, quando passava a lhe emprestar uma graça encantadora e a insuflar expressão divina, jamais lhe ocorrera obter tais aptidões sem que tivesse antes se preocupado em estruturar a formação orgânica. Aquilo que se lhe apresenta como indispensável é também o que há de primordial e mais elevado.

É por isso que mesmo toda a variedade e beleza da vida não ajudam o artista quando ele, em sua fantasia solitária, não se defronta com amor entusiasmado pela forma pura. Com isso, torna-se concebível como a arte surgiu em um povo cuja vida não era das mais movimentadas ou graciosas e que dificilmente se expressaria através da beleza, mas que, desde cedo, logo encontrou sentido profundo na matemática e na mecânica, e orientou seu gosto na direção de incríveis construções rigorosamente regulares, ainda que bem simples. O fato é que essa arquitetura das proporções pôde ser transposta para a imitação da forma humana, e seu material pesado disputava com ela o elemento de cada linha. Já a situação dos gregos era diferente em todos os aspectos; com beleza encantadora, vida movimentada e por vezes até mesmo desregrada, com a mitologia exuberante e variada que lhes cercava, o seu cinzel desde muito cedo ganhou facilmente toda e qualquer forma no mármore esculpido e na madeira. E tanto mais devem ser admiradas a profundidade e a gravidade de seu sentido artístico quando se nota que, a despeito de toda a sedução por encantos superficiais, somente através de um conhecimento sólido da estrutura orgânica os gregos superaram a rigidez egípcia. Pode parecer estranho fundamentar a arte não só na riqueza da vida, mas também na aridez da contemplação matemática. Isso, todavia, não torna a vida menos verdadeira, e o artista não precisaria da força alada do gênio caso não estivesse determinado em converter a seriedade de ideias largamente predominantes em um jogo que surgisse livremente. Há, porém, uma magia cativante na mera contemplação das verdades matemáticas e nas eternas relações entre espaço e tempo, evidenciem-se elas em sons, números ou linhas. Sua observação oferece por si mesma, e, a cada vez, uma satisfação na descoberta constante de novas relações e de tarefas que se solucionam. Em nós fica debilitado apenas o sentido para a beleza da forma da ciência pura no que diz respeito à sua aplicação precoce e variada.

A imitação do artista surge, pois, das ideias, e a verdade da forma se lhe apresenta por seu intermédio. O mesmo precisa suceder nos estudos históricos, uma vez que nos dois casos verifica-se a imitação da natureza. Uma pergunta surge então: há ideias que estejam na condição de guiar o historiador? Em havendo, quais seriam?

Caso se queira avançar, o momento exige agora grande prudência, de modo que a simples menção a "ideias" não prejudique a pureza da autenticidade histórica. Afinal, se tanto o artista quanto o historiador procedem por exposição e imitação, por outro lado, os seus objetivos são totalmente diferentes. Aquele retira da realidade uma aparição fugaz, limitando-se a tangenciá-la para que dela escape; este simplesmente corre em seu encalço, e nela precisa aprofundar-se. Justamente por esse motivo, e porque o historiador não pode se contentar com a resolução de contextos externos às particularidades, mas, na verdade, deve buscar o ponto central a partir do qual o encadeamento interno pode ser pensado, ele deve procurar a verdade do acontecimento por meio de um caminho semelhante ao do artista. Os acontecimentos da história se fazem muito menos presentes do que os do mundo sensível, e, assim, sua observação clara é bem menos viável; sua compreensão é apenas o resultado da união de sua condição com o sentido atribuído pelo observador; e, como na arte, esta compreensão não pode ser de todo deduzida logicamente através da cognição (como se uma coisa fosse deduzida após a outra) a ser depois dissolvida em conceitos. Somente se apreende o que é correto, sutil e velado, caso o espírito já se encontre disposto a fazê-lo. Assim como o desenhista, o historiador não produz mais do que caricaturas caso desenhe somente aspectos particulares do que se lhe apresenta, ou, por outra, se apenas reproduz a sua aparência ou a sequência em que se mostram; e, se ainda não atribui uma ordem rígida ao contexto que lhe é interno, se não aprimora a visão das forças atuantes, se não reconhece a direção por elas tomada em um determinado instante, se não sair em busca da articulação da situação contemporânea com as modificações vividas no passado, o historiador, de fato, só produzirá caricaturas.

Para poder realizar o que deve, ele precisa, sobretudo, se manter fiel à condição, ao efeito, à conflitante dependência dessas forças, em que a plena percepção do que é específico pressupõe sempre o conhecimento do geral que o subsume. Nesse sentido, a apreensão do evento precisa ser sempre guiada por ideias. Assim, entende-se por si mesmo que as ideias provêm do próprio seio dos eventos, ou, para dizer de modo mais preciso, provêm do espírito, através da consideração dos eventos a partir de um sentido autenticamente histórico; as ideias não precisam ser emprestadas à História, como se fossem um elemento adicional, um erro em que facilmente cai a dita História Filosófica. A abordagem filosófica representa uma ameaça muito maior para a autenticidade histórica do que o tratamento poético, pois este pelo menos está acostumado a dar livre curso ao material com que lida. A Filosofia dita um objetivo aos eventos, e, assim, esta busca por causas finais, sejam elas deduzidas da essência da natureza ou do próprio homem, perturba e falsifica toda visão livre sobre a ação própria das forças. A História Teleológica jamais alcança a verdade viva dos destinos do mundo, porque, afinal, o indivíduo sempre precisaria alcançar o seu apogeu dentro do limite da existência transitória, não conseguindo de maneira alguma incorporar à vida o que seria o seu objetivo final dos acontecimentos, mas sim em instituições mortas e na busca de conceitos que falam de uma totalidade ideal. Isso pode se dar no desenvolvimento geral do cultivo e povoamento do solo terrestre, no progresso cultural dos povos, na união interna entre eles, na conquista definitiva de uma sociedade civil perfeita ou em qualquer ideia desse tipo. Disso tudo dependem imediatamente, porém, a felicidade e a atividade das individualidades; e tudo o que cada geração recebe, como conquista de uma geração anterior, não serve de prova de sua força, e muito menos de material de trabalho desta. Pois tudo o que é fruto do espírito – ciência, arte, instituições morais – perde o que nelas há de espiritual, e se torna matéria se o espírito não as renova a cada vez. Todas essas coisas trazem consigo a natureza do pensamento, mas só podem ser preservadas se forem pensadas.

O historiador deve, então, debruçar-se sobre as forças ativas e criadoras. Aqui ele se encontra em seu próprio terreno. Caso pretenda emprestar [*mitbringen*]* forma ao labirinto dos eventos da história mundial, o historiador deve estar imerso em sua própria alma, depurando a forma a partir dos eventos, pois somente naquela aparece o verdadeiro contexto destes. A aparente contradição se desfaz se o problema for observado mais de perto. Toda consideração de uma coisa pressupõe, como condição da sua possibilidade, algo análogo ao que será entendido posteriormente, a saber, uma concordância prévia e originária entre sujeito e objeto. O ato de apreender [*Das Begreifen*] não pode ser resumido, de jeito nenhum, à mera transferência subjetiva, e muito menos a uma simples reprodução objetiva. Deve, na verdade, ser a ação simultânea de ambos os meios, pois, e de uma vez por todas, o ato de apreender consiste na aplicação de uma totalidade previamente dada a algo de novo e específico. Onde duas essências encontram-se inteiramente separadas por um abismo não há ponte que torne possível o encontro, e, para que se compreenda a si mesmo, é necessário já se ter obtido esta compreensão de si em um outro sentido. Na história, é muito claro este caráter de fundamento preliminar exercido pela compreensão, uma vez que todo agente da história mundial já se movimenta na essência do homem. O quanto mais profundo for o sentimento da alma de uma nação por tudo que é humano, o quanto mais refinado, rico e puro for o seu envolvimento com tal sentimento, melhores são as condições para que essa nação produza um autêntico historiador. A tais condições prévias é necessário acrescentar o exercício crítico que tenta ajustar-lhe o objeto estudado a ponto tal que, com a repetição dessa interação, surjam tanto clareza como certeza.

Desse modo, através do estudo das forças criadoras da história, o historiador forma para si mesmo a imagem geral da forma do contexto composto pela integridade dos dados; e, nesse círculo, encontram-se as

* N. T.: A solução literal seria "trazer consigo", mas considero que a mesma não soa bem em português. A ideia de Humboldt consiste na abstração da forma a partir dos próprios eventos, e tal abstração dá origem à forma na medida em que o historiador está imerso em sua própria alma. O termo *mit* ("com", em português) representa a comunhão do historiador com sua própria alma, único meio possível para captar a forma dos eventos. Daí a ideia de "empréstimo".

ideias – o que já fora mencionado aqui anteriormente. As ideias não penetram na história, mas formam sua própria constituição, pois toda força, viva ou morta, age de acordo com as leis de sua natureza, e tudo que ocorre na história se dá em um contexto indissociável no tempo e no espaço. Por mais que se mostre viva e rica perante a nossa vista, aqui a história se revela um relógio a funcionar segundo leis inexoráveis dirigidas por forças mecânicas, afinal, um evento acaba gerando outro, e o parâmetro e as condições de cada ação, bem como o aparente livre-arbítrio do homem, são, na verdade, determinados por fatores estabelecidos absolutamente muito antes de seu nascimento, ou mesmo do surgimento da nação a que pertence. Não é impossível em si o cálculo de toda a sequência de fatos passados – ou mesmo futuros – feito a partir de cada momento histórico; na verdade, sua impossibilidade provém da ignorância factual de vários momentos cruciais. Todavia, já se sabe há muito tempo que o cálculo, como caminho de investigação, não pode ser o único a ser seguido, do contrário, perde-se de vista as forças verdadeiramente criadoras, pois sempre escapa ao cálculo o elemento principal que determina cada ação em que a vida está em jogo; e mesmo em toda determinação que se mostra aparentemente mecânica, na verdade, há originalmente uma obediência a um impulso ativo livre.

Assim, ao lado da determinação mecânica de um dado pelo outro, é necessário que se veja com maior atenção a essência própria das forças, pois nela já se encontra o seu primeiro estágio de ação fisiológica. Todas as forças vivas têm em comum natureza, desenvolvimentos e leis; o homem com as plantas, as nações com os indivíduos, a humanidade com cada povo; e o mesmo vale para as criações do espírito, na medida em que estejam baseadas no progresso determinado de uma tradição, como literatura, arte, costumes e a forma exterior da sociedade civil. Aqui encontramos inegavelmente uma série de explicações históricas; mas não é apenas o princípio criador que é encontrado. Na verdade, conhece-se somente a forma a que ele se subordina sempre que nela vê mais do que um veículo enobrecedor e elevado de sua mensagem.

Muito menos previsíveis em seu percurso e muito pouco afeitas a serem subordinadas a leis (quando muito podem ser apreendidas analogicamente) são as forças psicológicas das habilidades, sensibilidades, pendores e paixões humanas, todas elas misturadas entre si de maneira variada. Como são as forças propulsoras das ações e causas imediatas de acontecimentos que delas surgem, o historiador lhes dá preferência e frequentemente as usa como explicação para os eventos. Essa perspectiva, porém, exige extrema cautela. Ela é a que menos dá conta da dimensão mundial da história, degradando-a aos dramas do cotidiano, e não só compele facilmente ao isolamento do evento em seu contexto, bem como põe, no lugar do destino mundial, razões pessoais motivadas por mesquinharias. Tudo o que emana dessa perspectiva enfatiza o indivíduo e, ainda assim, mesmo este não é reconhecido em sua profundidade e unidade, em sua essência autêntica; afinal, o indivíduo não pode ser cindido, analisado e julgado por experiências que, por terem sido feitas por muitos, deveriam ser aplicadas a outros tantos, sendo assim impregnado por seu selo e seu caráter.

Poder-se-ia classificar o historiador segundo as três perspectivas aqui delineadas, mas a característica que verdadeiramente lhe dá o gênio não é esgotada por nenhuma das três e muito menos pela sua soma. E isso porque tais perspectivas não esgotam a causa do contexto dos eventos e não se encontra em sua alçada a ideia fundamental [*Grundidee*] a partir da qual é possível a compreensão da verdade plena dessa causa. Estas três perspectivas abrangem somente os fenômenos da natureza orgânica, inorgânica e espiritual que se mostram de maneira ordenada e regular; mas sempre lhes escapa o impulso livre e autônomo de uma força originária; todo fenômeno inscrito na esfera dessas perspectivas certifica apenas a regularidade de uma lei conhecida, ou a experiência segura de um desenvolvimento que se repete; mas tudo aquilo que surge milagrosamente, ainda que possa se cercar de explicações mecânicas, fisiológicas e psicológicas, jamais será derivado destas; sob tais perspectivas, tal tipo de fenômeno não só permanece sem explicação, mas, na verdade, ele é sequer conhecido.

Qualquer que seja a perspectiva adotada, a região dos acontecimentos só pode ser compreendida a partir de um ponto que lhe seja externo, e tão isento de perigo quanto um distanciamento cauteloso é a certeza do erro no caso de uma imersão cega na mesma região. A história mundial é incompreensível sem um governo mundial.

Uma vez consolidado este ponto de vista, obtém-se uma significativa vantagem em não considerar definitiva a compreensão dos eventos através de sua explicação proveniente do círculo da natureza. A propósito, tal explicação mal chega a facilitar ao historiador a sua passagem pela última parte do caminho, também a mais importante e difícil, pois ele não é dotado de qualquer órgão que permita a investigação direta do plano da história mundial, e qualquer tentativa de obtê-lo o levaria a percorrer caminhos equivocados, como é o caso da busca por causas finais. Embora situados fora dos processos naturais, a regência dos eventos revela-se, porém, nos próprios eventos, e tal revelação se faz através de meios que, embora não sejam eles mesmos fenômenos, estão não somente acoplados aos eventos, mas também neles se reconhecem como essências incorpóreas. Estas, porém, jamais poderão ser observadas se, ao se distanciar da região dos fenômenos [*Erscheinungen*], não se realiza a transferência espiritual para a região de onde elas se originam. Em sua investigação consiste a última condição para a realização da tarefa do historiador.

O número de forças criadoras na história não se esgota naquelas que aparecem imediatamente nos eventos. Mesmo quando o historiador examina todas as especificidades e suas respectivas relações mútuas – a forma, as transformações do solo terrestre, as variações do clima, a inteligência e a sensibilidade das nações, as características individuais mais próprias, as influências da arte e da ciência, as organizações civis em sua atuação mais profunda e influência mais ampla –, ainda assim restará algo cuja atuação é mais poderosa, que não se mostra imediatamente, mas que atribui a cada força um princípio que as impulsiona e orienta: são as ideias, que, de acordo com sua própria natureza, situam-se fora do círculo da finitude, mas que organizam e dominam a história mundial em cada uma de suas partes.

Não resta a menor dúvida de que tais ideias se revelam por si mesmas, e que determinados fenômenos, cuja explicação não se elucida pela mera ação regular das leis naturais, devam a sua existência à vitalidade de tais ideias; e muito menos dúvidas restam a respeito do fato de o historiador poder localizar-se para além dos eventos em si a ponto de perceber sua verdadeira configuração.

A ideia se expressa, então, de duas maneiras: primeiramente, como uma direção que, em seu movimento gradual que, de início, ao se mostrar invisível, depois visível e ao fim irresistível, acaba englobando muitas particularidades em lugares diferentes e sob condições diversas; e, depois, como produção de forças que não podem ser deduzidas em todo o seu escopo e majestade pelas circunstâncias que a acompanham.

Para a primeira encontram-se exemplos sem maiores dificuldades, pois quase não há época em que tenham sido desconhecidos. Mas é muito provável, porém, que ainda haja vários eventos, até hoje explicados de maneira mecânica e material, que precisem ser vistos a partir deste prisma.

Como exemplos de produção de forças e fenômenos para os quais é insuficiente a explicação pelas circunstâncias dadas, temos a anteriormente citada erupção da arte em sua pura forma no Egito, ou ainda, talvez, o súbito desenvolvimento da individualidade livre e mutuamente limitadora na Grécia, cuja língua, poesia e arte, em sua perfeição, resistem àquele que busca em vão um desenvolvimento gradual e progressivo, pois sempre me pareceu que o mais admirável na cultura grega, e o que dá a chave para a sua compreensão, é ela ter ficado livre do jugo do sistema de castas de várias nações, cuja herança, porém, serviu de matéria para que os gregos elaborassem o que há de mais grandioso, porquanto mantiveram uma analogia com o sistema de castas, cujo abrandamento na educação e nas cooperativas livres produziu, com uma viva ação conjunta e como jamais fora visto em nenhum outro povo, a diferença entre as individualidades por meio da múltipla disseminação do espírito nacional original em tribos, povoados e cidades autônomas. Por esse meio, a Grécia estabelece uma ideia de nacionalidade que não conheceu predecessor nem sucessor, e, como o mistério de toda a existência se encontra na individualidade, todo o progresso da história mundial da humanidade está baseado no grau da liberdade e da singularidade de seus efeitos recíprocos.

De fato, a ideia também pode se mostrar apenas em comunhão com a natureza, e também em tais fenômenos pode ser verificada uma quantidade de causas favoráveis e uma transição da imperfeição para a perfeição que podem muito bem cobrir as lacunas monstruosas em nossos conhecimentos. Mas o elemento miraculoso não lhe deve nada ao abranger o sentido primordial e as centelhas da primeira faísca. Sem estas não atingiriam os seus objetivos, mesmo se séculos para isso forem necessários, as circunstâncias favoráveis, o exercício e o progresso gradual. A ideia pode somente se fiar em uma força individual do espírito, mas o fato de que a semente com a qual o espírito se implanta na força se desenvolva por si mesma, e que esse modo de desenvolvimento permaneça sendo o mesmo, não importando aí a individualidade a que ele se transfira, que a planta que dele brota alcança sua maturidade através dela mesma, e depois murche e desapareça, sendo, no caso, irrelevante como as circunstâncias e os indivíduos tenham se formado; tudo isso mostra que é a natureza autônoma da ideia que perfaz esse percurso pelos fenômenos. Desse modo, as formas adquirem realidade em todos os gêneros da existência e criação intelectual. Nestas formas, alguma face da infinitude é refletida, e sua incursão na vida acaba produzindo novos fenômenos.

No mundo corpóreo – fonte inesgotável de analogias que dão à investigação do mundo espiritual um caminho seguro – não podemos esperar pelo surgimento de novas e significativas formas. A multiplicidade dos organismos já encontrou suas formas permanentes, e, ainda que esta jamais se esgote na individualidade de cada organismo, essas discretas nuanças jamais se apresentam imediatamente visíveis em sua ação sobre a formação intelectual [*geistige Bildung*]. A criação do mundo corpóreo ocorre de uma vez no espaço, já a do mundo espiritual o faz gradualmente no curso do tempo, ou a primeira, ao menos, encontra muito antes sua estabilidade [*Ruhepunkt*], na qual a criação se perde e dá vez a uma continuidade por repetição. O mundo espiritual está muito mais próximo da vida orgânica do que da forma e da estrutura física, e as leis da vida orgânica podem ser aplicadas ao mundo espiritual, e vice-versa. Em um estado em que a força se mostra vigorosa, isso se mostra menos visível, ainda que seja bastante plausível, mesmo em tal estado, que isso possa acontecer durante as mudanças das relações e das tendências que, por seguirem causas ocultas, determinam de tempos em tempos a vida orgânica de uma maneira diferente. Mas, em um estado excepcional da vida, isto é, nas formas doentes, pode haver inegavelmente uma analogia de tendências que, seguindo suas próprias leis originadas gradual ou bruscamente, sem causa que as explique, indicando um contexto velado que dê sentido às coisas. Não faltam observações que as confirmem, ainda que, mesmo assim, muito tempo seria necessário para que delas seja feito uso histórico.

Cada individualidade humana é uma ideia que se arraiga no fenômeno, e em alguns tal ideia reluz tão brilhantemente que parece ter-se tornado a forma do indivíduo, para que nele se revelasse a si mesma. Quando se acompanha a progressão da ação humana, algo de original permanece após a subtração de todas as causas determinantes, de modo que, em vez de sufocar, tais causas acabam adquirindo um novo formato; e no mesmo elemento há um esforço ativo ininterrupto em proporcionar à sua natureza própria e autêntica uma existência exterior [*äusserliches Daseyn*]. Não é diferente com a individualidade das nações, e em muitas partes da história tal elemento chega a ser mais visível nelas do que nos indivíduos, porquanto a humanidade, em determinadas épocas e em determinadas condições, viveu como se fosse um rebanho. Mesmo no meio de eventos conduzidos pela necessidade, paixão e aparente contingência, o princípio espiritual da individualidade age de maneira mais poderosa do que os elementos anteriormente citados; no meio da necessidade, da paixão e do acaso o princípio espiritual procura espaço para a ideia que neles habita, e o faz com sucesso, assim como o crescimento orgânico da planta mais delicada é capaz de romper seus recipientes, a despeito da resistência da ação dos séculos. Justamente ao sentido dado à humanidade pelas ações dos povos e dos indivíduos, ainda é deixado por estes o legado de formas de individualidade espiritual, que se mostra mais duradouro e influente do que dados e acontecimentos.

Há ainda formas ideais que, sem serem uma individualidade humana, estão relacionadas a esta de maneira mediada. A tais formas ideais pertencem as línguas, pois, ainda que o espírito da nação nelas se espelhe, cada qual tem um fundamento anterior e mais independente, e, assim, sua própria essência e contexto interno são tão poderosos e determinantes que sua autonomia exerce mais influência do que é influenciada, de modo que cada linguagem importante aparece como forma própria da criação e comunicação das ideias.

E um modo ainda mais puro e pleno é proporcionado pelas ideias fundamentais [*Urideen*] eternas de existência e valor que possam ser pensadas; a beleza, em todas as formas corpóreas e espirituais; a verdade, na ação inelutável de toda força rumo a sua lei imanente; a justiça, no processo inexorável dos eventos que se justificam e punem a si mesmos.

A perspectiva humana não é capaz de vislumbrar imediatamente a diretriz do mundo, mas somente pode chegar até ela pelas ideias através das quais tal plano se revela e, por isso, para tal perspectiva, a história não é senão a atualização de uma ideia, e nela estão simultaneamente a força e o objetivo; e isso só é possível na medida em que se mergulha na observação das forças criadoras, por meio de um caminho certo que leva às causas finais, pelo que o espírito anseia naturalmente. O objetivo da história pode ser apenas a atualização de ideias representadas através da humanidade; tais ideias poderiam ser vistas por todos os lados e em todas as formas nas quais seja possível articular a forma finita com a ideia, e o caminho dos eventos só pode ser interrompido quando as duas, isto é, forma finita e ideia, não tiverem mais condições de se relacionarem.

Chegamos então ao ponto em que encontramos a ideia que precisa guiar o historiador, e podemos retornar à comparação já feita anteriormente entre ele e o artista. O que neste se mostra como conhecimento da natureza e estudo da estrutura orgânica, naquele podemos ver a investigação de todas as forças ativas e apaixonadas que aparecem na vida; o que no segundo encontramos como medida e proporcionalidade e ainda conceito de forma pura, no primeiro já podemos ver o desenvolvimento das ideias – mas não o encerramento delas – no majestoso e silencioso contexto dos eventos mundiais. O ofício do historiador, em sua resposta definitiva, mas também a mais simples, é a exposição da aspiração de uma ideia, a conquista de sua existência na realidade. Mas deve ser dito que a ideia nem sempre obtém o que pretende em sua primeira tentativa, antes mesmo chega a degenerá-la sempre quando não consegue dominar com clareza a matéria que se lhe opõe.

Duas coisas o percurso deste ensaio tentou estabelecer: que uma ideia está presente em tudo o que acontece, e ainda que esta não possa ser percebida imediatamente, podendo ser apenas conhecida nos eventos.

Por isso, o historiador não pode largar o seu domínio sobre a sua exposição ao se limitar a procurar tudo na matéria objetiva; ele precisa, ao menos, deixar espaço para a ação da ideia; mais adiante, ele precisa, com o tempo, deixar sua alma receptiva para a ideia e mantê-la viva, intuí-la e reconhecê-la; precisa, acima de tudo, se precaver em não atribuir à realidade suas próprias ideias, ou ainda, em não sacrificar ao longo da pesquisa a riqueza viva das individualidades em prol do contexto totalizante. Esta perspectiva sutil e livre precisaria estar tão entranhada em sua própria natureza a ponto de poder transpô-la para cada evento; afinal, nenhum evento está totalmente dissociado de seu contexto geral, e, de cada coisa que acontece, há, conforme mostramos anteriormente, uma parte que não pode ser imediatamente percebida. Se faltasse ao historiador tal liberdade de perspectiva, ele não conheceria o evento em sua circunstância e em sua profundidade; falte-lhe a beleza de tudo o que é sutil, e acaba sendo violentada sua verdade simples e viva.

Tradução: *Pedro Caldas*

Nota

1 Aqui apenas se pretende justificar com um exemplo o que foi dito sobre a arte; longe de mim, com tal exemplo, estabelecer um juízo definido sobre os mexicanos. Há inclusive obras iconográficas deles, como a cabeça trazida por meu irmão [N. T.: Alexander von Humboldt] para o nosso museu real [N. T.: em Berlim] que testemunham bem sua habilidade artística. Quando se considera quão parcos são nossos conhecimentos sobre os mexicanos, e como são tardias as pinturas que deles conhecemos, vemos logo que seria arriscado avaliar sua arte por meio destes exemplos, que claramente provêm de uma época de extrema decadência. Que monstruosidades artísticas possam conviver com a mais elevada educação formal [*Ausbildung*] foi algo que percebi nas pequenas figuras de bronze encontráveis na Sardenha – é notório que tais figuras se originam dos gregos e dos romanos, mas, ainda assim, nada devem aos mexicanos no que diz respeito à falta de proporcionalidade nas figuras. Uma coleção desse tipo de arte se encontra no Collegium Romanum, em Roma. É também verossímil, mas por outras razões, que os mexicanos tenham atingido um alto nível cultural [*Bildung*] em uma época anterior e em outro lugar, o que está indicado nos vestígios históricos de suas migrações, todos cuidadosamente reunidos e comparados nas obras de meu irmão.

Theodor Mommsen (1817-1903)

Apresentação

Estevão de Rezende Martins

Christian Matthias Theodor Mommsen nasceu em Garding, pequena cidade do norte da Alemanha, existente desde 1590, situada na península de Eiderstedt, na província de Schleswig-Holstein, batida pelos ventos do mar do Norte. Seu pai, Jens Mommsen (1783-1851) exercia ali desde 1816 a modesta função de vigário luterano. A experiência da riqueza ou da abundância era-lhe estranha. A família de camponeses do mangue havia perdido seu pouco bem-estar na luta contra as condições adversas. Jens Mommsen teve de abreviar seus estudos de Teologia. Após duros anos como preceptor doméstico, conseguiu enfim uma paróquia. Sua renda continuou, no entanto, precária. A mudança para Oldesloe, alguns anos após o nascimento do primogênito Theodor, não alterou a difícil situação econômica da família.

Para os quatro filhos da família, Theodor (1817-1903), Tycho (1819-1900), August (1821-1913) e Marie (1828-1893), a obediência pertencia ao quotidiano. O pai de batina, pregando do púlpito ou celebrando no altar, consagrava o papel central da religião cristã para toda a vida. No entanto, em pouco tempo Theodor e seus irmãos já não estavam tão convencidos assim do sentido da fé paterna. A aliança entre a ortodoxia luterana e o pietismo não combinava com os hábitos esclarecidos dos jovens irmãos, e o tradicionalismo eclesiástico logo começou a provocar críticas. A casa paroquial tornou-se o antro da apostasia. O pai acabou por conformar-se, a duras penas, com o afastamento dos filhos da herança da fé.

A falta de perspectivas profissionais impedira que Jens Mommsen tivesse podido levar sua vida cristã com a mesma naturalidade de muitos homens piedosos. Seu quotidiano estava longe das imagens idílicas da casa paroquial pequeno-burguesa que o Romantismo do século XIX estilizou. As necessidades materiais eram demasiadas. Os filhos perceberam a insegurança do pai. A diversificação forçada pela necessidade abriu o mundo a outros conhecimentos que os da Bíblia e da devoção. A Antiguidade clássica e a literatura contemporânea surgiram como companheiras das doutrinas tradicionais do luteranismo. Na casa paroquial de Oldesloe prevalecia a palavra escrita. A leitura dos autores antigos era o pão nosso de cada dia, a dimensão sublime da Antiguidade, um dogma natural.

A emancipação da religião de forma alguma debilitou a consciência confessional. O protestantismo liberal moderno, que tinha em alto apreço a formação intelectual, como uma espécie de religião secular, marcou a biografia de Theodor Mommsen. A liberdade de um cristão evangélico deveria realizar-se também neste mundo, no Estado protestante e na livre adesão do cidadão.

Uma disciplina pessoal rigorosa caracterizou toda a vida pessoal de Mommsen. A penúria econômica quase constante só poderia ser compensada por uma "formação intelectual ainda mais elevada". Ou seja: era preciso investir firmemente em uma carreira profissional. Mommsen correspondeu assim plenamente à expectativa de seus pais com seus resultados escolares. Na Páscoa de 1838, de posse do diploma de conclusão do ensino médio [*Abitur*] com notas brilhantes, ingressou na Universidade de Kiel e escolheu, como a grande maioria dos estudantes da época, o curso de Direito – o que lhe dava perspectivas profissionais razoáveis, pois nesse tempo esse estudo abria as portas do serviço público ou da prática advocatícia.

Uma vez na universidade, no entanto, Mommsen acaba por deixar-se fascinar pelos modernos estudos da Antiguidade. As línguas clássicas já não eram mais apenas parte de estudos propedêuticos, mas se haviam tornado fundamentais para a ciência ampliada da Antiguidade greco-romana. A integração, teoricamente fundamentada, das diversas disciplinas de pesquisa da Antiguidade clássica encanta o jurista Mommsen a tal ponto que ele se especializa em Direito Romano.

Mommsen escolhe a carreira universitária. Ensina primeiramente História do Direito Romano nas Universidades de Leipzig, Zurique e Breslau. Em 1857 ganha uma cátedra de pesquisa na Academia Prussiana de Ciências, em Berlim. Quatro anos mais tarde é nomeado para a nova cátedra de História de Roma na Universidade Friedrich-Wilhelm de Berlim. Seu exemplo demonstra o fato de que a carreira acadêmica atraía em especial os oriundos da burguesia, que procurava compensar, mediante a capacitação universitária, sua desvantagem efetiva com relação à nobreza. A meritocracia acadêmica, fundada em sua concepção secular de formação intelectual, representava um ponto de referência importante para os integrantes da burguesia e para os filhos de pastores protestantes em busca de ascensão social.

Em Berlim, Mommsen estabelece novos fundamentos para a ciência da Antiguidade. Ele é não apenas um pesquisador extraordinário, mas também um organizador de primeira, cuja influência se faz sentir fortemente ao longo de muitos anos na Academia das Ciências de Berlim. Ele introduz o sistema de trabalho participativo na "grande fábrica" da ciência e cria novas formas da cooperação nacional e internacional.

O rigor com que Mommsen persegue seus objetivos não se limita, porém, à ciência. Ele é um "professor político", engajado em partidos e parlamentos, defensor de posições inicialmente liberal-nacionais e depois nacional-liberais. Ciência e política são inseparáveis para ele. Considera o pior de todos os erros que alguém "se dispa da vestimenta do cidadão a fim de não comprometer a toga do intelectual". A firmeza das convicções e a coragem da controvérsia pública caracterizam a vida desse combativo professor, que bastante amiúde atropela adversários políticos e acadêmicos com ásperas polêmicas.

O jovem professor de Direito já havia perdido sua primeira cátedra por causa de seu decidido engajamento nas lutas da revolução de 1848. Até idade avançada defende os ideais do liberalismo, opõe-se a Bismarck e combate incansavelmente o antissemitismo, que considera como a degeneração da "canalha". Julga indispensável, no plano internacional, uma aliança anglo-alemã e exige, internamente, uma coligação entre os liberais de esquerda e a social-democracia. Em seu tempo em Berlim, Mommsen, no entanto, debate-se com a questão de saber por que a meta política de uma nação unificada não havia sido alcançada, malgrado o manifesto progresso econômico, cultural e científico. Mommsen vê o processo iniciado com a proclamação do Império alemão em 1871, ao longo do qual a ideia da unidade nacional foi dissociada dos ideais liberais de liberdade, como uma descoberta política dolorosa. É difícil identificar o que lhe causou tão grande decepção: se o caminho tomado pela Alemanha desde finais da década de 1870 – que, segundo ele, conduzia à desgraça nacional – ou a circunstância de que ele não tinha nenhuma influência sobre o curso dos acontecimentos. O pessimismo do velho Mommsen dá testemunho da falta de poder parlamentar e social de um liberalismo abalado por suas profundas divisões e prenuncia a crise da consciência de si da burguesia no século xx.

Casado com Marie Reimer, Mommsen teve 16 filhos, alguns dos quais falecidos ainda crianças. Seu neto, Wilhelm Mommsen (1892-1966), foi professor de História Moderna e dois de seus bisnetos, irmãos gêmeos e filhos de Wilhelm Mommsen, Hans Mommsen (1930) e Wolfgang Mommsen (1930-2004), tornaram-se destacados historiadores críticos da Alemanha contemporânea.

• • •

A fama de Mommsen se projeta com o perfil que traça do general e político romano Júlio César. Sua reconstrução faz praticamente desaparecer as representações anteriores e fica marcada na lembrança dos leitores.

Mais do que por novos dados, esse sucesso é explicado, de acordo com o que Friedrich Gundolf já dizia em 1926, pela síntese do saber, do agir e das obras de Júlio César no traço magistral de Mommsen.

E veja-se que tudo começou com um grande escândalo: a *História de Roma* que Mommsen publica entre 1853 e 1856, ainda antes dos 40 anos, choca muitos de seus contemporâneos. Falou-se da falta de consolidação e de elegância da escrita, assim como do pior estilo jornalístico possível. Mesmo assim, a obra em três volumes foi um grande sucesso de público. Em 1868 já estava em sua quinta edição e, quando Mommsen falece, em 1903, na nona. A *História de Roma* foi traduzida em inglês, italiano, polonês, espanhol, húngaro, romeno, russo e francês. Mommsen foi o primeiro alemão a receber, em 1902, o Prêmio Nobel de Literatura.

A obra versa sobre a história política de Roma de seus primórdios até a vitória de César sobre os seguidores de Pompeu na batalha de Tapso, em 46 a.C. Mommsen lida com os fatores jurídicos, culturais, econômicos e literários para tratar da constituição, da religião, da agricultura, da arte e da educação ou para traçar perfis extraordinários dos autores latinos e de suas obras. Seu foco está centrado na elite nobiliárquica que lidera Roma e em seu significado para a expansão romana, inicialmente na península itálica e, em seguida, no espaço mediterrâneo. Largos períodos dos primórdios passam rapidamente. Os agricultores livres da República clássica mal aparecem. O eixo principal é a crise da República tardia, que começa com os Gracos. Mommsen detém-se com vagar nas tentativas fracassadas de reforma e nas etapas da decadência social e política.

A referência e o ápice da *História de Roma* é Caio Júlio César. Ele supera a longa derrocada da oligarquia controlada pelo Senado e, como general do povo e rei dos democratas, confere à *res publica* entrevada novo renome imortal. César é o gênio criativo (III, 461), o homem realista e de bom senso (III, 463), o estadista no sentido mais completo do termo (III, 463). O retrato do *dictator* é traçado com o entusiasmo de um quadragenário liberal, antes punido por seu engajamento político em 1851 com a perda de sua cátedra em Leipzig e com o exílio na Suíça. Mommsen compensa o fracasso da revolução com sua atividade historiográfica e passa a defender uma política enérgica que unificasse a nação. Ele transfere as polêmicas de seu tempo para o Senado romano, de modo que o público culto se reconheça na velha Roma. Com isso sua escrita mescla a perspectiva histórica e a contemporânea. A vivacidade e a plasticidade da linguagem atualizadora de Mommsen não são fins em si mesmos, mas meios de uma pedagogia política. Escreve sua obra com ardor e rigor, na qual torna presente a matéria histórica. Sentir-se interpelado, em sua contemporaneidade, pela história da Roma republicana, faz da obra de Mommsen um exemplo marcante da historiografia engajada.

Com suas diversas atualizações e revisões, a *História de Roma* de Mommsen é um marco na passagem da história iluminista para o modelo historicista da ciência histórica. Em sua obra, Mommsen torna científica a escrita da História e estetiza a própria História. No centro de seu interesse continua a narrativa. Ela não se apresenta mais, como na tradição retórica, enquanto argumento ou exemplo, mas demonstra a reconstrução da continuidade histórica baseada em método rigoroso da pesquisa autônoma, racionalmente fundamentada. Mommsen, ao recorrer à história da República romana, busca obter indutivamente, das contingências do passado, elementos que permitam deduzir contextos e tendências gerais. Ao fazê-lo, articula a pesquisa histórica com a formatação literária. Sua obra é também um manifesto político da burguesia protestante liberal. O progresso da história universal tende para a unificação do Estado. No lugar das esperanças salvadoras de outrora, entra a inteligência política. A nação é projeto e projeção ao mesmo tempo. A semântica nacional da modernidade absorveu a República romana. A razão cosmopolita está vencida. Constituição, costumes, religião, língua e produção intelectual são características nacionais.

A *História de Roma* não teria alcançado seu grande sucesso sem a expectativa do ambiente sociocultural, o rigoroso tratamento de impressionante massa de fontes e a notável elegância e riqueza do estilo. Aposentado da cátedra em Berlim, Mommsen dedica-se exclusivamente à pesquisa que, a seu ver, permite o conhecimento claro e distinto de tudo o que ocorreu. Mommsen confia plenamente na pesquisa abrangente das fontes e considera que o método histórico-crítico é o mais adequado para lidar com projetos de grande envergadura, como o de recuperar todo o legado da Antiguidade.

Na *res publica* romana, Mommsen viu o paradigma histórico da exigência liberal de um Estado que se institucionalizasse por um complexo sistema de normas jurídicas. A República romana representava, para ele, o modelo de um Estado fundado na separação dos poderes e na soberania popular. A discrepância entre história e teoria constitucional ou, mais exatamente, entre a evolução histórica da constituição romana e sua apresentação sistemática é, para Mommsen, patente. Ele procura superar essa discrepância mediante uma ousada diferenciação entre "forma jurídica" e "conteúdo fático". Toma com isso algumas liberdades interpretativas tanto no trato das fontes quanto no modo de supor a existência de regras em Roma de que não se tem registro próprio. Para sustentar seu raciocínio, Mommsen considera indispensável resgatar do esquecimento no tempo as fontes do direito e da história de Roma. Sua intenção é, pois a de organizar "os arquivos do passado" de modo a contribuir para "fundamentar a ciência histórica".

Oriundo do mundo jurídico, Mommsen concentra-se na história de Roma. A Antiguidade grega não é de seu interesse. Tampouco se debruça sistematicamente sobre os pressupostos teóricos do seu fazer científico. Pratica diretamente as operações altamente sofisticadas da crítica das fontes e de sua hermenêutica. Em lugar de uma epistemologia fundamentada filosoficamente – a exemplo de muitos de seus contemporâneos –, Mommsen reflete sobre a organização de uma ciência da Antiguidade institucionalizada nas universidades e nas academias. Nesse campo seu sucesso foi notável. Impressionam os resultados obtidos pelo método crítico histórico, embora a heurística e a hermenêutica gradualmente se afastem uma da outra. O pesquisador parece tornar-se um operário manual filológico. Um empirismo histórico-analítico e pretensioso se impõe. A ciência da Antiguidade praticada pelo hegeliano Mommsen está marcada pela crença no progresso e pelo otimismo científico. Até o fim de sua vida defende que a história universal possui racionalidade própria e está ordenada por fins. Para a questão de como se pode articular a ciência e a vida, que atormenta Jakob Burkhardt, Friedrich Nietzsche e, mais tarde, Max Weber, Mommsen não tem resposta.

• • •

Os contemporâneos leram a *História de Roma* como uma história de sua realidade. Vibraram e sofreram com o César de Mommsen. O brilho intelectual da argumentação, apesar da marcante preferência do autor pelo personagem que faz de César, fascinou, angustiou, indignou os leitores. Os juízos e argumentos que Mommsen produz, tão incisivos quanto personalizados, tiveram forte impacto. A *História de Roma* é uma grande narrativa, uma narrativa-mestra, que marcou profundamente o público e relegou a segundo plano as demais narrativas sobre o tema. Somente a pesquisa avançada da Antiguidade no século xx vem a criticar algumas das liberdades tomadas por Mommsen no manejo das fontes e na construção de suas interpretações. No entanto, sua linha mestra de análise é respeitada e aceita até hoje: não são os programas políticos e as ideias que impregnam a luta pelo poder estatal na República tardia, mas sim a rivalidade entre determinados aristocratas poderosos. O rigor metódico na recuperação e no uso das fontes, a interpretação política do processo histórico de formação do poderio romano e a inserção do personagem de César no contexto econômico, social, político, militar e cultural de Roma, elementos distintivos da narrativa magistral de Mommsen, constituem um legado até hoje apreciado. Arnaldo Momigliano, um dos mais respeitados especialistas de História da Antiguidade Clássica do século xx, afirma: "Mommsen não pode ser substituído por quem seja menor do que Mommsen".[1]

Influenciado pelas teses filológicas de August Böckh, Mommsen afirma consistir a tarefa da ciência da Antiguidade no "conhecer o produzido pelo espírito humano, isto é, o conhecido".[2] A fórmula do "conhecimento do conhecido" faz da Filologia uma ciência "histórica". Mommsen vai além da dimensão técnico-filológica de Böckh, emprestando ao exame crítico-filológico das fontes uma função subordinada ao objetivo maior de abranger a totalidade histórica dos componentes da Antiguidade (romana, por certo). Mommsen historiciza a Antiguidade e, com isso, dessacraliza a imagem idealizada que dela fazia o Romantismo, tanto literário como político. O realismo metódico de Mommsen tem ainda a seu dispor uma capacidade de trabalho e de síntese que poucos possuem. A inovação e a renovação da investigação das fontes abriram um sem-número de possibilidades que acabam por produzir um contraefeito: o entrincheiramento de muitos pesquisadores em setores a tal ponto especializados e pormenorizados que se perde a visão de conjunto, a capacidade de síntese, a habilidade artística da escrita que, com traços geniais de compreensão, produz uma historiografia fascinante.

• • •

O discurso de posse de Mommsen como reitor da Universidade de Berlim, em 1874, apresenta para o leitor um interesse especial, pois é um dos raros textos em que aparece menção à relação entre História e Arte. Mommsen dedica o principal de seu discurso – algo descrente da política de Bismarck – à missão dos alemães, mais precisamente dos prussianos, de levar muito a sério a Constituição da nação-Estado alemã, após a proclamação do Império em 1871.

"O historiador pertence talvez mais aos artistas do que aos intelectuais". Com essa afirmação Mommsen aponta para a circunstância de que o historiador amiúde produz sínteses interpretativas em que opera uma "intuição que cria incontáveis conexões" e cujo resultado argumentativo e explicativo vai além do ensino e do aprendizado formais – inclusive além do treinamento universitário. O treinamento é indispensável, pois somente uma sólida iniciação à crítica metódica permite obter capacidade de pesquisa. A erudição que se alcança, no entanto, ao longo da disciplina metódica da investigação, como projeto de vida e de inserção social e política, é a que habilita à síntese interpretativa, à narrativa histórica e historicizante, cuja riqueza estilística recorre à beleza estética da escrita para dar forma à rigidez da pesquisa das fontes.

NOTAS

1 Arnaldo Momigliano, "Resenha de Ernst Meyer (*Römischer Staat und Staatsgedanke*. Zurique, 1948)", em *Journal of Roman Studies*, 39, 1949, pp. 155-157.

2 August Böckh, *Encyklopädie und Methodologie der philologischen Wissenschaften*, Leipzig, 1877 (2. edição em 1886, repr.: Darmstadt, Wissenschaftliche Buchgesellschaft, 1966).

BIBLIOGRAFIA

BÖCKH, August. *Encyklopädie und Methodologie der philologischen Wissenschaften*. Leipzig, 1877 [2. edição em 1886, repr.: Darmstadt, Wissenschaftliche Buchgesellschaft, 1966].

MOMIGLIANO, Arnaldo. Resenha de Ernst Meyer (*Römischer Staat und Staatsgedanke*, Zurique, 1948). *Journal of Roman Studies*, 39, 1949, pp. 155-157.

Theodor Mommsen (1817-1903)

O ofício do historiador (discurso de posse na reitoria da Universidade de Berlim, 15 de outubro de 1874)

Já se passou novamente um ano na vida de nossa honrada e influente instituição.[*;1] Pertencer a ela é nosso orgulho e vínculo comum. Uma vez mais está aqui alguém para repetir o que a maioria de vós já escutou amiúde, mas que deve, pode e convém ser dito sempre e sem cessar. Como o mineiro, a cada vez que desce nas profundezas da mina invoca para si bons augúrios, e não o deixa de fazer hoje porque o fez ontem, cada um de nós, ao ser chamado a falar deste pódio, também conjura êxito ao ano acadêmico que se inicia, em qualquer língua que for, e assim também na minha. Sucesso, pois, aos professores e aos estudantes! Também nós precisamos de sorte, tanto quanto o mineiro ou o viticultor. Também nós temos nossos anos bons, anos em que bênçãos abundantes se derramam sobre o ensino e a pedra preciosa que esculpimos, o vinho especial que produzimos, reluze visível e felizmente, de forma que professor e estudante se lembram com particular prazer, anos mais tarde, de época tão profícua. Que o ano que ora inauguramos seja, para nossa universidade, um ano abençoado, bom e feliz.

As ameaças de todo tipo que pairam sobre a ciência alemã em geral e sobre o estudo universitário marcam os votos de felicidade à nossa instituição com um sério estigma.

Orgulhamo-nos todos, inclusive os mais jovens, dos grandes sucessos que nossa nação alcançou no plano do pensamento. Orgulhamo-nos que ela tenha trocado a posição de potência liderada ou mesmo dominada pela de potência-líder. Sabemos, todavia, e disso também nos orgu-

* N. T.: Theodor Mommsen. *Reden und Aufsätze: Hildesheim*, New York, Georg Olms Verlag, 1976 [reimpressão da seguinte edição: Theodor Mommsen. *Reden und Aufsätze 2: unveränderter Abdruck*. Berlin: Weidmannsche Buchhandlung, 1905].

lhamos, que essa notável transformação se deu pelos homens certos, que a efetivaram. Sabemos igualmente que essa transformação foi almejada, tornada possível e alcançada por três gerações de nosso povo. A demonstração mais cabal de como isso é percebido, hoje, está na mudança de concepção do regime prussiano* ao longo do período das guerras de libertação** até o presente. Por certo os de minha idade, e talvez alguns mais jovens, cresceram com a convicção de que a Prússia dessa época teria decaído para uma alergia e letargia política sempre mais profunda, e que teria passado por uma evolução que, da demissão de Wilhelm von Humboldt*** e de Boyen,**** acabaria naturalmente na batalha de Bronnzell.***** Não apenas porque se abriram os arquivos, mas sobretudo pelos resultados obtidos por aquele regime, dá-se que essa convicção converteu-se praticamente em seu contrário. Recorda-se agora novamente o ordenamento do sistema financeiro, o regimento militar, a criação da união aduaneira [*Zollverein*], de forma que agora se exprime o agradecimento, por tanto tempo denegado, devido àqueles homens que abriram o caminho para os sucessos dos grandes generais e estadistas de nosso tempo. Só as vitórias de Aníbal fizeram entender o que Asdrúbal fizera por sua nação. Isso não diminui nossa gratidão para com nossos líderes atuais, que nos aparecem como os alfaiates adequados após os devidos

* N. T.: Trata-se de referência à constitucionalização (mesmo se incompleta) do Estado prussiano e à iniciativa prussiana de proclamar o Império alemão, em 18 de janeiro de 1871, ao término da guerra franco-prussiana. Essa iniciativa tornou-se possível depois do afastamento das pretensões austro-húngaras com a derrota de 1866 (Königgrätz; hoje Sadová, na República Checa, próxima à fronteira com a Polônia) e a queda de Napoleão III da França.

** N. T.: *Befreigungskriege* (guerras de libertação) são chamadas as travadas pelas coalizões contra os revolucionários franceses e, em seguida, contra a ocupação napoleônica. A experiência do combate comum contra o inimigo foi utilizada pelos liberais alemães para defender a ideia de um Estado alemão único, sob uma única Constituição.

*** N. T.: Um dos principais representantes do Iluminismo filosófico e político prussiano, Wilhelm von Humboldt foi o fundador da Universidade de Berlim, em 1810, que hoje leva seu nome. Não foi, contudo, seu primeiro reitor. Afastado do Departamento de Cultura do Ministério do Interior, foi designado embaixador da Prússia em Viena em 1811.

**** N. T.: Ludwig von Boyen, ministro da Guerra prussiano de 1815 a 1819, renunciou ao cargo quando constatou que o movimento conservador na organização do exército da Prússia prevalecia.

***** N. T.: Uma "quase-batalha" que a Prússia acabou por não travar contra outros príncipes alemães, malgrado o apoio das tropas austríacas. Bronnzell fica ao sul de Fulda, na fronteira entre a Turíngia e a Baviera, no centro da Alemanha.

tecelões. Pelo contrário, aumenta nosso orgulho de não devermos nosso sucesso a duas breves guerras, nem a poucos grandes homens, mas, sim, a longo e duro trabalho, em boa parte daqueles que bem sabiam que somente veriam Canaã de muito longe.* O que o acaso dá pode tomar. No entanto, pensamos que merecemos ser o que nos tornamos. Se assim é, podemos proclamá-lo – a menos que as gerações seguintes se avoquem o direito de tomar nosso lugar. É assunto de todos vós, caros colegas. Vós herdais o que nossa geração e nossos pais e avós criaram. Esse legado só pode ser assumido, porém, por aquele herdeiro que continue a criar e a multiplicar sua herança, como nós fizemos. Não tenho o menor receio em afirmar que a juventude alemã é desse jaez.

Por certo temos também orgulho de ser alemães, e disso não nos encabulamos. De todas as ostentações, nenhuma é mais vazia e falsa do que a da modéstia alemã. Nada temos de modestos, não o queremos ser e nem que se diga que o somos. Pelo contrário, queremos progredir nas artes e nas ciências, no Estado e na Igreja, em toda vida e em todo desempenho, para alcançar o topo e dele nos assenhorearmos. Não há galardão que nos pareça brilhante demais ou inalcançável, muito acima ou muito abaixo de nós. Nós os encontramos naquela realidade em que nossos diplomatas e soldados, nossos fisiólogos e marujos estejam na linha de frente. E quando estamos na linha de trás, como é o caso de quase todos os campos da arte, a nação inteira o sente como uma reprimenda, como uma mácula em seu brasão.

No entanto, mesmo se nos declaramos nada modestos, não nos tornamos por isso cegos. Bem sabemos que os grandes e relevantes feitos já alcançados, os que ainda restam a alcançar, assim como muito do que já se alcançou, são postos em questão por nossos êxitos e redimensionados pelas novas circunstâncias, o que não nos deixa ilusões sobre a necessidade de tudo reconquistar a cada vez. Nesse sentido, nossos sucessos não nos fizeram pretensiosos. Fala-se da embriaguez da vitória, mas ela parece ser o privilégio das nações românicas, que conseguem – na falta de vitórias

* N. T.: Referência bíblica aos profetas e líderes de Israel que, tendo-se sacrificado pela salvação de seu povo, nunca chegaram à terra prometida.

e de vencedores – comemorar com entusiasmo os aniversários das derrotas e dos gloriosos derrotados. Os alemães não possuem, aparentemente, vocação para esse tipo de entusiasmo, antes pelo contrário. Se minha impressão não me engana, é justamente por causa de nossos sucessos que, nos homens sérios, o que ainda nos falta se torna uma dolorosa sensação de carência, de esmagadora pressão, que não se conhecia nas limitadas situações anteriores. Desejamos nada menos do que descansar sobre nossos louros, mas o repouso nos louros é ruim. Chegamos até aqui e vamos adiante! Eis o horizonte do futuro: organizar o Estado institucionalizado de forma que o comércio alemão, a manufatura alemã, a arte alemã, a ciência alemã, a sociedade alemã e a vida alemã continuem equiparadas ou se equiparem ao poder da nação.

Esse é também o horizonte dos intelectuais alemães, em particular dos professores universitários. A pesquisa alemã, e sua influência direta sobre a vida prática do ensino acadêmico, contribuíram decisivamente com o estabelecimento dos fundamentos de nossa nação. A fundação da Universidade de Berlim por Wilhelm von Humboldt tem seu lugar na história, ao lado do sistema de defesa de Scharnhorst* e a implantação do *Zollverein*. O intelectual alemão também se pode vangloriar do que a ciência trouxe em benefício do povo, inclusive durante os tempos difíceis que agora ficaram para trás. O desempenho individual de cada um de nós, em comparação com o todo, é de tal forma ínfimo que aparece como um soldado no campo da batalha em que combateu. É isso mesmo o que representam o específico e o significativo de nossa posição científica atual, pois não dependem de um único grande nome, como na época de Leibniz, por exemplo: a pesquisa alemã conseguiu constituir, de forma extraordinária, uma rede científica. Matemática e Fisiologia, História da Arte tanto antiga quanto moderna, estudos pragmáticos de história e de línguas – a pesquisa alemã se estende por todos os ramos da monumental árvore (do saber) e faz mesmo brotar alguns dos ramos mais frescos e promissores. Muito antes de as armas alemães ganharem nos campos de

* N. T.: Gerhard von Scharnhorst (1755-1813), chefe do Estado-maior do Exército prussiano, principal estrategista da resistência a Napoleão.

batalha, a pesquisa alemã, em seus campos, conquistou o reconhecimento e forçou nossos vizinhos a aprender nossa língua, difícil, mas tornada imprescindível. O intelectual alemão não tem de almejar tornar-se o que não é, mas sim permanecer o que é. Assim como a comunidade parecia tão feliz e abençoada ao censor romano, que ele não ousava suplicar aos deuses que a aumentassem e pedia apenas que preservassem o Estado, tal como fosse, também nós agora devemos dizer que nossos desejos se restringem a ver mantida a pesquisa alemã em seu estágio atual na ciência, e preservada a posição que as universidades alemãs lograram alcançar na vida da nação.

O que a força obteve, a fraqueza, contudo, não mantém. Se a geração a que vós pertenceis, caros colegas, é chamada a nos substituir na posição que ora ocupamos, se essa geração não investir a mesma energia em manter o que possuímos, como a que investiu a geração que produziu essa riqueza, a pesquisa e o ensino degenerarão. Não há estagnação, ainda menos nos nossos campos. O que não vai adiante fica para trás e regride. Mas vós encontrareis mais dificuldades do que nós, pois a posição privilegiada que a pesquisa intelectual assumiu na vida da nação chegou ao fim, e o que as universidades foram, antes do Império, em tempos temíveis, como último refúgio do desempenho geral alemão – e, pode-se ainda acrescentar, o último refúgio da esperança de um futuro melhor – é o que vós podeis e deveis preservar no feliz regime que se inicia sob os novos imperadores alemães.

Há uma província prussiana que, nos tempos inóspitos, lutou com valentia e angariou assim, para si, a consideração de toda a nação. Hoje, após ter conseguido aquilo pelo que se entregou e verteu sangue, essa província assume uma posição lamentável, marcada por amarga morosidade, por picuinhas e por aversão ao grande júbilo e à alegre esperança de todo o povo. Essa província abre até um flanco vulnerável ao inimigo comum de toda humanidade nobre, aos arautos da destruição necessária da civilização, à oligarquia do populacho. O intelectual alemão e o professor alemão, o que em si dá na mesma, tem de identificar nessa situação uma advertência. Também nós combatemos com honra, e o que o parlamento de professores, tão pouco prático e tão menosprezado, sempre quis, uma única Alemanha liderada pela Prússia, não foi um desejo vão. É certo que as coisas não aconteceram tal qual se pensava antes. A posição poético-literária privilegiada de que as universidades outrora gozavam estava de tal forma imbricada com as deformações do sistema precedente que agora ela tem inevitavelmente de desaparecer. Não nos faltam razões para ter uma visão amarga das coisas, de nos sentir irritantemente deixados de lado – boas razões para sérias queixas e ainda mais sérias preocupações.

A posição das universidades menores – mas também de todas em geral – está ameaçada. As modificações imprescindíveis da universidade requerem toda a sabedoria do novo regime, para não infligir-lhe golpes fatais. Ficará sempre mais difícil preservar a base comum da educação culta, em que consiste o cerne e a sustentação de nossa instituição. Com a crescente diversidade das atividades na vida, e com a exuberante eclosão de muitos ramos que se encontram fora da formação acadêmica, muitos estudantes e docentes, que sob as condições anteriores estariam necessariamente conosco, afastam-se das universidades. O conceito da educação intelectual, da formação do homem para a humanidade pura e plena, torna-se mais grosseiro e cada vez mais aparece, na imaginação do grande público, como um mero instrumento para obter habilidades úteis para o exercício o mais rápido possível de alguma assim chamada profissão. A administração considera essa ânsia incorreta e prejudicial como mais do que óbvia. As escolas especiais ganham um espaço exagerado e, nas escolas preparatórias ao estudo acadêmico, a massa das matérias sufoca mais e mais a possibilidade do devido e livre aprendizado liberal. Busca-se ajudar as universidades com uma extensão contínua dos conteúdos, esquecendo-se sempre que a universidade, como o ginásio,* são propriamente instituições propedêuticas, e que uma ampla gama de objetos de pesquisa tem de ser necessariamente deixada por conta do estudo próprio.

No entanto, o perigo maior para as universidades, talvez o maior de todos, reside não nas circunstâncias e nas pessoas que as dirigem, mas

* N. T.: Na estrutura alemã de formação escolar, o *Gymnasium* (ginásio) é a escola média de estudos clássicos, prévia à universidade. Institucionalizado por Wilhelm von Humboldt na Prússia (Decreto de 12 de novembro de 1812), o ginásio tinha por objetivo padronizar um nível pré-universitário mais elevado.

nas próprias universidades, nos descaminhos do ensino e do aprendizado, sobretudo no esquecimento doloso do caráter propedêutico da formação universitária. Isso vale, no meu entender, para a maior parte dos ramos da ciência. Parece-me um abuso, contudo, querer falar disso em termos genéricos. Permiti-me explicitar essa crítica tomando meu próprio campo de trabalho, a ciência da História.

O conhecimento da história pertence aos campos da ciência que não podem ser adquiridos imediatamente pelo ensino e pelo aprendizado. Para tanto, é em parte demasiado fácil, em parte demasiado difícil.

Os elementos do conhecimento histórico não podem ser aprendidos, pois qualquer um, propriamente, já os possui. A História nada mais é do que o conhecimento nítido de acontecimentos efetivos, estabelecidos parte pela descoberta e análise dos testemunhos sobre eles disponíveis, parte pela conexão entre eles, a partir do conhecimento das personalidades atuantes e das circunstâncias existentes, numa narrativa que articule causa e efeito. A primeira parte é o que chamamos de pesquisa histórica de fontes, a segunda consiste na escrita pragmática da História. Essa atividade não é desempenhada, todavia, apenas pelos historiadores – cada um de vós, meus senhores, todo homem que reflita é um pesquisador das fontes e um pragmático. Vós não tendes como conceber ocorrência alguma que se dê a seus olhos sem recorrer a ambas. Todo homem de negócios que cuida de seu comércio, todo jurista que lida com sua causa, é pesquisador de fontes e pragmático. Os elementos da ciência da História, pode-se dizer, são ainda mais simples e óbvios do que os da Linguística e da Matemática. Por isso mesmo, não se os aprende nem se os ensinam.

De certa maneira pode-se dizer de qualquer ciência que ela sempre toma como ponto de partida aquilo que entende ser. É nesse ponto, contudo, que a pesquisa histórica se distingue de suas irmãs, pois seus elementos não a conduzem a uma elaboração teórica propriamente dita. A aptidão intelectual sobre a qual repousa, o olhar exato, que lhe é corretamente atribuído, quando existem, podem sem dúvida ser desenvolvidos constantemente ao longo do processo de formação, mas não propriamente pela teoria, e sim exclusivamente pelo exercício prático. A ponderação correta dos testemunhos disponíveis, a conexão adequada entre o que aparentemente está desconexo, ou se contradiga, em uma sequência efetiva, surgem por toda parte na simplicidade infinita dos princípios e na multiplicidade incomensurável das aplicações, de modo que qualquer teoria acaba por parecer ou trivial ou transcendental. Que o testemunho do "ouvir dizer" só valha o quanto valha sua avaliação pelo ouvinte é, na prática, o único princípio utilizado pela pesquisa das fontes. E a segurança divinatória do juízo, que caracteriza o historiador eminente, não passa, em nove casos dentre dez, da aplicação inconsciente desse princípio a problemas complicados. A intuição que cria incontáveis conexões, o olhar que penetra na individualidade dos homens e dos povos, vão além, em sua extrema genialidade, de todo ensino e aprendizado. O historiador pertence talvez mais aos artistas do que aos intelectuais.

É um erro, todavia, atribuir ao estudo da História, enquanto pesquisa pragmática das fontes, um papel secundário na universidade. Sem dúvida é de grande utilidade para o futuro historiador o exercício praticado desde cedo em seu campo de pesquisa. O mero exercício, por certo, não basta para forjar o mestre. No entanto, ninguém se tornou mestre sem passar por longo e árduo exercício. No breve tempo que se passa na universidade, contudo, não há espaço para tal exercício. Trata-se de uma ilusão perigosa e prejudicial que o professor de História ache que pode formar historiadores dessa maneira, tal como são formados na universidade os filólogos e os matemáticos. Com ainda mais pertinência do que para esses, pode-se dizer que o historiador não é formado, mas engendrado, que não é educado, mas que se educa.

Se lidássemos aqui com uma apreciação meramente mais ou menos positiva do estudo da História na universidade, a diferença ao final seria praticamente irrelevante. Entretanto, a supervalorização que se faz do estudo histórico direto acarreta consequências muito práticas e muito nocivas, uma vez que o preparo efetivamente necessário à História é amiúde negligenciado em benefício de uma certa pseudoformação prévia especificamente histórica, que se propaga na verdadeira História como um cancro.

É certo, por outro lado, que existe uma propedêutica necessária ao historiador. Não é esta, porém, a própria História, imediatamente, mas sim, mediatamente, o conhecimento da linguagem e o conhecimento do direito da época. Pode parecer tolo querer demonstrar isso em particular, mas certamente não é supérfluo. Mesmo entre os intelectuais há fanáticos históricos, que consideram que é possível lidar metodicamente com as fontes sem dominar a linguagem das fontes ou somente a conhecer precariamente. Ouve-se falar da teoria que afirma ser tarefa especificamente filológica a compreensão exata das fontes e que ao historiador bastaria orientar-se genericamente. Uma tal teoria é de excelente ajuda à prática da preguiça. O resultado mais recente dessa tendência é a monstruosa história dos judeus ou dos assírios, escrita por aqueles que confessam descontraidamente nada entender das respectivas linguagens. É, infelizmente, bem conhecido dos especialistas quão numerosos são os historiadores que, nos campos da História clássica como medieval, efetivamente mal entendem grego, latim ou mesmo alemão. O pior nisso tudo não são os mal-entendidos decorrentes, mas a falta de compreensão intelectual do objeto. A linguagem é sempre o monumento maior, mais duradouro e mais diversificado de todo e qualquer povo. Para citar apenas Roma, quem não conseguir imbuir-se de um Ênio ou de um Horácio, de um Petrônio ou de um Papiniano, sempre falará dos destinos de Roma como um cego fala de cores, por mais correta que tenha sido sua pesquisa pragmática das fontes.

Algo semelhante ocorre com o estudo do direito, embora eu pense aqui de início não na jurisprudência propriamente, mas no conhecimento do direito público, da constituição do respectivo Estado, por certo inseparável do conhecimento do direito privado do mesmo povo. Não se necessita polêmica alguma para reconhecer que essa constituição e sua evolução são a própria história, de que historiador algum pode abstrair. Existem duas formas distintas de realizar esse estudo: pode-se estudar ou a Constituição como um todo sistemático mais ou menos duradouro ou a questão particular de como ela influencia pragmaticamente. A primeira forma deveria ocorrer, a segunda é a que ocorre. Quantos, que falam dos arcontes e dos estrategistas, dos cônsules e dos pretores, abordam seriamente essas magistraturas na totalidade de sua posição jurídica? Quantos, que tratam abundantemente de bispos e príncipes, têm diante dos olhos, com clareza, o direito imperial romano-canônico e alemão? Mesmo assim, a narrativa histórica pragmática só deve ser encetada por quem possua uma clara compreensão de todos esses importantes fatores. A mesma superficialidade que caracteriza a pseudo-história no campo da pesquisa linguística aparece no campo do direito público. Com frequência também aqui se fala do que não se entende, ou, pior, do que se entende só pela metade, numa reprodução pífia de tradições confusas.

Quero dizer-vos uma coisa, meus senhores: quando encontro em vossos trabalhos o estudante de História, sou acometido de temores. Isso pode significar que o jovem está decidido a aprender preferencialmente os conhecimentos prévios da linguagem e das instituições públicas necessários a determinado campo da pesquisa histórica. Sei também que é o caso de não poucos de vós. Isso pode significar ainda, no entanto, que se pensa poder dispensar essas coisas todas, satisfazendo-se com a pesquisa metódica das fontes e com o pragmatismo metódico, e encontrando no estudo da História um refúgio dos incômodos da Filologia rigorosa. Se assim é, Nêmesis não tardará a chegar. A pesquisa histórica torna-se um escarafunchar artesanal do material, que requer muita paciência – e justamente não a paciência genial do pesquisador que antecipa o objetivo distante, mas a paciência banal do trabalho braçal. O pragmatismo acaba em desperdício de tempo ou em fraude. Uma falsa propedêutica ou não dá em nada, ou descamba para a fantasia, ou ambas as coisas se dão ao mesmo tempo; em todo caso, o espírito histórico desaparece.

Tomai um exemplo, meus caros e jovens colegas da História, da ciência do direito. A tarefa do jurista prático é, em pontos essenciais, semelhante à do historiador. No entanto, jamais veio à mente de quem quer que seja esperar que o aprendizado da grande arte do pragmatismo jurídico se dá, em primeira linha, no tempo da universidade. Ademais, a universidade apenas pode introduzir o conhecimento de cada caso jurídico, do que ensiná-lo diretamente. Da mesma forma, o historiador encontra na universidade uma preparação mais mediata do que imediata para sua atividade futura. Quem deixar a universidade com conhecimento aprofundado da língua grega, latina e alemã, assim como das instituições públicas desses povos, está preparado para tornar-se historiador.

Quem não possua tal conhecimento não o está. Se buscardes o que faz falta, a pesquisa das fontes e a apresentação pragmática advir-vos-ão por acréscimo, como das generosas nuvens desce a chuva. Se não vos apropriardes disso, colhereis um fruto que apodrece antes de o abrirdes. Vosso desempenho, que afinal não é bem um desempenho, vos fará aumentar as longas fileiras dos que pensam que a História se aprende como um artesanato e descobrem, mais adiante, assustados, que ela é uma arte.

Poderia continuar com queixumes e lamentos. Não me é aprazível, porém, no dia de hoje e nesta ocasião, enumerar e descrever as nuvens negras que pairam sobre o futuro da universidade alemã. Elas não devem induzir em erro quanto a nossa participação na alegria geral pelo já alcançado nem quanto a nossa firme disposição para o futuro. A juventude alemã não decairá dessa maneira. Ela perseverará, sob as mais adversas condições, em levar adiante a obra que lhe legamos, para o que desde já se prepara. Possuis para tanto aquilo de que, antes de mais nada, necessitais: a plena liberdade do aprender. Nenhuma lei formal vos prescreve como aproveitar vossos anos acadêmicos. Nenhuma prova parcial exige demonstrar se e como se deu esse aproveitamento. Povo algum no mundo deposita em sua juventude confiança igual como o nosso. A juventude acadêmica correspondeu até agora a essa confiança. Segui em vosso caminho próprio – e mesmo se o caminho conduza frequentemente a dificuldades e se pense que estava errado, mais freqüentemente do que se ousaria desejar, ficou já demonstrado que muitos são os caminhos que podem levar ao mesmo e justo fim. Todo homem reto e de caráter sabe que seu próprio caminho é o melhor para si. A cada um de vós está aberto um tal caminho.

Comecemos, pois, meus senhores, um trabalho comum de ensinar e aprender, com consciência plena da dificuldade da tarefa, e por isso mesmo com a firme resolução de se assenhorear totalmente dela. Onde está o perigo, aí está a honra. Há na vida caminhos mais cômodos do que os que levam a nossas salas de aula. Por isso mesmo são estes os escolhidos pelos melhores. A matrícula de um estudante alemão continua sendo um atestado de nobreza, pelo qual ingressa nas fileiras dos combatentes voluntários pelo direito, pela liberdade e pela liberdade intelectual. Ela é também um termo de compromisso. Quem a aceita obriga-se a assumir sua responsabilidade nesse combate e a não se deixar dominar pelos piores inimigos de todo o crescimento intelectual, como a preguiça, a dispersão, a aparência vazia. Vós, prezados colegas, haveis recebido esse atestado de nobreza e esse termo de compromisso, ou estais por recebê-los. Assumi-os, cada um por si, para a honra e a glória do país.

Tradução: *Estevão de Rezende Martins*

NOTA

1 Reproduzido a partir de um exemplar amavelmente cedido pelo conselheiro Vahlen. O exemplar do manuscrito publicado pela Imprensa da Academia Real de Ciências (G. Vogt), em Berlim, em 12 páginas, formato in-4º, não tem título nem indicação de data.

Karl Lamprecht (1856-1915)

Apresentação

Luiz Sérgio Duarte

Lamprecht esteve no centro da primeira crise do historicismo nos anos 1890. A discussão provocou uma reestruturação das áreas de pesquisa na ciência da história no sentido de uma forte atenção às forças coletivas e materiais que impulsionam os processos históricos em vez da ênfase concedida até então aos aspectos políticos e à história das ideias.

A história da cultura [*Kulturgeschichte*] voltava-se para as conexões legais, apresentava um procedimento genético-causal generalizante e que afrontava o tratamento individualizador, preocupado em localizar fenômenos individuais inconfundíveis, do modelo então dominante. Um realismo materialista era apresentado contra a metafísica histórica: influenciado pelo positivismo comteano, pela psicologia social de Wundt e pelo dedutivismo da economia política austríaca, as propostas de Lamprecht acabaram desencadeando o que foi chamado de a controvérsia do método da ciência da história [*Methodenstreit de Geschichtswissenschaft*]. O que estava em andamento era a produção de uma nova definição das ciências da cultura, através de uma transformação do historicismo.

Mais importante que a reconstrução do que foi era a reconstituição de como veio a ser: regularidades contextuais, desenvolvimentos sociais, econômicos e culturais são mais importantes que as descrições, os grandes homens, as personalidades, o Estado e a política. É possível reconstituir grandes épocas culturais [*Kulturzeitalter*] características de estágios de desenvolvimento civilizacional. O aperfeiçoamento procedural é o que deve caracterizar a História como ciência. Essas teses desencadearam uma reação geral antipositivista por parte dos defensores do historicismo clássico (não há leis imutáveis da ação humana, deve-se priorizar indutivamente a reconstrução dos fatos particulares, a descrição de contextos específicos deve ajudar a reconstruir o todo da história universal).

O conceito de mentalidade da Escola dos Annales na França, a ênfase vitalista da Nova História norte-americana (Turner, Robinson, Beard) e a importância decisiva da imputação causal em Max Weber são produtos das ideias de Lamprecht: apreensão coletivista da história, regularidade, série de épocas, representações coletivas, evolucionismo, psicologia social, estágios de desenvolvimento econômico. É esse princípio vital, essa compreensão da nação como entidade essencialmente constituída, portadora da individualidade, desenvolvida em processo e forma, que torna clara a dependência da matriz historicista, do ambiente tardo-romântico, do triunfalismo burguês e do otimismo imperialista.

Produção de tipologias, reabertura da questão de uma história mundial e cultural comparativa, interdisciplinaridade, a produção de uma epistemologia do conhecimento histórico, insistência racionalista, complementaridade dos procedimentos generalizantes e particularizantes são contribuições inegáveis desse renovador dos métodos da ciência da história. Sua influência sobre o trabalho da história social e da sociologia histórica é por todos hoje reconhecida.

O texto a seguir é um trecho do comentário crítico com que Lamprecht reagiu a um ensaio escrito por Walter Goetz, este último intitulado "História e história da cultura". O texto de Lamprecht foi publicado originalmente em 1910 pelo *Arquivo de História da Cultura.*

Bibliografia

Blanke, Horst Walter. *Transformation des historismus.* Waltrop: Spenner, 1994.

Iggers, Georg G. *Geschichtswissenschaft im 20:* Jahrhundert. Göttingen: Vandenhoeck & Ruprecht, 2007.

Jaeger, Friedrich; Rüsen, Jörn. *Geschichte des Historismus.* München: C. H. Beck, 1992.

Martins, Estevão C. de Rezende. Historiografia alemã no século xx: encontros e desencontros. In: Malerba, Jurandir; Rojas, Carlos. *Historiografia contemporânea em perspectiva crítica.* Bauru: Edusc, 2007, pp. 45-68.

Mata, Sérgio da. Max Weber e a ciência histórica. *Teoria e Sociedade*, n. esp., 2005, pp. 150-71.

Raphael, Lutz. *Geschichtswissenschaft im Zeitalter der Extreme.* München: C. H. Beck, 2007.

Schleier, Hans. *Historisches Denken in der Krise der Kultur.* Göttingen: Wallstein, 2000.

História da cultura e História (1910)

Coincidindo com o início deste ano, o arquivo de história da cultura foi transferido para uma nova editora que se chama B. G. Teubner.* O momento da transferência será marcado, em primeiro lugar, através de um ensaio de caráter programático escrito por W. Goetz, sobre "História e história da cultura". Já que este ensaio tratou de minhas teses sobre História, acredito ser apropriado, pela cordialíssima atenção dispensada, como forma de agradecimento, produzir algumas réplicas e acréscimos sobre o mesmo.

De uma forma essencial e segura, especialmente antes mesmo de mencionar os motivos dos avanços de nossa ciência, sinto-me, a princípio, em acordo total com Goetz: na compreensão de que a História não se restringe somente à política, comércio, sociedade ou qualquer área específica, ou qualquer história específica, mas que o fato histórico tem que ser apreendido em sua totalidade – e não somente ser "visto", mas também tratado de forma prática. A partir desta compreensão, Goetz lança mão de termos aos quais adiro, principalmente quando ele usa a expressão, tantas vezes já aviltada, "história da cultura".

Entretanto, quero acrescentar, que eu já sugeri, há algum tempo, a utilização do termo "história universal", para expressar essa mesma ideia de forma que com ela não se queira referir-se a uma somatória quantitativa e externa (que já foi chamada "história do mundo"), mas sim à investigação do sentido interno dos acontecimentos. Para encaminhar tal investigação é que fundei o "Instituto para História Universal e da Cultura". Por isso para mim é motivo de prazer que, sob a influência de Goetz, os novos historiadores estejam caminhando na mesma direção.

Uma segunda tese de Goetz com a qual quero concordar é a que trata de desenvolver o método dessa "história intelectual" [*Geistesgeschichte*],

* N. T.: Karl Lamprecht, "Kulturgeschichte und Geschichte", em Horst Walter Blanke (org.), *Transformation des Historismus*, Waltrop, Spenner, 1994.

embora não tenhamos avançado na explicitação dos fundamentos para tal. No momento quero apenas chamar atenção para o essencial: toda relação internacional possui uma natureza intelectual porque ela acontece sempre como recepção ou como recuperação de valores e conteúdos.

Todavia quero explicitar algumas diferenças. Goetz considera que o Estado é o cerne da história, embora ele entenda o Estado como parte da cultura, influenciado por ela, mas também como fator influenciador da mesma. "Porque o Estado é o poder histórico mais abrangente, [...] ele também é o mais recatado."[1]

Interpretemos essas afirmações: as forças espirituais ativas do homem determinam o desenvolvimento do Estado, mas o próprio Estado influencia essas forças espirituais em um tipo de relação que Goetz caracteriza como de uma passividade secular. Seria desejável que essa relação fosse esclarecida. Existem forças espirituais não ativas? Uma opção seria acreditarmos que o Estado seria regido por obscuras forças espirituais existentes no seu interior? A deficiência em clareza foi compensada pela seguinte afirmação: "Quando não se quer reconhecer esse poder do Estado, necessita-se pelo menos aceitar os pressupostos psicológicos da vida espiritual como forças que impulsionam ou retêm os estágios de desenvolvimento espiritual." Com a expressão "estágios de desenvolvimento espiritual" entramos em contato com um mundo conceitual muito importante para Goetz e sobre o qual mais tarde falaremos. Fixemos apenas a explícita representação da ideia de pressupostos psicológicos do desenvolvimento da vida espiritual. No trecho que sucede o anteriormente citado, notamos uma contraposição entre psíquico e fisiológico, o que só se pode manter se aceitarmos a tese de um complexo causal especial de origem fisiológica. Desse pressuposto Goetz deduz várias consequências que nos fazem apoiar uma observação sua no mesmo texto sobre a instabilidade do terreno em que pisamos.

Toda discussão parece estar marcada por esse tom confuso e contraditório que faz as tentativas de penetração no material histórico ou interpretação dos fatos fracassarem. Isso também acontece com Goetz mesmo com toda sua atenção às exigências do método histórico. No entanto, precisamos de uma compreensão mais clara sobre a relação entre cultura e Estado.

Processos fisiológicos e psicológicos não podem ser separados no mundo dos fenômenos históricos. Em cada caso, a ação pode ser desencadeada por um aspecto ou outro. Evidências arqueológicas fortalecem essa hipótese e esse fato precisa ser reconhecido como atuante em cada fenômeno histórico desde a pré-história até os dias de hoje.

Deveríamos considerar o Estado independente desses processos, considerados como fenômenos da história universal ou da história da cultura? Isso contraria toda experiência histórica. O desenvolvimento do Estado ordena-se, como todo complexo de ações históricas, também por fatores psíquicos. É isso o que mais atrai o historiador da política, mas é exatamente esse complexo de relações que até agora foi tão escassamente conceituado. Mas é disso de que dependem a pesquisa do caráter dos interesses, as expressões de vontade em cada época e o entendimento das ações políticas. Aí está o cerne da vida política como expressão do espírito de um tempo. Eles influenciam – através das formas interiores da vida e da consciência moral – as regras do direito, as leis constitucionais e são, por sua vez, dependentes de motivos que emanam da vida econômica, mas também de muitas outras coisas. Esse é o sentido de uma pesquisa sobre a estilização da diplomacia, da administração e da vida política e militar. Sobretudo o que deve ser fixado é que o Estado é muito menos um coordenador da vida cultural, entendida como todo psíquico coordenado, mas, sim, uma potência que se inscreve nela.

É claro que todos nós concordamos com a ideia geral de que o Estado é uma potência importante. Mas aqui se trata de não exagerar o seu significado. Goetz já havia notado esse problema quando, na consideração sobre a Idade Média, se pergunta sobre a importância maior da religião e da Igreja, por um lado, ou do Estado, por outro. Com o desenvolvimento cultural cresce o significado do Estado e seria um erro analisá-lo hoje como se ele possuísse as mesmas características dos estágios culturais anteriores. De tudo isso que foi dito depreende-se que essa discussão sobre a importância central do Estado ou da cultura é pouco produtiva e que o historiador deve concentrar-se em narrar cada caso.

Com o problema do significado do Estado, chegamos ao terreno das questões gerais no qual as diferenças entre a minha posição e a de

Goetz aumentam. Estamos de acordo a respeito da tese de que a História no nosso tempo deve voltar-se para a apreensão dos acontecimentos sob perspectiva do desenvolvimento histórico, no entanto descordamos sobre o caráter da relação entre comparação e pesquisa indutiva.

Para Goetz, na pesquisa histórica, a crença na exatidão do método comparativo suplanta necessariamente a pesquisa indutiva. Até hoje eu não havia me pronunciado a respeito dessa questão. Minha posição é a seguinte. A partir de uma preocupação formal e aceitando a causalidade, seja orgânica ou inorgânica, como princípio de pensamento do nosso tempo, a comparação só pode ser encaminhada a partir de observações particulares, ou seja, de pesquisa indutiva. Um procedimento não exclui o outro.

Toda essa discussão sobre qual procedimento é o mais científico, no sentido de rígido e dedutivo, perde seu sentido. Sabemos que na pesquisa prática interessa muito mais a sua execução do que o estabelecimento dos princípios puros que orientarão aquilo que será descoberto. Para nós, historiadores, o que resta é o conjunto dos eventos históricos, e se nós queremos compreendê-los e organizá-los procedemos cronologicamente. Para mim o sentido dessa organização, ou seja, o tipo de história da cultura ou história universal que faço, é o das épocas culturais [*Kulturzeitalter*]. Uma organização a partir desse princípio também está imposta a Goetz. O fermento da periodização da ciência da história é a ideia das épocas culturais.

Todo o problema é como usar o fermento. No meu livro *História alemã*, a primeira história nacional escrita a partir do princípio das épocas culturais, procedendo indutivamente localizei como uma ruptura principal o individualismo. O problema é que até agora ninguém discutiu nem as características gerais de cada uma das épocas [*Zeitalter*] que localizei, nem essa ruptura principal que dá o tom de todo processo no sentido de uma intensificação da vida espiritual. Embora eu saiba que muito ainda há o que fazer a respeito da caracterização de cada uma dessas épocas – e foi por isso que eu procedi mais narrativamente do que conceitualmente –, considero ainda hoje que a caracterização geral do processo de desenvolvimento nacional nesse período de dois mil anos está correta.

A questão é saber se esse experimento realizado a partir da leitura da história alemã poderia servir como chave interpretativa para a reconstrução da história de outras nações em torno da pergunta sobre o desenvolvimento humano. Já me deparei com essa questão principalmente nos últimos volumes da minha *História alemã* e se pode constatar neles a aplicação crescente desse procedimento.

Observei que o desenvolvimento de outros povos, mesmo aqueles que não tiveram uma comunicação direta com o desenvolvimento alemão, podem também ser entendidos a partir da hipótese das épocas e neles essas épocas assumiram características muito parecidas com aquelas que eu localizei na história da Alemanha, mesmo nos períodos de cultura superior.

Essas constatações iniciais não deveriam sustentar pesquisas sobre desenvolvimento nessa direção? A história da cultura alemã, no sentido de Goetz, deve servir como modelo para a história da cultura e para história universal. Mas eu não quero avançar tanto e tão rápido nessas pesquisas comparativas. Por enquanto quero mantê-las apenas como hipóteses e não esquecer que até agora elas foram construídas instintivamente e não podem resolver todos os problemas específicos. Paralelamente iniciei a construção de um aparato conceitual que permita essa pesquisa comparativa. Mas isso é um trabalho recente e iniciado na última década.

Posso aqui adiantar apenas que a pesquisa de casos singulares pode muito ganhar com a estratégia de estudos comparativos. Muito se pode aprender, por exemplo, sobre o problema da constituição do Estado comparando as concepções ou teorias dominantes em áreas tão distantes como o Japão e a Europa. A comparação internacional pode muito ensinar sobre os grandes processos comuns de desenvolvimento humano. Nesse sentido e com a cautela que alimenta a pesquisa das singularidades é que se pode pensar nas épocas culturais como estágios de desenvolvimento cultural. Esse é o resultado mais interessante que o fermento da periodização pode produzir.

Tradução: *Luiz Sérgio Duarte*

Nota

1 "O Estado é a mais abrangente força histórica, por isso a história da cultura terá que privilegiá-lo com a reserva de que o Estado também tem uma vida histórica condicionada. A história da cultura é uma história do espírito. Atrás do Estado, da Igreja, da economia, da arte e tudo mais está o homem que pensa. As forças espirituais ativas dos homens podem determinar o desenvolvimento do Estado. O Estado pode impulsionar forças espirituais na forma de uma passividade de longa duração."

George Macaulay Trevelyan (1876-1962)

Apresentação

Estevão de Rezende Martins

G. M. Trevelyan, sobrinho-neto de Thomas B. Macaulay (1800-1859), é talvez o historiador britânico que mais contribuiu para fazer ver a historiografia como uma variante da arte literária, cuja vocação é a de satisfazer tanto o especialista quanto o grande público, desde a perspectiva do convencimento. Trevelyan estudou no Trinity College de Cambridge, onde defendeu sua tese para um cargo de docente [*fellowship*] em 1898. Entre seus amigos se conta Bertrand Russell e, entre seus professores, Lord Acton (John Emerich Edward Dalberg, 1832-1902). Nessa época, a pesquisa histórica em Cambridge estava dominada pelo método crítico de produção historiográfica, sinteticamente descrito pelo historiador J. B. Bury (1861-1927) com a frase "A História é uma ciência, nada mais, nada menos". A hipervalorização das fontes da escola metódica e a emulação entre História e ciências naturais desagradavam profundamente Trevelyan, que nutria forte preferência pelo estilo literário e por sua empatia com o grande público.

Trevelyan foi um dos que ouviu John R. Seeley (1834-1895), professor titular de História Moderna, afirmar que Macaulay e Carlyle, tidos como os mais destacados historiadores liberais [*whig*] do século XIX, não passariam de charlatães (pela impossibilidade da demonstração efetiva do que apresentavam como indiscutivelmente verdadeiro em suas obras). O parentesco em nada influenciou Trevelyan, que concordava com Seeley, alimentando desconfiança duradoura perante os historiadores pretensamente "científicos". Bury, sucessor de Lord Acton, em sua aula inaugural em 1903, afirmou:

> Permitam-me lembrar-lhes que essa História não é um ramo da Literatura. Os fatos da História, como os fatos da Geologia ou da Astronomia, podem fornecer matéria à arte literária. Por motivos sobejamente conhecidos, aqueles se prestam mais à representação artística do que estes. Revestir a história da sociedade humana com uma indumentária literária é tão pouco tarefa de um historiador enquanto tal, como não é a de um astrônomo falar das estrelas em linguagem artística.[1]

A reafirmação dessa tendência na prática metódica de Cambridge representa para Trevelyan, nesse momento, o ponto final. Deixa o Trinity College e parte para Londres, de onde somente retorna em 1927, designado justamente sucessor de Bury na cátedra de História Moderna na Universidade de Cambridge.

A questão da natureza da história é resolvida por Trevelyan plenamente à maneira do século XIX romântico, em oposição firme à tese proclamada por Bury. Bury acreditava que a História havia sido liberada dos grilhões que a prendiam a suas antigas companheiras de jornada, a Filosofia Moral e a Retórica, e enfim se associara à ciência, a que lida objetivamente com os fatos do universo.[2] A verdade histórica se alcança, assim, para Bury, pela descoberta, coleta, classificação e interpretação dos fatos, mediante pesquisa científica.[3] Trevelyan insurge-se, pois, contra tal qualificação do saber histórico e afasta-se do ensino.

George Macaulay Trevelyan (1876-1962)

Escritor prolífico, de sua tese de doutoramento (*A Inglaterra à época de Wiclif*, publicada em 1899) até sua *História da Inglaterra* (1926), Trevelyan, além de seus diversos ensaios sobre Garibaldi, revela forte tendência literária, apresentando narrativas históricas marcadas pela perspectiva da História Social.[4] Sempre buscou complementar a pesquisa documental pela observação direta (o quanto possível), pelo menos no que diz respeito à Itália do contemporâneo Garibaldi, desde a década de 1860. Trevelyan é um historiador característico da linhagem *whig* britânica, para a qual o recurso literário da narrativa tem por objetivo o convencimento do leitor, sem desviar-se, contudo, do rigor metódico possível no uso das fontes. As fontes não lhe aparecem como instância dogmática intransponível, mas como ingredientes de uma receita literária de sedução.

Um autor, pois, característico da dupla atitude historiográfica do século XIX, mesmo se sua carreira acadêmica se deu no século XX, com longas interrupções e grande reserva (orientou um único doutorando em toda sua vida).

O texto que se apresenta aqui é uma espécie de manifesto do *parti pris*, que Trevelyan publica apenas em 1947, mas que inspirou seu modo de entender e de fazer História, em particular no trato da vida e da ação de Garibaldi na segunda metade do século XIX.

Trevelyan opera com uma noção restritiva de ciência, típica da discussão que precede o processo de autonomia das ciências sociais (ou humanas, ou da cultura, como se veio depois dizer) iniciado no final do século XIX e que lida com outro modelo de demonstração argumentativa, diverso do modelo experimental repetitivo das ciências ditas naturais. Ciência, para ele, só se aplica ao modelo naturalista. Assim, a História não poderia ser ciência, nesse sentido. Por essa razão, no texto "From Clio, a Muse", de 1903, Trevelyan já deixava clara uma espécie de programa teórico para o seu fazer historiográfico;

> As questões fundamentais podem ser formuladas assim: "A História deve ser uma mera acumulação de fatos sobre o passado?". Ou "Ela deve ser também a interpretação desses fatos sobre o passado?". Ou, ainda, "ela deve ser não apenas a acumulação e a interpretação

> dos fatos sobre o passado, mas igualmente a exposição desses fatos e opiniões, *em seu pleno valor emocional e intelectual*, mediante a difícil arte da literatura, para um grande público?"
>
> As palavras em itálico suscitam outra pergunta, que pode ser enunciada assim: "Deve a emoção ser excluída da História pelo motivo de a História somente lidar com a ciência da causa e do efeito nas ações humanas?"
>
> É bom começar a discussão levando em conta a suposta "ciência da causa e do efeito nas ações humanas". Essa suposta "ciência" não existe, e jamais poderia existir em qualquer possível grau de acuidade que merecesse, mesmo de longe, ser descrito pelo termo "ciência".[5]

O reconhecimento formal de que toda sua arte historiográfica servia a propósitos "enviesados" de forma consciente, no texto "Bias in History", mostra o quanto Trevelyan representa a contracorrente historiográfica com relação ao historicismo da "matriz alemã" – tão caro a Lord Acton – no pleno ambiente da constituição de um outro modo de conceber a cientificidade da História, nos oitocentos.

Há um elemento fascinante no texto: se a História não pode ser epistemologicamente tão segura quanto as ciências da natureza, por outro lado, é desta aparente fraqueza que o historiador retirará sua força. O viés haverá de ser consciente, porquanto inescapável. Uma pesquisa de alto nível no campo da Física, por exemplo, não regula o uso que dela é feita; ao contrário, a boa pesquisa histórica já é, sempre, moralmente correta. Na História, segundo Trevelyan, o viés não é epistemológico, mas ético.

Nada mais atual nas discussões feitas na teoria da história. O que Trevelyan defende em uma conferência de texto leve e agradável poderá ser encontrado um quarto de século depois – de maneira bem diversa, é claro – nas sofisticadas teorias de um Hayden White, que articula ética e estética, ligando uma forma de enredo a um posicionamento político-ideológico.

A questão do viés teórico, metódico, político, ideológico ou seja lá mais de que natureza for sempre esteve presente e, pode-se supor, continuará presente em qualquer argumento discursivo sobre o agir humano.

O problema propriamente dito, no entender de Trevelyan, não está no viés, mas na eventual contaminação que possa sofrer a qualidade da narrativa pela prevalência do *a priori*. Todo historiador, por conseguinte, tem de manejar permanentemente uma tensão constante entre as opções teóricas e o método controlador da qualidade final da narrativa historiográfica. Missão tão difícil como incontornável.

Notas

1 J. B. Bury, "The Science of History", em Harold Temperley (org.), *Selected Essays of J. B. Bury*, Cambridge University Press, 1930, p. 9.

2 Idem, p. 11.

3 Idem, p. 13.

4 Malgrado sua profissão de fé liberal e seu engajamento "social" de cunho "iluminista" como esclarecedor da sociedade, Trevelyan havia referido a História Social como aquela em que a conveniência política (entenda-se a conveniência político-partidária na vida do Estado) estivesse de fora: "Social History might be defined negatively as the history of a people with the politics left out.", G. M. Trevelyan, "Introduction", em G. M. Trevelyan, *English Social History*, Londres, Longman, 1944.

5 G. M. Trevelyan. "From Clio, a Muse", em Fritz Stern (org.), *The Varieties of History: from Voltaire to the Present*, Nova York, Vintage Books, 1973, p. 230.

Bibliografia

Bury, J. B. The Science of History. In: Temperley, Harold (org.). *Selected Essays of J. B. Bury*. Cambridge: Cambridge University Press, 1930.

Trevelyan, G. M. From Clio, a Muse. In: Stern, Fritz (org.). *The Varieties of History:* from Voltaire to the Present. Nova York: Vintage Books, 1973, pp. 227-45.

______. *English Social History*. Londres: Longmann, 1944.

Viés na História (1947)

O problema do viés na História é fundamental e onipresente. Ninguém pode escrever ou ensinar História por dez minutos sem que entre em contato com a questão, esteja ele ou não consciente da situação.

Posto que a História não seja uma ciência exata, mas uma interpretação de circunstâncias humanas, a opinião e variedades de opiniões se imiscuem como fatores inevitáveis. Não podemos nos livrar do elemento da opinião (ou viés); podemos, contudo, nos empenhar em transformá-lo no tipo certo de opinião – ampla, abrangente, filosófica – não um tipo superficial que exclui metade ou mais da realidade.

Acima de tudo, devemos cuidar que nossas pressuposições (ou vieses) nunca invadam a esfera da investigação científica da evidência, a coleta e a confrontação dos fatos da história. A descoberta dos fatos deve ser o elemento verdadeiramente científico na tarefa do historiador. Imparcialmente desvendado, o campo dos fatos haverá de ser o piso comum para todos os historiadores, muito embora eles venham a divergir na interpretação que lhes é imputada. Mas, contanto que haja uma tal área comum, o desacordo gerado pelas várias interpretações será menor. E isso, penso eu, vemos realizado atualmente no estudo da História nesta ilha. Mas temo que seja menos verdadeiro em outras partes do mundo onde a História é manuseada pela propaganda, instrumento do governo.

O conhecimento humano é restrito, e cada um de nós tem seu próprio limite de visão. É a tarefa de cada um ampliar sua visão, aproximando-a cada vez mais da vasta verdade das coisas. E o estudo de todos os fatos que estejam ao alcance do historiador o ajudará nesse esforço. Disseram-me que, enquanto Samuel Rawson Gardiner trabalhava nos materiais de sua grande história, suas opiniões iniciais, que tinham um forte viés "roundhead",* foram modificadas por suas leituras, embora não

* N. T.: Puritanos que apoiavam Cromwell durante a Revolução Inglesa.

tenham sido revertidas. O viés interpretativo de um homem sobre um problema histórico pode coincidir com a verdade, mas é bem mais provável que esteja parcialmente correto e parcialmente errado. Ele deve se empenhar em:

> Jogar fora a pior metade
> E viver castamente com a outra.

De acordo com minhas intenções de hoje, definirei "viés na História", então, como algo não necessariamente bom ou necessariamente mau. Defino-o como "toda interpretação pessoal de eventos históricos que não é aceitável por toda a raça humana". Nesse sentido da palavra, é um "viés" pensar que os Aliados na última Guerra estavam mais corretos do que os alemães ou os japoneses. Não temos dúvida a respeito, mas a opinião não é universal – de modo que, pela minha definição, é um viés –, mas é verdadeira. Nesse sentido, não penso que o viés pode ou deve ser negado por qualquer historiador.

Dizer que "John foi um mau rei"* depende de um viés, porquanto é a emissão de uma opinião não partilhada universalmente. Vejo que o professor Galbraith a questionou em nosso periódico *History* (setembro de 1945), ao analisar e desconsiderar o viés até então indiscutível dos contemporâneos de John que primeiramente escreveram sua história, que viria a ser aceita pelas épocas posteriores. De modo que também é fruto de um viés dizer que "James II não foi um bom rei",** posto que seria emitir uma opinião que tem sido questionada pelo senhor Belloc.***

Tampouco penso que podemos escapar da dificuldade ao nos recusarmos a expressar qualquer opinião sobre as ações desses dois monarcas e nos confinarmos ao mero registro de suas ações. Penso, de fato, agora que estou velho e prudente, que é melhor não espalhar adjetivos e epítetos por todos os lados, assim como não é melhor imputar motivações

* N. T.: Rei John reinou entre 1199 e 1216.

** N. T.: O reinado de James II iniciou-se em 1685 e terminou em 1701.

*** N. T.: Hillaire Belloc (1870 -1953), historiador inglês nascido na França.

de uma maneira tal como Macaulay* fez com James II ou Stubbs** com o rei John. Deixemos os fatos falarem por si até onde for possível. Mas até onde é possível fazê-lo? Se não há um comentário, os fatos raramente falam claramente por si.

Além do mais, uma seleção dos fatos tem que ser feita de qualquer maneira pelo historiador. Nenhum historiador pode registrar tudo o que se remete de maneira crível a James II ou mesmo a John; e, se ele o conseguir, nenhum editor aceitaria volumes tão grandes, tampouco os leitores suportariam lê-los. As ações mais importantes e significativas precisam ser escolhidas para a narração. E tal escolha só pode ser feita baseada em algum princípio pessoal de interpretação.

Registrar fatos sem explicação ou comentário é escrever crônicas ou anais, e não história. E meras crônicas não têm senão um interesse geral e valor educacional muito tênue. Por exemplo: se desejamos tornar inteligível a natureza das ações de John ou de James II, é necessário confrontá-las com o pano de fundo formado por condições sociais, religiosas, políticas e constitucionais de suas respectivas épocas. E pintar tal pano de fundo implica um processo de seleção conduzido a partir de padrões pessoais de escolha.

De modo que não farei a pergunta: "o viés na História é admissível?", porque ele é claramente inevitável. Farei perguntas mais frutíferas: "que tipo de viés é aceitável?", e "quais são seus limites"?

Uma questão precisa ser formulada em primeiro lugar – há alguns tipos de história que podem ser legitimamente mais enviesados do que outros? Por exemplo, uma biografia, disposta a explicar as ações e os pontos de vista de um só homem, deveria ser mais enviesada do que uma história geral? Uma história geral deve ser escrita – e isso é um consenso – com um espírito mais amplo possível, e ser a mais justa possível com todas as partes concernentes. Mas não seria suficiente para um biógrafo ser justo com seu herói?

---

* N. T.: Thomas Babington Macaulay (1800-1859). Trevelyan refere-se provavelmente ao primeiro volume dos cinco que compõem sua monumental *History of England*.

** N. T.: William Stubbs (1825-1901), historiador e bispo de Oxford.

Para responder essa questão, iniciarei por distinguir entre dois tipos de biografia: a vida de uma pessoa recentemente morta, escrita a partir de papéis dados por parentes entristecidos, e a biografia histórica de alguém que viveu em um passado já distante. No primeiro caso, o da biografia quase contemporânea, a verdade dos fatos não deve ser alterada e, se possível, não deve ser ocultada quando os fatos forem significativos, mas o comentário crítico sobre o herói deve ser feito discretamente, ou ele dificilmente deixará de soar indecente. *De mortuis nil nisi bonum* refere-se aos recentemente mortos, especialmente se a viúva lhe confiou sua correspondência.

A função capital de tais *vidas* oficiais é, então, oferecer material para o juízo, mais do que pronunciar um juízo. Todavia, mesmo assim, por vezes é a função de um tal biógrafo apontar as falácias das injustas críticas contemporâneas ao seu herói, críticas que ainda prevalecem algum tempo após sua morte. Eu me empenhei em fazer isso pela política externa de Edward Grey[1] quando escrevi sua *vida* imediatamente após sua morte. Também indiquei, em uma linguagem cuidadosamente selecionada, quais foram, em minha opinião, os seus equívocos. Do contrário, eu deveria ter me recusado a escrever a *vida* de um estadista recentemente morto de cuja política externa eu discordasse de maneira veementemente crítica. Eu jamais me comprometeria a escrever contra meu próprio viés.

No caso das biografias de pessoas mortas há uma geração ou mais, não há necessidade de qualquer restrição à liberdade do autor em emitir juízos. Uma biografia histórica não deve ser mais enviesada do que uma história geral. Ela deve, de fato, ser mais parcial em seu efeito, por causa de sua natureza e dos limites de seu objeto. A melhor e mais franca biografia não pode preencher a função de uma história geral. Mesmo se é imparcial, por seu próprio escopo e natureza, é um estudo de um lado das coisas. Mas ela deve ser perfeitamente livre e íntegra em suas críticas à política e ao caráter do herói.

Essas observações sobre o dever dos biógrafos me parecem ser aplicáveis no mesmo grau aos historiadores de alguma instituição ou movimento em particular. Seu assunto é limitado, mas eles hão de situá-lo sob toda a luz da História.

Não direi mais nada sobre a condição especial da biografia. Mas levantarei uma questão semelhante: há circunstâncias sob as quais um livro, seja ele ou não uma biografia, pode ser legitimamente mais enviesado do que ordinariamente aprovaríamos? Por exemplo, nos assuntos em que o conhecimento histórico e a opinião têm sido, por muito tempo, preconceituosos e infundados, haverá espaço nesse caso para um livro pesadamente enviesado na direção oposta, com o objetivo de restaurar o equilíbrio? Quando, por exemplo, Cromwell tem sido, por dois séculos, vilipendiado como mero hipócrita e um tirano vulgar, e ninguém cuidou, movido por prudência política, de falar por ele, não haveria algo a ser dito como um panegírico parcial de Carlyle?

Bem, eu não acredito pessoalmente que a causa da verdade e a causa de Cromwell realmente progrediram pela parcialidade da aprovação dada por Carlyle a todas as ações de seu herói, ou pelo desdém que ele salpicou em todos os honrados "cavaliers"* e "roundheads", que, em um momento ou outro, se opuseram à vontade impetuosa e torrencialmente ziguezagueante de Cromwell. Os argumentos de Carlyle têm peso não por causa de seu viés, mas apesar dele. O grande e permanente efeito sobre a opinião geral deveu-se a outras coisas no livro – à publicação das cartas e dos discursos de Oliver e à genialidade de Carlyle como escritor. Mas se, em sua visão de Cromwell, tal erudição e tal gênio tivessem sido combinados com um pouco mais de equilíbrio, ele teria obtido consentimento muito maior.

Há muitos outros casos, familiares a todos nós, de reações históricas conduzidas por livros controversos mais ou menos parciais. Eu me inclinaria a dizer, a respeito de todos esses livros, que eles não se tornam mais controversos por causa de sua parcialidade. E alguns atiçadores de novas verdades controversas, como, por exemplo, F. W. Maitland,** conseguem escapar da armadilha. Mas, da mesma forma que há evidentemente um viés indevido nas controvérsias, também há nas circunstâncias naturalmente humanas. Somos humanos – e só. E talvez alguns

* N. T.: Inimigos dos "roundheads", os "cavaliers" apoiavam o rei Charles I durante a Guerra Civil Inglesa.

** N. T.: Frederic William Maitland (1850-1906), historiador e jurista inglês.

dos contendores jamais progrediriam no debate se eles não tivessem se irritado com as fraudes, tal como eles as concebem, contra as quais empunham suas armas. *Ira facit versus*, e por vezes a ira escreve a História. Mas a ira não é boa coisa em si mesma, embora por vezes não possa ser separada do bom trabalho.

Em todo caso, a livre controvérsia é o único caminho pelo qual nós, pobres mortais, podemos chegar à verdade histórica. Nosso próprio periódico trimestral, *History*, produziu até agora 112 "revisões históricas", cada uma delas dando a última demão de tinta. Na corte aberta de Clio, advogados devem discutir, por suas provas na mesa e incitar o testemunho do lado adversário, mas a analogia com uma corte de justiça não é exata, pois todo advogado histórico tem que fazer o seu melhor para poder também julgar. Ao menos eu creio nisso firmemente.

Na ótima conferência que lhes foi oferecida em Boston por nosso amado professor Turberville,* cuja ausência eu ainda deploro profundamente, ele falou contra uma especialização rígida, mecânica, desprovida de imaginação; contra uma tendência a apresentar a História para as crianças como um corpo de verdades certas, em vez de apresentá-la como um ser, isto é, como uma série de juízos aceitos. Agora há, é claro, dificuldades em se ensinar as crianças segundo esta maneira excelente, porque suas mentes ainda não formadas anseiam por saber sobre o que é verdadeiro, não meramente sobre o que é atualmente conjecturado. Mas eu concordo que devemos sempre nos lembrar a estimular nossos estudantes na medida certa a sentir que a História é um tumulto de opiniões, várias e variáveis, que pairam sobre um corpo de fatos aceitos que, em si mesmos, estão sempre se expandindo.

Por outro lado, devemos tomar cuidado em não sermos muito céticos, e não dizermos que todo juízo histórico é um jogo de adivinhação ou preconceitos. Neste país, ao menos, estou certo de que a soma dos fatos apurados e assegurados aumentou grandemente e está crescendo com rapidez, e que, em parte como consequência, verdadeiros juízos históricos

* N. T.: Arthur S. Turberville (1888-1945), professor de História Moderna na Universidade de Leeds.

sobre vários assuntos são mais do que nunca feitos amiúde e geralmente aceitos. O que podemos chamar justamente de conhecimento histórico cresce rapidamente.

Outrossim, há alguns temas históricos sobre os quais o melhor que podemos fazer é um balanço de opiniões divergentes, porquanto os homens divergem entre si em suas atitudes mentais e credos religiosos. Por exemplo: sobre o crescimento da Cristandade nunca poderemos chegar a uma concordância histórica completa. Mas mesmo nessa esfera nós conquistamos, penso eu, uma vasta área de solo comum para todas as pessoas inteligentes. E isso também foi conquistado por longas e dolorosas controvérsias.

Gibbon* era parcial, porque era por natureza insensível ao sentimento religioso. Sua precoce conversão a Roma foi puramente intelectual, e de modo algum emocional. E quando baixou a maré dessa experiência intelectual, não restou nenhum sedimento de simpatia com a religião. Ainda assim, a análise de Gibbon das causas do crescimento do cristianismo foi muito valiosa, porque recuperou o equilíbrio contra uma massa pesada de tolice pietista que passava por história eclesiástica. Ele aperfeiçoou a escrita da história da religião de clérigos: A *History of Latin Christianity*, do decano Milman,** é amplamente superior às apologias históricas dos antagonistas contemporâneos de Gibbon. Além do mais, ele ensinou e encorajou céticos a estudar a história da religião com método erudito, embora em seu próprio caso seus estudos tenham sofrido a desvantagem gerada pela falta de simpatia.

Estranhamente, Carlyle teve todos os méritos da imparcialidade quando escreveu sua *French Revolution*, sua personificação histórica da irrestrita humanidade filosófica e humor contemplativo do *Sartor Resartus*.***
Sua *French Revolution* é uma saga inspirada por terna simpatia pela frágil natureza humana e muito sagaz em sua compreensão das situações histó-

* N. T.: Edward Gibbon (1737-1794), autor do clássico *A história do declínio e queda do império romano.*

** N. T.: Henry Hart Milman (1791-1868), nomeado deão de St. Paul em 1849.

*** N. T.: Obra de Thomas Carlyle, publicada entre 1833 e 1834, na qual ele relata a vida do filósofo alemão Teufelsdröckh.

ricas e de suas personagens, mas muito deficiente em erudição de acordo com padrões modernos. Foi escrita há 110 anos a partir de fontes inadequadas, antes de terem vagamente começado os estudos sobre as causas e sobre o processo da Revolução Francesa. Ainda assim, fez mais do que qualquer outro livro ao ensinar as pessoas a pensar de maneira sábia e justa sobre um evento tão grandioso que acontecera apenas quarenta anos antes, o qual os ingleses, em sua maioria, eram capazes somente de reagir com fúria e gritaria. O livro *French Revolution*, de Carlyle, é um exemplo perfeito do uso e do valor da História escrita com o mínimo possível de preconceito político.

Há de fato um duplo contraste entre a *French Revolution* de Carlyle e suas últimas obras históricas. Seu *Cromwell* tinha valor, porque partia de fontes originais negligenciadas por outras pessoas, mas padecia de um viés indevido. E o mesmo pode ser dito sobre *Frederic the Great*. Sua obra mais antiga, sua *French Revolution*, é o oposto em ambos os aspectos. É insuficiente em informação, mas é singularmente imparcial. É uma história sem um herói; isso foi afortunado, pois os heróis provaram ser a fraqueza de Carlyle e o guiaram desde o empalidecido caminho de Abbot Samson e Cromwell até a pira eternamente ardente do rei da Prússia. Mas sua obra precoce, *French Revolution*, não tinha herói: era a visão do filósofo e do poeta de Craigenputtock, olhando de cima, do alto de sua montanha, com lágrimas de piedade perante o pequeno quinhão de homens.

Nesse período inicial de sua carreira, Carlyle não tinha filiações políticas e não desenvolvera ainda sua admiração teórica por ditadores. Mas ele tinha uma simpatia profunda pelo sofrimento dos trabalhadores, no meio dos quais ele foi criado, e com os quais ele próprio sofreu. Pouco tempo depois, esse sentimento se expressou em *Past and Present*, chamando a atenção para a "condição da questão popular" em nossa ilha durante o ministério de Peel.* Poucos anos antes disso, ele aplicou essa simpática intuição pelos sentimentos de homens e mulheres comuns ao caso da

* N. T.: Robert Peel (1788-1850) foi membro do Partido Conservador e primeiro-ministro por alguns meses entre 1834 e 1835, e novamente entre 1841 e 1846.

Revolução Francesa. Tal viés está no livro. Ele não sabia tanto quanto os historiadores futuros descobririam sobre as políticas dos diversos partidos, mas, a propósito da psicologia da multidão, ele parece ter sido mais intuitivo do que qualquer um de seus sucessores.

Agora, é preciso que seja dito: a psicologia da multidão foi o fator determinante em cada crise de 1789 a 1794, período durante o qual o governo regular estava dormente, mandavam na França os que tinham menos escrúpulo e mais talento em explorar, dia após dia, os medos e paixões do homem da rua. Por exemplo, a narrativa de Carlyle da insurreição das mulheres, ou da marcha a Versalhes de outubro de 1789, parecem-me ainda a abordagem mais inteligente dos problemas. Ou a pequena demonstração do humor de Carlyle a seguir não nos ilustra sobre a psicologia daquele tempo?

> Imploramos ao leitor que imagine ainda uma outra coisa: o reino da fraternidade e da perfeição. Imagine, ó leitor, que o milênio batia à porta, e nada havia para possuir além de comestíveis – devido aos traidores. Nesse caso, com que ímpeto um homem iria atacar traidores. Ah! Vós não imagineis; vós haveis vossos comestíveis em segurança nas lojas, e pouca ou nenhuma esperança de que um milênio chegue algum dia.

Nunca fiz um estudo especial sobre a Revolução Francesa, mas, no curso de uma vida, tive o prazer de ler muitos livros a respeito. Das obras que li, muitas são nobres contribuições para o conhecimento e pensamento históricos, mas os dois melhores ainda parecem ser o trabalho de Carlyle e o de Albert Sorel, em *L'Europe et la Revolution Française*,* escrito duas gerações depois, sob a luz do conhecimento histórico moderno que faltou a Carlyle. Os dois livros têm qualidades muito diferentes, mas se assemelham por serem obras de gênio, e também por estarem livres de viés partidário.

Ambos são imparciais, mas de duas maneiras diferentes. Carlyle se compadece de tudo – manifesta alguma pena até mesmo pelo incorruptível verde do mar, porque ele pode ver perfeitamente através dele. Raramente Carlyle faz algum juízo, vendo homens e coisas mais com tristeza

* N. T.: Obra escrita em 8 volumes, publicados entre 1895 e 1904.

do que com raiva. Sua explicação da Revolução Francesa é simplesmente a seguinte: quando o povo é mal governado por séculos e suas instituições estão inteiramente podres, há de ocorrer algum dia uma explosão cega e espantosa. Essa foi uma verdade que Burke[*] não levou em consideração, uma verdade que viria a ser inteiramente confirmada pela obra subsequente de Tocqueville,[**] Taine[***] e outras sobre o *Ancien Régime*.

De outro lado, como é próprio de um francês, Sorel é, como era, mais próximo e pessoalmente mais envolvido do que Carlyle. Das profundezas de seu imenso conhecimento, ele redige juízos seguros e definitivos, em sua maior parte de condenação. Ele está convicto de que o terror, que destruiu as mais brilhantes esperanças da Revolução, foi desnecessário a ponto de ser defendido, e foi feito e mantido para sustentar os detestáveis jacobinos no poder. Ele tinha um desprezo acachapante pelos *emigres* e pelas potências da Europa continental e suas políticas absolutamente egoístas e absolutamente débeis, que ele definitivamente analisou e vilipendiou. Ele é um entusiasta da defesa nacional contra tais inimigos, e, para ele, os verdadeiros heróis da época são os soldados dos primeiros exércitos revolucionários. Para eles, e somente para eles, bate seu coração. Ainda mais intensamente ele sente a tragédia do abuso de seu esplêndido patriotismo para reviver as políticas externas de Luís XIV em vestes republicanas, que roubaram e torturaram a Europa por vinte anos. Em vão vocês tentarão encontrar tal imparcialidade em Treitschke[****] e Mommsen.

Mas essa imparcialidade de Sorel não era passiva como a de Carlyle, mas ativa na justa distribuição da culpa pelas ações tolas e malditas pelas quais os homens perpetuamente destroem as esperanças do gênero humano. Claro, há outras grandes qualidades na obra de Sorel, mas como estou discutindo "viés", gostaria de enfatizar a sua qualidade radamantina; é como se fosse a própria história falando da cadeira do juiz. Sorel é o Tucídides moderno.

---

[*] N. T.: Edmund Burke, *Reflexões sobre a Revolução em França*, 2. ed., Brasília, Editora da UnB, 1997.

[**] N. T.: Aléxis de Tocqueville, *O antigo regime e a revolução*, 4. ed., Brasília, Editora da UnB, 1997.

[***] N. T.: Hyppolyte Taine (1828-1893), *Les Origines de la France contemporaine*, Paris, Hachette (6 volumes publicados entre 1876 e 1894).

[****] N. T.: Heinrich von Treitsch-ke (1834-1896) foi um historiador alemão de fortes convicções nacionalistas.

Algumas pessoas, tomadas de simpatia por vieses católicos, protestantes, anticlericais ou outros, têm pressa em encontrar amigos nos séculos passados e saudá-los através do abismo do tempo. E alguns anglicanos têm adquirido notoriedade por encontrarem anglicanos na Idade Média, algo que passa inteiramente despercebido aos demais. Mesmo Stubbs andou por esse caminho, como Maitland demonstrou. E mesmo Stubbs, embora fosse um velho e resoluto *tory*,[*] foi influenciado em sua visão sobre o Witan[**] e a casa dos platagenetas[***] pela fé liberal e parlamentar tão agradavelmente universal na Inglaterra durante o século XIX. Hoje em dia alguns de nossos contemporâneos trazem Marx consigo, inserem-no em todo canto e acreditam que nossos ancestrais, ao acharem – pobres coitados – estar divididos entre religião e política, na verdade estavam divididos economicamente, porque é impossível *a priori* estar dividido de qualquer outra maneira. Mas neste século a escola materialista já consentiu, eu penso, em aprender com o professor Tawney,[****] que ajudou a explicar o assunto.

Entrementes, a história de nossa Revolução Industrial tem sido escrita com um equilíbrio que devemos creditar ao espírito justo dos historiadores modernos – radicais, liberais, conservadores e socialistas –, por Barbara e Lawrence Hammond, por John Clapham e por Elie Halévy.

Ai de nós que a morte tenha nos levado Halévy e Clapham, além da mente brilhante de Eileen Power,[*****] que carregou com tanta leveza sua carga pesada de estudos. Todos eram grandes historiadores, e cada um resolveu o problema do viés na História sem qualquer prejuízo para o vigor de pensamento e escrita.

Aparentemente há duas funções para o escritor e professor de História:

1. Em primeiro lugar, ele deve mostrar as consequências últimas das ações e movimentos do passado, sua relação com tempos posteriores, que ecoam em nossos dias. Napoleão e Bismarck não podem ser

---

[*] N. T.: Referente ao Partido Conservador britânico.
[**] N. T.: Conselho de sábios na Inglaterra medieval.
[***] N. T.: Casa dinástica fundada por Henrique II no século XII.
[****] N. T.: Richard Henry Tawney (1880-1962), historiador inglês e socialista cristão.
[*****] N. T.: Historiadora e medievalista inglesa, nascida em 1899 e morta em 1940.

julgados da mesma maneira por nós como o foram por seus contemporâneos, porquanto sabemos o fim da história, ou pelo menos seus capítulos seguintes. A atividade de observar posteriormente o passado a partir dos eventos subsequentes, ou de julgar o passado pelo nosso conhecimento do presente, claramente introduz em uma escala maior o elemento do viés ou da opinião pessoal.

2. Mas a segunda e mais própria função histórica do historiador, com a qual sua tarefa diária está mais constantemente conectada, é a de identificar o que homens e mulheres do passado sentiam, pensavam e pretendiam. Para fazê-lo, o historiador precisa se despojar do conhecimento daquilo que ocorreu posteriormente: pensar nos homens e problemas da primeira sessão do Parlamento Long,* em sua ignorância do Grande Protesto e da Guerra Civil. Ele precisa entrar na mente das pessoas da Idade Média, do tempo dos Tudors e do século XVIII e ver seus problemas como eles os viam, não como nós os vemos hoje. Ele deve compreender suas vidas como elas apareciam para os homens que as viviam.

Essa é a tarefa específica da História; e ela é tão difícil quanto fascinante. É, penso eu, o principal e peculiar fascínio dos estudos históricos. Qual a sua relação com o "viés" na História?

É claro que iremos nos desviar e nos atrapalhar em nossa empreitada de descobrir o que nossos ancestrais realmente pensavam e sentiam, caso tentemos enquadrá-los em alguma categoria moderna que não existia em seu tempo. Nesse sentido, o viés impede a busca pela verdade.

Visto por outro lado, o viés do historiador pode, em algumas ocasiões, ajudá-lo a simpatizar com as verdadeiras paixões das pessoas no passado, cujas ações ele deve descrever. Clio não deveria sempre ser fria, arredia, imparcial. Por vezes, a dama deveria descer do alto de uma montanha longínqua, o juiz deveria sair de seu assento, e o historiador, partilhar das paixões do passado, contanto que elas sejam paixões reais, e não um falso reflexo de algum dogma ou preconceito moderno.

* N. T.: Parlamento convocado por Charles I, em 1640.

Certa vez escrevi três volumes sobre Garibaldi. Eles exalam viés. Sem um viés jamais poderia tê-los escrito, porquanto fui levado a escrevê-los por simpatia poética pelas paixões dos patriotas italianos daquele período, com os quais eu partilhava retrospectivamente. Qualquer mérito que a obra tenha deriva amplamente desse fator. E alguns de seus deméritos também derivam da mesma causa. Mesmo eu posso ver agora que não estava muito distante dos pontos de vista franceses, papistas ou dos conservadores italianos em 1849. Se tivesse que escrever novamente o primeiro volume daquela trilogia eu alteraria isso de alguma maneira, mas não suficientemente para agradar a todos. Porém, de fato, eu não poderia escrever o livro novamente. O que nele há de bom deriva das paixões e forças de minha juventude, agora irrecuperáveis. "*Si jeunesse savait, si vieillesse pouvait!*" ["Se a juventude soubesse, se a velhice pudesse!"]

Guiado, então, pela minha própria experiência, sugiro que o elemento da emoção, da simpatia imaginativa com as autênticas emoções do passado, pode, em algumas ocasiões, entrar na narrativa do historiador, porque não há outro jeito de fazer com que esses sentimentos vivam novamente para o leitor moderno. O passado era cheio de paixão, motivo de grandes feitos, grandes virtudes e grandes crimes. Podem essas paixões passadas, hoje há muito tempo frias e mortas, serem plenamente compreendidas e entendidas sem um afeto, caloroso e ocasional, por parte do historiador moderno? Não nego os perigos desse afeto, mas também a verdade não corre perigo com a perpétua indiferença que nunca permite que o historiador desça para ficar junto aos homens e mulheres do passado como fica entre os de seu tempo?

A História ideal, jamais escrita por homem algum, contaria, então, a narrativa da Guerra Civil, que não somente seria apreendida pela mente do leitor, mas este também sentiria em seu coração o que "cavaliers" e "roundheads" sentiam respectivamente, e também compreenderia o que nenhum deles pôde compreender. A História ideal requer, de fato, uma combinação mais variada de qualidades do coração e da cabeça, da ciência e da arte, do que qualquer outro estudo feito pelo homem. Não é de se espantar que jamais tenha havido um historiador perfeito. Suas funções têm que ser delegadas. É mister que existam vários tipos de história.

Antes de concluir, levantarei ainda uma outra questão muito importante. Deveria o historiador sentir um viés em favor da moralidade? E se for o caso, deveria ele expressá-lo ao registrar reprovação por traição, opressão, assassinato, massacre, tortura e guerra agressiva? O *locus classicus* sobre esse assunto é a famosa controvérsia entre Creighton* e Acton.** Acton pensava que muito dano foi feito para a moralidade pública e política pela forma amena com que crimes eram registrados pelos historiadores. "O homem forte com uma adaga", dizia ele, "é seguido pelo homem fraco com uma esponja".

A princípio concordo com Acton, mas o subjugaria a algumas qualificações. Em primeiro lugar, a expressão a ser dada para uma tal condenação é um bom assunto de discrição artística. Se o historiador cessa de exclamar perante toda atitude errada que ele registra, sua história será muito parecida com aquela de Gildas,*** um livro de lamentações, um serviço de delação, em suma, uma chatice. Reprovação moral deveria, penso eu, ser parte do viés do historiador, é mesmo uma parte de seu dever, mas, para fazê-lo bem, a sua expressão requer arte e juízo.

Já falei de Sorel como um mestre da condenação grave, digna e imparcial, raramente indevida, mas sempre implícita na narrativa, e, no momento certo, definida em poucas e eloquentes frases.

A mais odiosa forma de viés moral se encontra na História que ruidosamente condena os crimes e perseguições de um lado, e esconde e defende de outro. São essas histórias que prejudicam e geram incompreensão, ódio, fanatismo e guerra. O tipo de história preferido por Creighton, da qual não sai qualquer tipo de juízo moral, é muito menos danosa. Mas Acton defendia que se atacassem imparcialmente todos os lados. E ele o fez.

Como disse, concordo em princípio com Acton, mas eu ainda faria uma outra distinção. Tenho mais inclinação do que ele em fazer certas concessões a partir dos padrões de uma época e de um país ao julgar a culpabilidade de indivíduos que, em sua grande parte, fazem o que eles

* N. T.: Mandell Creighton, bispo anglicano e historiador (1843-1901).

** N. T.: Lord Acton (1834-1902), historiador e erudito católico.

*** N. T.: O autor refere-se à obra *De excidio Britonum*, escrita por Gildas, um monge do século VI.

veem os outros fazendo. Por outro lado, se os padrões morais de uma época estavam errados, tanto na teoria quanto na prática, cumpre ao historiador indicá-lo. Por exemplo, eu penso que seria absurdo condenar todos os que levaram hereges a ser queimados na Idade Média, como hoje condenaríamos severamente qualquer um que propusesse tal ação. Muitos dos que queimaram hereges por estar simplesmente fazendo seu trabalho eram, em outras circunstâncias, excelentes pessoas. Mas é um outro assunto para a História aprovar ou condenar o erro moral flagrante de toda a Cristandade em aquiescer e organizar sistematicamente perseguições. Foi somente a prevalência de uma teoria maldita que justifica o erro de homens equivocados.

Essa doutrina infame, depois de ser aceita por mil anos na Europa sem objeções, inevitavelmente levou às guerras religiosas, à mútua perseguição de católicos e protestantes, às fogueiras em Smithfield* e Alva,** Titus Oates,*** à conduta inglesa na Irlanda, às dragonadas de Luís XIV e às subsequentes perseguições anticlericais durante a Revolução Francesa e outras revoluções. O sentimento e o pensamento europeus foram envenenados na fonte há quinhentos anos, quando a religião europeia se tornou próxima das doutrinas totalitárias de extermínio dos infiéis.

Mas, já que condenamos o erro em si mesmo, não precisamos condenar todos que foram por ele logrados, pelo menos não mais do que condenamos toda atrocidade feita em seu nome. Mas se se trata de imputar culpa onde ela deveria ser encontrada, não deveríamos retroceder para os cristãos que, nos tempos do imperador Teodósio, de Santo Agostinho e de Cirílio de Alexandria, promulgaram e praticaram a perseguição de pagãos e hereges? E não deveríamos retroceder ainda mais em direção aos imperadores pagãos que romperam com sua própria boa norma de tolerância com todas as religiões para perseguir a seita cristã? Foi-nos dito que vários desses imperadores perseguidores eram homens

* N. T.: A rainha católica Maria I, pertencente à dinastia Tudor, teve seu curto reinado de cinco anos (1553-1558) marcado pela condenação de 282 pessoas à fogueira.

** N. T.: O duque de Alva, Ferdinando Alvarez de Toledo, foi, durante o reinado de Felipe II, governador espanhol na Holanda, onde condenou e perseguiu supostos hereges.

*** N. T.: Titus Oates (1649-1705) esteve envolvido em conspirações contra a vida do rei Charles II.

excelentes, e que fizeram o melhor possível em nome do suposto interesse do Estado. E os cristãos que começaram as perseguições fizeram o melhor possível no interesse da Igreja e no desejo de salvar almas do pecado do erro. Ainda assim, tenho dúvidas se foi dado a seres humanos frágeis delinear uma cadeia maligna tão longa e terrível. As origens do mal se encontram em tempos muito anteriores e é uma das funções da História rastreá-las.

Na Europa de nossos dias, o fanatismo racial e político é mais perigoso do que o religioso. Aqui, também, os historiadores têm seu dever, no qual têm frequentemente falhado. Se todos os historiadores tivessem condenado as guerras agressivas, inclusive aquelas iniciadas pelos seus próprios reis e compatriotas, não estaríamos onde estamos hoje. Se historiadores franceses da era de Thiers* tivessem criticado Napoleão, em vez de glorificá-lo, 1870** jamais teria ocorrido. Histórias posteriormente escritas na França, como as feitas por Lanfrey*** e Sorel, foram bem diferentes. Se historiadores alemães tivessem condenado as agressões de Frederico Magno, talvez tivessem ensinado à população alemã aberta para o aprendizado coisas que fossem pertinentes para a sua paz. O viés na História, no sentido negativo da palavra, foi e ainda é um instrumento dos mais potentes para o mal. E assim, com as reservas que afirmei, concordo com Lorde Acton que é o dever do historiador expor um viés para a lei moral que seja imparcialmente aplicado.

O objeto da História é saber e compreender o passado em todos os seus lados. História, nesse sentido, é a base da educação moderna nas humanidades, e a melhor escola de cidadania. Somente quando é falsa e tendenciosa, a História pode ser usada incorretamente. A verdadeira História só pode fazer bem. Não pode, como a verdadeira Física, ser usada para causar danos. A verdadeira ciência da física, conduzida por cinquenta anos por esforços conjuntos de uma sucessão de homens corretos e ex-

* N. T.: Louis-Adolphe Thiers (1797-1877), historiador e político francês, exerceu por três vezes o cargo de primeiro-ministro na França durante o reinado de Luís Felipe.

** N. T.: Guerra Franco-Prussiana em que Bismarck, líder prussiano que chefiava uma aliança de tropas alemãs, derrota a França de Napoleão III.

*** N. T.: Pierre Lanfrey (1822-1877), autor de uma história de Napoleão.

celentes, produziu a bomba atômica. Não que este tenha sido o primeiro mal que a verdadeira Física trouxe para a humanidade, juntamente, é claro, com muitas benfeitorias. Mas a verdadeira História só pode fazer o bem. É a falsa História, distorcida por propagandistas, que gera o fanatismo e a guerra.

Este pensamento pode nos encorajar na empreitada totalmente benéfica, que consiste em descobrir, até onde pudermos, a verdade, nada além da verdade sobre o passado. Não pode ser levada a cabo por qualquer regra de um método desajeitado; requer mais tipos de método, e vários tipos de talento. Nossa empreitada é por vezes auxiliada, por vezes atrapalhada pelo viés, isto é, pela opinião pessoal e pelo sentimento. Posto que a História é nossa interpretação das ações humanas no passado, ela não poderia existir sem um viés. Mas, com um viés equivocado, pode ser gravemente distorcida. Que Deus dê a cada um de nós um viés verdadeiro.

É uma opinião comum, da qual partilho, que o trabalho do historiador é em parte científico, em parte artístico – as proporções de ciência e arte diferem de acordo com os diferentes historiadores e diferentes tipos de livros de História. Mas se vocês concordam com a conferência que estou agora concluindo, talvez pensarão que uma terceira qualificação seja necessária para o historiador – a do filósofo, do sábio. John Buchan,* ele mesmo dono de raro talento para as biografias históricas, costumava dizer que o historiador deveria ser cientista, artista e filósofo em uma só pessoa. Claro que a verdade do que ele diz depende da nossa definição para cada um dos termos. Mas eu penso que é verdade se entendermos por filósofo não uma pessoa treinada em lógica e metafísica, mas alguém que distingue as coisas, que pode ver as causas dos eventos e apreciar corretamente os valores múltiplos do cenário humano. Em outras palavras, o filósofo é alguém que possui o tipo correto de viés. Cada um de nós, quando forma o juízo mais humilde sobre um assunto histórico, não o faz como cientista, não o faz como artista, mas como um filósofo, como um sábio. Um historiador pode ser um grande pesquisador, um refinado artista da

* N. T.: John Buchan, primeiro barão de Tweedsmuir (1875-1940), romancista histórico renomado, publicou mais de cem livros, dos quais numerosas biografias históricas, dentre as quais se destacam as de Sir Thomas Raleigh e de Oliver Cromwell.

arte narrativa, e, ainda assim, estar desprovido de juízos verdadeiros de valores, ter o tipo errado de viés, não ser, de fato, um filósofo. Vocês podem reclamar e dizer que tais juízos são questões de opinião. De fato o são. Toda a História é opinião baseada em fatos, em opinião guiada e limitada por fatos que foram cientificamente descobertos. Mas a opinião, ou o viés, não pode ser ela mesma científica. Deve ser filosófica.

Tradução: *Pedro Caldas*

Nota

1 George Macaulay Trevelyan, *Grey of Fallodon*, Houghton Miffin Company, 1937.

A História e seus campos

Jacob Burckhardt (1818-1897)

Apresentação

Cássio da Silva Fernandes

Há uma profunda identificação entre o Renascimento italiano, concebido como época histórica, e o nome do historiador suíço Jacob Burckhardt. Formado pelas lições dos estudiosos responsáveis pela consolidação da ciência histórica na Universidade de Berlim, no século XIX, Burckhardt manteve por toda a vida um contato erudito com as mais diversas fontes que remontavam àquela época. O produto de seus estudos teve tão grande significado nesse contexto que se tornou quase impossível pensar a Renascença italiana, como bloco histórico unitário, sem fazer referência à figura de Burckhardt, já que o esboço e o aspecto formal da época deveram-se originalmente ao alcance de sua descoberta. Tal descoberta concretizou-se com a publicação, em 1860, de seu livro mais conhecido, *Die Kultur der Renaissance in Italien* (A cultura do Renascimento na Itália). Através dessa obra, Burckhardt apresentava uma síntese histórica do período, concedendo à infinidade de realizações dos homens na Itália da época um caráter e um sentido de unidade.

Nas páginas iniciais de *A cultura do Renascimento na Itália*, porém, o autor expressou o desejo de dar ao livro um segundo volume, dedicado à arte do período. "Nós tínhamos primeiramente a intenção [afirma o historiador] de preencher a maior lacuna deste livro com uma obra especial consagrada à 'Arte do Renascimento'; propósito que aqui pôde ser realizado apenas em parte."[1] Para ele, uma análise consistente do Renascimento italiano deveria conter um estudo global da arte do período, tarefa que não conseguiu realizar no momento em que concebeu sua síntese histórica de 1860.

No entanto, a ideia de estudar em conjunto a arte e a cultura renascentista assume, logo em seguida, a forma de um estudo histórico-artístico. O primeiro fruto desse trabalho, e único editado em vida, foi a obra sobre a arquitetura italiana do Renascimento, publicada em 1867, sob o título *Die Kunst der Renaissance* (A arte do Renascimento). Na verdade, esse texto de Burckhardt veio completar o projeto editorial *Geschichte der Baukunst* (História da arquitetura) de seu amigo e ex-professor em Berlim, Franz Kugler. Morto prematuramente, em 1858, Kugler não pôde concluir o último volume de sua ampla pesquisa, o qual deveria tratar exatamente da arquitetura renascentista. *A arte do Renascimento* de Burckhardt realizava, então, a dupla tarefa de concluir a obra inacabada de Kugler e de iniciar o cumprimento do íntimo propósito de dedicar-se à pesquisa histórico-artística sobre o Renascimento italiano, ampliando seu estudo histórico do período.

Porém, o texto de 1867, mais do que o segundo volume de seu estudo sobre a Renascença italiana, era o primeiro contundente sinal de que Burckhardt havia começado uma pesquisa sistemática sobre o fenômeno artístico na História. Pesquisa que seria efetivada nas três últimas décadas de sua vida como uma intensa busca de dar conta complexamente da civilização do Renascimento e de estabelecer um modo de interpretar a arte no vasto campo da história da cultura. Uma indagação científica da qual Burckhardt jamais se desgarrará por completo ao longo de mais de trinta anos, mesmo que, em certos momentos, abandone provisoriamente a ideia, mesmo que tenha, após *A arte do Renascimento*, desistido da publicação de seus estudos.

O produto deste trabalho, em sua maior parte, sobreviveu apenas sob forma de manuscritos entre a infinidade de papéis, de fotografias, em meio à coleção de moedas e medalhas que pertencera a seu pai e às partituras esquecidas nas prateleiras ao lado do piano ou sobre a ampla mesa de trabalho. De todo modo, esses escritos estarão ali, postados como o esboço de um imenso traçado do espírito europeu no momento de sua primeira floração moderna, brilhando em seus olhos como resposta aos acontecimentos de seu próprio tempo, o século XIX. Como uma fuga daquele tempo tão inseguro, como ele próprio chegou a dizer de sua época, a Itália do Renascimento, tão "cara aos deuses", tão plena de cultura e de sentido de beleza, aparecia-lhe como uma maneira, por ele mesmo revelada, de escapar da dureza da condição humana.

A realização desse grandioso projeto deu-se quando Burckhardt, deixando o ensino de História da Arte na Escola Politécnica de Zurique, havia retornado definitivamente a Basileia, após a nomeação para o cargo de professor titular de História na Universidade, em 1858. De volta à cidade natal, seu projeto deveria adequar o fruto de seu estudo ao ensinamento acadêmico. Assim, segue, durante o inverno de 1868-1869, a primeira versão do curso *Über das Studium der Geschichte* (Sobre o estudo da História), postumamente publicado como *Weltgeschichtliche Betrachtungen* (*Reflexões sobre a História*, na edição brasileira). Posteriormente, em 1872, inicia o curso acadêmico *Griechische Kulturgeschichte* (História da Cultura Grega), repetido, em várias versões, até 1885, e postumamente transformado em livro.

Publicamos aqui, pela primeira vez em língua portuguesa, a "Introdução" ao curso "História da Cultura Grega", a partir da versão originalmente editada em alemão para o livro *Griechische Kulturgeschichte*. Essa obra, produto do trabalho de organização e recomposição dos manuscritos dos cursos dados entre 1872 e 1885, foi editada em três etapas: em 1898, saem publicados os dois primeiros volumes; em 1900, o terceiro volume; em 1902, o quarto e último volume. Esse estudo, como afirmou o próprio Burckhardt, é elaborado sob inspiração das aulas a que o historiador assistiu sobre o assunto na Universidade de Berlim, no início da década de 1840, ministradas por August Böckh. Numa carta de 24 de outubro de 1868, Jacob Burckhardt revela a seu sobrinho e posteriormente organizador do livro em questão, o filólogo Jacob Oeri, sua intenção de elaborar um curso sobre a Antiguidade:

> Lampeja na obscuridade do futuro um outro curso que me levaria a ler, de cima a baixo, todos os autores gregos e romanos, distribuindo-os inteligentemente no tempo à disposição: trata-se de um curso sobre o espírito da Antiguidade (num certo sentido, na ótica da *Cultura do Renascimento*...).[2]

Em 1869, ele inicia a redação do curso, que de fato seguiu, na organização e na exposição, o modelo da *Cultura do Renascimento na Itália*. Ou seja, ele oferece a seus ouvintes lições de História e antiguidades gregas, não do ponto de vista cronológico, mas segundo uma ordem sistemática capaz de decompor o vasto universo da cultura grega, para recompô-lo do ponto de vista temático. Uma recomposição narrativa que combinava sincronia com diacronia, assim como havia feito em seu livro sobre a Renascença. No que se refere à Grécia antiga, Burckhardt organiza sua exposição partindo do universo mitológico, em direção às formas do Estado e à ideia de nação. Daí, detém-se na religião, nas divindades e no culto, na arte, na música e na poesia, na filosofia, na ciência e na oratória, para finalizar a exposição fixando-se sobre o grande protagonista de seu estudo: o homem grego, em toda a sua riqueza de características físicas, seu universo sentimental e linguístico, sua potencialidade de pensamento, seus costumes e sua vida material.

Na "Introdução" a esse curso (que contava, entre seus ouvintes, com o jovem professor de filologia na Universidade de Basileia, Friedrich Nietszche), Burckhardt interpreta o lugar da civilização grega no âmbito da história universal, o papel dos gregos na constituição da tradição clássica, ao mesmo tempo em que explicita elementos centrais de seu próprio método de estudo. Por este último ponto, o texto aqui publicado torna-se importante por esclarecer o teor da apreciação histórica de Burckhardt, funcionando como chave para a compreensão do caráter do que ele mesmo denominava *Kulturgeschichte* (história da cultura).

Porém, enquanto iniciava seus cursos sobre a cultura grega, também a História da Arte ecoava em seus ouvidos, como um chamado definitivo. Ao retornar de uma estadia de pesquisa nos Países Baixos, em 1873, Burckhardt propõe ao governo basileense a abertura da cátedra de História da Arte na Universidade de Basileia.

Naquela época, o professor da universidade, em Basileia, tinha também por obrigação proferir semanalmente quatro horas de ensino no Pädagogium, instituição que funcionava como meio caminho entre os estudos secundaristas e o ingresso na universidade. Burckhardt, então, em sua proposta ao governo basileense, dispunha-se a continuar normalmente suas lições de História na universidade e trocar as quatro horas de aula no Pädagogium por três horas semanais dispensadas à História da Arte também na universidade, sem implicar em nenhuma despesa suplementar à instituição. Ele se propunha ainda a utilizar seu próprio acervo de reproduções e a continuar a enriquecê-lo em suas viagens de estudo. Com a resposta positiva das autoridades de Basileia, era criada a cátedra de História da Arte sem nenhuma despesa para o Estado até a aposentadoria de Burckhardt, ocorrida em 1893, quando seu lugar é assumido por um ex-aluno, Heinrich Wölfflin.

Assim, como primeiro titular dessa cátedra, Jacob Burckhardt profere, em 6 de maio de 1874, a aula inaugural de História da Arte na Universidade de Basileia, à qual deu o título *Über die Kunstgeschichte als Gegenstand eines akademischen Lehrstuhls* (Sobre a história da arte como objeto de uma cátedra acadêmica). Nessa oportunidade, o historiador busca explicitar as bases institucionais da nova disciplina e traçar os objetivos que devem guiar professores e alunos na realização dessa nova tarefa. Reconhecer uma autonomia ao estudo histórico do fenômeno artístico, traçando as perspectivas e os limites da História da Arte observada como disciplina acadêmica, elaborando, ao mesmo tempo, as relações possíveis entre o fenômeno artístico e o amplo universo histórico-cultural em que foi gerado; conceber um método de estudo que permita orientar o percurso em meio à profusão de obras e artistas; desenvolver e refinar o conhecimento visual das obras de arte: esses são, talvez, os três objetivos primordiais na concepção burckhardtiana do papel do historiador da arte.

A aula inaugural da cátedra de História da Arte na Universidade de Basileia, editada aqui pela primeira vez em língua portuguesa, é um documento significativo da fase madura da obra de Jacob Burckhardt e do papel que o estudo sistemático da história da arte ocupa nesse momento de sua produção. Essa preleção revela, de um lado, o interesse histórico-artístico que vai permear, em seguida, sua pesquisa sobre a arte italiana do Renascimento, documentada no volumoso conjunto de manuscritos sobre o tema, composto como continuação de seu livro de 1860, *A cultura do Renascimento na Itália*. Por outro lado, a conferência de inauguração da cadeira de História da Arte revela elementos centrais do esforço do historiador (presentes também nos citados manuscritos histórico-artísticos de seus últimos anos de trabalho) de conceber uma forma de conectar o fenômeno artístico ao mais vasto campo da história da cultura. Tal esforço, longe de buscar uma resposta unilateral sobre a possibilidade ou não de conectar arte e cultura, concentrou-se muito mais sobre os limites de uma apreciação morfológica da história, em que fosse reservado à arte o estatuto de estudo histórico autônomo, sem, no entanto, desdenhar o esforço de interpretar o objeto artístico como fenômeno integrado ao ambiente cultural que o produziu. Portanto, duas vias diversas, porém convergentes: uma que observa a arte propriamente no interior do universo artístico, outra que persegue no objeto elementos das demais expressões do ambiente que a gerou. Em outras palavras: um caminho que confere autonomia ao campo artístico e outro capaz de ver na arte o signo de uma construção que ultrapassa os limites da linguagem artística, entendendo a obra de arte como concreto testemunho universal da história.

Nos meandros de um texto pensado como discurso oral, tomado, às vezes, por um teor enigmático, Burckhardt insinua uma discussão sobre a apreciação histórico-artística (que estivera presente já em seu livro de 1855, *Der Cicerone*), pretendendo apartar-se das abordagens filosóficas do fenômeno artístico, para reforçar o viés historiográfico de seu estudo. Nesse caminho, não se furta, entretanto, a tocar sutilmente a discussão estética, deixando revelar ainda algo do jovem leitor de Goethe que encontrara pela primeira vez a Itália em 1838, numa viagem que havia propiciado o escrito juvenil, *Bilder aus Italien* (Imagens da Itália).

De todo modo, as duas conferências que aqui se apresentam ao público em língua portuguesa revelam, de maneira sintética, traços da apreciação historiográfica sobre a qual Jacob Burckhardt construiu o seu duplo esforço de abordar tanto a história da cultura quanto a história da arte. Mais do que isso, esses textos testemunham ainda o vigor com que o historiador suíço buscou compreender as continuidades sobre as quais se assentam a civilização no Ocidente.

Notas

1 Jacob Burckhardt, "Die Kultur der Renaissance in Italien", em J. Burckhardt, *Gesammelte Werke*, Basel/Stuttgart, Schwabe & Co., 1978, p. 1, Band III.

2 Jacob Burckhardt, *Lettere (1838-1896)*, a cura di Luca Farulli, Palermo, Sellerio Editore, 1993, p. 166.

Bibliografia

Burckhardt, Jacob. *Lettere (1838-1896)*. A cura di Luca Farulli. Palermo: Sellerio Editore, 1993.

______. Die Kultur der Renaissance in Italien. In: Burckhardt, J. *Gesammelte Werke*. Basel: Schwabe & Co., 1978, Band III.

História da cultura grega: Introdução (1872)

No momento de iniciar um curso acadêmico que terá como tema a história da cultura grega, devemos antes de tudo esclarecer que este curso é e seguirá sendo sempre um ensaio, e que o professor neste caso é, também ele, estudante e companheiro.[*] Ao mesmo tempo, devemos logo advertir que ele não é um filólogo, de modo que se deve perdoá-lo por algum deslize filológico.

Nosso curso guarda particular semelhança com aquele sobre antiguidades gregas e história grega, a respeito do qual devemos destacar primeiramente nossa tarefa. As antiguidades, como no tempo de nossa juventude as tratava Böckh[**] em suas famosas aulas, começavam com panoramas geográficos e históricos, depois descreviam em geral o caráter do povo e passavam então a tratar os singulares aspectos da vida: em primeiro lugar, o Estado em geral em suas formas principais; depois, um certo número de Estados mais importantes tratados em particular, com suas instituições políticas, administrativas e jurídicas; enfim, as relações internacionais e as hegemonias, a condução da guerra por terra e por mar; em seguida, a vida privada (pesos, medidas, comércio, indústria, agricultura, usos domésticos, incluindo a alimentação, o vestuário e as habitações, o matrimônio, as instituições familiares, a escravidão, a educação, os usos funerários e o culto dos mortos), a religião, o culto e as festas e, entre as artes – que eram incluídas no ramo específico da História da Arte –, a ginástica, a dança e a música; por último, oferecia-se uma visão sobre as

[*] N. T.: Introdução à série de cursos que Jacob Burckhardt ministrou na Universidade de Basileia, entre 1872 e 1885, sobre a história da cultura grega. Foi utilizada a edição: Jacob Burckhardt, "Griechische Kulturgeschichte. Band 1" em J. Burckhardt, *Gesammelte Werke*, Basel/Stuttgart: Schwabe & Co., 1978, pp. 3-12, Band v.

[**] N. T.: August Böckh (1785-1867), um dos grandes historiadores e eruditos alemães do século xix, estudioso de História Antiga, especialista em civilização grega, foi professor em Heidelberg e, depois, em Berlim. É autor de várias obras sobre a Grécia antiga. Na Universidade de Berlim, Jacob Burckhardt seguiu, em 1840, o curso de História e Antiguidades Gregas, ministrado por August Böckh.

ciências cultivadas pelos gregos. Tudo isso era apresentado segundo um tratamento de antiquário, ou seja, com uma competência e uma riqueza de detalhes concretos que se buscava obter de modo uniforme para cada singular aspecto da vida – como material para sucessivos estudos especializados; coisa que era e é indispensável para o filólogo, e que somente pode ser feita pelo filólogo ou o arqueólogo de profissão, já que apenas eles podem dominar a economia relativa dos materiais.

Não sabemos se, e em que medida, este curso ainda exista como ensinamento acadêmico. Em muitos aspectos deverá ter sido substituído pelos manuais, entre os quais sobressaem os três volumes de C. F. Hermann* e a *Hellenische Altertumskunde* de Wachsmuth.** Um simples olhar nos índices das matérias das "antiguidades privadas" de Hermann nos mostrará, com particular clareza, aquelas que são as características de um manual e as que não podem ser objeto de um curso; ali encontramos certamente coisas que na ocasião era necessário saber, e cujo tratamento é de grande valor numa obra sistemática. Para o *nosso* propósito, de toda a obra interessam poucos parágrafos, e ainda estes sob um ponto de vista diferente. De todo este material, a nós serve apenas o que nos pode ajudar de modo particular a compreender as concepções de vida dos gregos.

Mas por que não fazemos um curso de História Grega e essencialmente de História Política, na qual todas as condições e as forças gerais podem ser tratadas em simples digressões? Prescindindo, de fato, de que para a História Grega existem já excelentes tratados, a narrativa dos acontecimentos e a sua discussão crítica nos tomaria o tempo disponível, sobretudo em nossos dias, quando para uma única indagação sobre a exatidão de um

* Carl Friedrich Hermann (1804-1855), filólogo clássico, especialista em Grécia Antiga, foi professor na Universidade de Göttingen. A obra a que se refere Burckhardt é *Lehrbuch der griechischen Antiquitäten* (Manual de antiguidades gregas), em 3 volumes, editado entre 1831 e 1852. Esta obra era dividida em três partes: antiguidades públicas, antiguidades sacras e antiguidades privadas.

** N. T.: Kurt Wachsmuth (1837-1905), filólogo e historiador da Antiguidade, foi professor sucessivamente em Bonn (1862), Marburg (1864), Göttingen (1869), Heidelberg (1877) e Leipzig (1886). Sua obra mais significativa é *Einleitung in das Studium der alten Geschichte* (Introdução ao estudo de História Antiga), editada em Leipzig, em 1895. Porém, Burckhardt se refere a outra obra de Wachsmuth, e apenas a seu primeiro volume: *Die Stadt Athen in Alterthum* (O Estado ateniense na Antiguidade), em 2 volumes (Leipzig, 1874-1890).

fato individual exterior se costuma preencher um volume inteiro. Além do mais, os acontecimentos são o que mais fácil e rapidamente se pode apreender nos livros; nós, ao contrário, queremos estabelecer pontos de vista para os fatos. Se então, em pouco mais de sessenta horas,* desejamos expor tudo o que é realmente mais digno de ser conhecido sobre a Antiguidade grega, fazendo-nos compreender também pelos *não-filólogos*, não cabe proceder senão sobre o plano da história da cultura.

A *nossa* tarefa, como nós a concebemos, é esta: fazer *a história dos modos de pensar e das concepções dos gregos* e indagar quais *forças* vitais, construtivas e destrutivas, agem na vida grega. Então, não em forma narrativa, porém muito mais em forma histórica – já que sua história constitui uma parte da história universal –, nós devemos tratar os gregos em suas características essenciais, aquelas que as distinguem tanto do antigo Oriente quanto das civilizações sucessivas, formando assim a grande ponte lançada entre os dois mundos. É sobre a história do espírito grego que se deve orientar todo o nosso estudo. O indivíduo particular e o assim chamado acontecimento serão citados aqui apenas como testemunho do universal, não por si mesmos; porque a realidade de fato que procuramos é constituída pelos modos de pensar, também estes são fatos históricos. Naturalmente as fontes, consideradas sob este ponto de vista, falarão de modo muito diverso da simples indagação antiquária.

De resto, todo o ensinamento histórico universitário encontra-se numa crise que pode levar cada um a escolher um caminho próprio. O interesse pela História depende, em alto grau, das oscilações do espírito ocidental, da orientação geral de nossa cultura; as antigas subdivisões e os antigos métodos tornaram-se insuficientes, tanto nos livros quanto na cátedra. Assim, temos completa liberdade de movimento. Felizmente, não oscila apenas o *conceito* de história da cultura, mas oscila também a prática acadêmica (além de algumas outras coisas).

Uma das vantagens do tratamento histórico-cultural é, sobretudo, a *certeza* dos mais importantes fatos culturais, em comparação com os fatos históricos em sentido corrente, ou seja, os acontecimentos-objetos

* N. T.: Mais tarde, com cinco horas semanais, foram noventa.

da narrativa histórica. Estes últimos são os mais incertos, discutíveis, deformados, ou, ainda, dado o talento especial dos gregos para a mentira, completamente inventados pela fantasia ou pelo interesse. A história da cultura, ao contrário, tem *primum gradum certitudinis*, pois se nutre principalmente do que as fontes e os monumentos nos revelam, sem nenhuma intenção ou interesse, inconscientemente e mesmo através de suas invenções, prescindindo por completo dos dados de fato que podem intencionalmente referir, contradizer ou celebrar – e nisso voltam a ser instrutivos do ponto de vista histórico-cultural.

A história da cultura quer penetrar no íntimo da humanidade pretérita e revelar o que ela *era*, *queria*, *pensava*, *intuía* e *podia*. Já que ela se refere sempre a algo de constante, esse elemento constante se destaca como maior e mais importante do que o momentâneo, a qualidade nos aparecerá mais importante e instrutiva do que o fato; visto que os fatos são apenas singulares expressões da faculdade interior correspondente, esta pode continuamente se reproduzir de novo em fatos. O desejado e permitido é, portanto, mais importante que o acontecido; a ideia é importante como qualquer atitude, pois em determinado momento se exprimirá exatamente em ação: "Se primeiro indaguei o íntimo do homem, conheço também sua vontade e sua ação".

Mas, ainda quando um fato a nós relatado não aconteceu na realidade, ou aconteceu de modo diferente, a ideia que o revela como acontecido ou acontecido de uma dada forma conserva o seu valor pelo caráter *típico* da descrição; toda a tradição grega está repleta de dados desse gênero.

Talvez o elemento constante que resulta dessas descrições típicas é o mais verdadeiro conteúdo concreto da Antiguidade, mais que os dados da antiquária. Aqui nós conhecemos o *grego eterno*, conhecemos uma forma inteira, em vez de um fator singular.

> Mas, deste modo nos escapam os *indivíduos*, e não somente as narrativas dos fatos singulares! A história da cultura seria uma história sem aqueles grandes homens, cuja biografia tem um lugar importante na história grega!

Eles terão um lugar suficiente; certamente não com toda a sua biografia, mas apenas como ilustração e supremo testemunho dos fatos espirituais. Sua glória não sofrerá prejuízo se forem, vez por outra, citados como expressão e como ápice deste fenômeno, como testemunho de primeiro grau no grande processo. O relato de sua vida deverá, naturalmente, ser sacrificado.

Mas os fatos gerais de que se interessa a história da cultura deverão ser comumente reconhecidos como mais importantes do que os fatos especiais, o que sempre se repete como mais importante do que aquilo que aconteceu uma única vez!

Uma outra vantagem da história da cultura é que ela pode proceder por reagrupamentos, e pode dar relevo aos fatos segundo a sua importância *proporcional*, e não é obrigada a desprezar todo sentido de proporção, como costuma ocorrer nos tratamentos antiquários e histórico-críticos.

Ela destaca aqueles fatos que podem encontrar uma verdadeira ligação com o nosso espírito, despertar em nós uma verdadeira participação, tanto por afinidade quanto por contraste. O que se deixa de lado é a escória.

Por outro lado, não devemos silenciar às dificuldades essenciais do tratamento histórico-cultural.

A certeza dos fatos histórico-culturais é, em parte, contrabalançada pelas grandes *ilusões* que, por outros aspectos, ameaçam o estudioso. Como fazer para saber o que foi constante e característico, o que foi uma força e o que não foi? Somente uma longa e multiforme leitura pode lho revelar, *entretanto* por muito tempo ele negligenciará coisas que eram de notável importância, e, por outro lado, poderá considerar significativos e característicos certos fragmentos que eram apenas casuais. Além do mais, durante as suas leituras, dependendo do tempo e de seu estado de ânimo, dependendo de seu frescor ou de seu cansaço, e, sobretudo, de acordo com a maturidade com que encontra a sua pesquisa, tudo que cai em suas mãos poderá parecer-lhe insignificante e vazio ou importante e significativo. Tudo isso poderá se resolver apenas em virtude das contínuas leituras nos diversos campos e nos diversos gêneros da literatura grega; mas o esforço violento e precipitado é o menos indicado para alcançar o resultado: apenas a sutil atenção, acompanhada de uma tenaz e uniforme diligência, nos conduzirá ao propósito.

Mas, aqui e ali, a riqueza de dados torna-se tão opressora que somos tomados por um verdadeiro desespero, e nos faz temer que até então tenha imperado um excessivo arbítrio na escolha dos elementos a serem levados em consideração.

Além disso, a *exposição* histórico-cultural oferece uma dificuldade bem diversa da oferecida pela convencional narrativa dos acontecimentos. Sobretudo, a nossa linguagem não pode ser senão sucessiva, gradual na enunciação, enquanto as coisas formam um poderoso complexo em grande parte simultâneo. Trata-se de um imenso *continuum* que deveria ser representado mais exatamente como um quadro, na forma de uma pintura,* e que constantemente induz o expositor ao erro pelo fato de que o mesmo singular objeto nos aparece ora na periferia, fácil de ser acessado, ora mais distante, ora no centro.

Na exposição, como de resto no estudo de nosso tema, apresenta-se-nos a pergunta: de onde se deve *começar*? A resposta será: *sempre de algum lugar*.

E, sobretudo, visto que as coisas têm, por toda parte, contatos recíprocos, são inevitáveis as *repetições*. Por exemplo, o grande mito, que invade o pensamento, todas as visões, todo o sentimento grego, o verdadeiro oceano espiritual desse mundo, deverá ser tratado aqui e ali, e, sobretudo, em todos os pontos principais, sob três diversos aspectos, quais sejam: 1) como força constante da vida grega, 2) a propósito da visão grega do mundo, 3) como imagem de uma determinada época da nação.

Na ocasião deve-se, então, citar uma quantidade de outros detalhes.

E nos muitos casos em que o nosso estudo e o nosso saber não são suficientes, ao invés de dar um resultado, colocaremos um problema. Permitiremo-nos também formular hipóteses, mas, quando o fizermos, claramente o confessaremos.

E, enfim, não se conseguirá evitar totalmente uma grande *arbitrariedade* subjetiva na *escolha* dos objetos. Partimos de um ponto de vista *não científico* e não temos método algum, pelo menos não os trilhados por

* N. T.: Jacob Burckhardt utiliza aqui o termo em latim *pinax*, título de uma obra do gramático e filósofo romano Aurélio Opílio (séc. II-I a.C.). *Pinax* tem o sentido de "quadro", de "pintura sobre madeira".

outros. Com os mesmos estudos com base nos quais assentamos por nossa iniciativa este curso, buscando sempre ater-nos à importância proporcional com um procedimento subjetivo, outra pessoa teria feito uma escolha diversa e uma diversa ordenação, e em muitos pontos teria chegado a diferentes resultados. Com estudos mais amplos e ricos poder-se-ia ter conseguido uma exposição mais exata e mais ampla; nós mesmos, se a fortuna nos assiste, poderemos esperar chegar futuramente a reelaborar substancialmente este curso. Ao mesmo tempo, expomos aqui o que, com toda a nossa boa vontade, parece-nos alcançável neste momento, dado o limitado número de horas e o andamento um pouco casual de nossos estudos.

Deve-se estar disposto a deixar de lado muitas coisas inúteis, ou seja, tudo aquilo que não tem relação direta com o modo de pensar e a intuição; e, sobretudo, mesmo de má vontade, a indagação crítica sobre as *origens*, que pressupõe uma considerável pesquisa paralela sobre a origem de uma série de outros povos. Renunciamos também a tratar o que pertence à comum vida exterior, o que era próprio também de outros povos daquele tempo e daquele clima, e nos limitamos estritamente àqueles elementos que correspondem ao espírito grego.

Mas este curso oferece ainda um *particular interesse acadêmico* também para os não-filólogos. De fato, porque evitamos ser levados pela massa de documentação das antiguidades, tornamos possível um convite à participação em nosso estudo.

Toda pessoa provida de formação humanística, se possui um impulso a elevar-se, pode se tornar nosso colaborador na pesquisa, mediante a *leitura das fontes*, que aqui são acessíveis como em nenhum outro lugar.

Para o estudo das "antiguidades", exige-se uma preparação erudita especial, de coleta e de comparação, que toma toda a atividade do estudioso e que para ter uma certa importância deve tender à completude, pelo menos para determinadas especialidades. Por outro lado, a disciplina histórico-cultural, como é entendida por nós, pode conduzir toda pessoa de cultura humanística a um imediato enriquecimento de seu espírito; e por esta única razão deve se sentir honrado por possuir a "carteira" humanística.

Toda abordagem de uma literatura estrangeira, pela acentuação de um mundo diferente do nosso, como em geral em todas as formas estrangeiras e passadas do espírito, é já um enriquecimento no sentido dos *tria corda* de Ênio;* tanto mais a abordagem da literatura helênica.

Se em outras literaturas a forma é áspera; o invólucro, hermeticamente fechado e difícil de abrir; a expressão simbólica, até mesmo incompreensível;[1] nos Gregos, ao contrário, a expressão do espírito é pelo menos mais transparente que em qualquer outro povo; a ideia e a sua veste formam uma bela identidade; forma e conteúdo coincidem mais perfeitamente que em outras literaturas.

Mas, no que diz respeito ao conteúdo fechado nessas formas, é exatamente tarefa nossa, como docentes, chamar continuamente a atenção sobre o fato de que todo autor antigo de primeiro plano[2] é uma fonte de conhecimento histórico-cultural. A história da civilização grega é, assim, uma seção particularmente clara e transparente da história da humanidade.

Se levarmos em consideração os autores do gênero narrativo, o elemento vivaz e significativo está aqui evidentemente não no evento narrado, mas no modo como é narrado, e nas premissas espirituais com *base nas quais* é narrado. Enquanto é indiferente se o fato tenha realmente ocorrido, por seu intermédio podemos conhecer o grego e o seu horizonte externo, assim como o seu íntimo modo de pensar.

Passemos à Poesia e à Filosofia. Disciplinas especiais muito desenvolvidas se ocupam desses ramos da literatura no que se refere ao seu conteúdo particular, ao seu valor literário e à sua efetiva importância. A nossa indagação histórico-cultural as considera como testemunho de uma humanidade pretérita munida de dotes incomparáveis, de uma espiritualidade de primeiríssimo plano, e que apesar do ocaso permanece viva.

Devemos, então, insistir sempre em sublinhar a importância de ler os antigos como fontes no sentido mais amplo e compreensivo. Os frutos – substanciais e formais –, com um pouco de diligência e sistematicidade nas leituras, cada estudioso poderá facilmente colhê-los. A abordagem direta se alcança na relação pessoal com cada autor.

---

* N. T.: Trata-se do poeta latino Ennius Quintus (239-169 a.C.), natural de Rudie (atual Rugge), cidade hoje pertencente à Província de Taranto (Puglia). Originário de uma região trilíngue (por isso afirmava possuir três almas: uma osque, uma grega e uma latina), a ele é atribuído o feito de levar a Roma a riqueza das múltiplas experiências culturais.

Certamente é necessário que não se tenha já caído completamente presa da literatura contemporânea (que fala muito diretamente aos nossos *nervos*).

E, sobretudo, não à leitura dos jornais.

Tudo o que diz respeito ao nosso tempo entra rápido e facilmente em relação com o elemento material existente em nós, com os nossos interesses; o passado pode relacionar-se *somente* com o elemento espiritual que existe em nós, com os nossos interesses mais altos.

Então, a vista se aguça gradativamente e aprendemos a arrancar do passado, até certo ponto, os seus mistérios.

O fato de que milhares de nós tenham já feito esse trabalho não nos poupa o esforço. Esse tipo de trabalho jamais está *completo*, não pode ser feito de uma vez por todas. Na verdade, cada época vê o distante passado de um modo novo e diferente; por exemplo, Tucídides poderia fazer referência a um fato como de primeira importância que só dentro de cem anos será assim reconhecido.

O nosso propósito não é o de iniciar pesquisas para outros, ou indagações especializadas no sentido comum da palavra. Ou seja, não o de iniciar um estudo ou exposição completa de um assunto ou de uma situação singular, sobre o qual se deva concentrar todo o interesse, mas desejamos obter a participação *no todo*, a compreensão do helenismo em geral. Da erudição cuida a moderna literatura histórico-antiquária: nós almejamos obter um meio de formação e de deleite que possa durar por toda a vida.

Com base nisso se esclarece também o modo com que se deve ler as fontes; os monumentos mais significativos, os historiadores assim como os poetas nos aparecem como quadros complexos, e não devem ser consultados como testemunho sobre alguma questão especial, mas devem ser lidos *por inteiro*. Além do mais, é recomendável ler, também *por inteiro*, autores de segundo e terceiro nível, e não confiar no que outros tenham lido neles. Os monumentos devem ser contemplados na totalidade; e as fontes são também monumentos. Frequentemente, o elemento mais importante se encontra no ponto mais remoto.

Muito oportuna é a ajuda de traduções e comentários, que existem para cada obra, e são ótimos. Não é vergonha não conseguir dominar

Tucídides sem uma ajuda, pois mesmo Dionísio de Halicarnaso e Cícero confessam não o compreender sempre, e isso por causa de seu modo de expressão. Quem o quer ler sem ajuda acabará por deixá-lo no meio do caminho, ao invés de lê-lo *inteiramente*.

Em resumo, o que nos deve levar a ler *inteiramente* os autores é a convicção de que o que é importante *para nós* somente nós o poderemos encontrar. Nenhum manual de comentários do mundo, com suas citações, poderá substituir aquela combinação química que uma frase descoberta por nós forma com a nossa atenção e o nosso pressentimento, de modo a passar verdadeiramente a fazer parte de nosso patrimônio espiritual.

Tudo o que nos é conservado da Antiguidade helênica pode se tornar para nós uma fonte: não apenas as obras escritas, mas todo o resto e, sobretudo, os edifícios e a arte figurativa; e no próprio mundo literário não somente o historiador, o poeta e o filósofo, mas também o político, o orador, o epistológrafo, o posterior compilador e exegeta, que muito frequentemente recolhe testemunhos antiquíssimos. Não devemos ficar descontentes quando se trata de completar em algum ponto a grande imagem da Antiguidade. Também o falsário, quando é descoberto, pode com a sua falsificação e o seu propósito revelados – muito contra a sua vontade! – dar-nos o mais importante ensinamento.

Naturalmente, é sempre preferível debruçar-se sobre as grandes obras de arte, para recolher, por exemplo, nos trágicos mesmo, uma massa de elementos históricos: a figura do mito, amadurecida até a máxima plenitude e profundidade, as grandes individualidades poéticas, a íntima natureza de um estilo que é já em si e por si um grande acontecimento histórico-universal.

E, finalmente, para os grandes resultados que ela traz, é aconselhável a leitura *repetida*. Na primeira leitura sempre se tem que lutar muito com as dificuldades da língua e do conteúdo; somente em seguida nos encontramos em maior confidência com a obra e conseguimos conhecer bem a sua forma e o seu conteúdo. Há autores, como Hesíodo, que a cada leitura revelam novos problemas e abrem novas perspectivas: o *Prometeu* de Ésquilo revela-nos, a cada leitura, novos aspectos.

Mas que relação mantém então o presente, e, sobretudo, a moderna cultura alemã, com o antigo mundo helênico?

Após Winckelmann, Lessing e o *Homero* de Voss,* formou-se a ideia de que entre o espírito helênico e o espírito alemão existia um "sagrado vínculo nupcial", uma relação e uma compreensão toda especial, como nenhum outro povo europeu do Ocidente moderno. Goethe e Schiller eram clássicos na alma.

Consequência disso foi, em parte, a renovação e o aprofundamento dos estudos filológicos em escolas e universidades, e a convicção de que o conhecimento das civilizações antigas era a base indispensável de qualquer outro estudo, num sentido diverso e mais profundo que se tinha entendido desde o Renascimento.

Além disso, porém, verificava-se o enorme e universal desenvolvimento dos estudos sobre a Antiguidade. Os monumentos do Egito e da Síria, os restos pré-históricos da Europa, a renovação de toda a etnografia, as pesquisas sobre a origem do gênero humano e da linguagem, o estudo comparado das línguas atraem para si todo o interesse, e o helenismo frente a tudo isso acabou sendo deixado de lado.

Disso derivou, por processo espontâneo, uma especialização do trabalho, cujos singulares ramos secundários demandam já certo número de gerações de estudiosos, além das especiais concessões do Estado para institutos e coleções.

No ginásio, "a instrução superior faz do jovem de boa família um professor de Filologia",[3] e a língua grega é e *continua sendo* um meio didático de primeiríssima ordem.

Mas depois do exame de capacitação verifica-se o notório e regular processo. Aparte os verdadeiros e próprios filólogos – e não queremos dizer qual seu percentual –, os demais deixam os velhos autores completamente de lado. Primeiramente, em três ou quatro meses, dedicam-se à complicada métrica, tão cansativamente aprendida; depois, às formas verbais e, por último, ao vocabulário. E muitos

* N. T.: Johann Heinrich Voss (1751-1826), poeta alemão lembrado principalmente por suas traduções de *Homero*. Voss tornou-se um dos líderes do grupo de jovens poetas denominado *Göttinger Hain*.

os esquecem por prazer, e mesmo deliberadamente. Porque o estudo e a vida reclamam outras atenções.

Daí deriva, pouco a pouco, um desequilíbrio entre o ginásio e a efetiva tendência espiritual dos nossos dias, que pode desembocar numa catástrofe.

O nosso esforço, nos limites de nossa modesta atividade, visa conservar por toda a vida o interesse e a participação na Antiguidade grega.

Nosso *resultado* é o seguinte.

Não se trata de nenhuma idealização e também não temos nenhuma consideração por entusiásticos exageros. "Os gregos foram mais infelizes do que crê a maioria" (Böckh).

Mas se deve ressaltar a grande importância histórica da posição do espírito grego entre Oriente e Ocidente.

Tudo o que eles fizeram e padeceram, fizeram e padeceram em *plena originalidade*, e de modo diverso de todos os povos precedentes.

Eles parecem originais e espontâneos lá onde em todos os outros domina uma necessidade mais ou menos obscura.

Por isso, com suas criações e suas faculdades, mostra-se essencialmente o povo genial entre todos os outros, com seus erros e seus males inerentes.

Em toda esfera espiritual alcançaram limites que a humanidade jamais poderá perder de vista, ao menos com seu reconhecimento e assimilação, já que não pode mais igualar-se aos gregos quanto à capacidade.

Esta é a razão pela qual este povo chega a impor o estudo de si mesmo a todos os povos da posteridade. Quem quer recusar-se a reconhecê-lo fica simplesmente para trás.

E a sua sabedoria e a sua visão! Com o seu conhecimento do mundo de então, eles iluminaram, além da sua própria natureza, também a de todos os outros povos antigos; sem eles e sem os romanos filo-helênicos nós não teríamos nenhuma notícia da remota Antiguidade, porque todos os outros povos olharam somente para si mesmos, para *suas* capitais, para *seus* templos, para *seus* deuses.

Depois deles, todo o conhecimento objetivo do mundo não faz senão continuar pelo caminho que os gregos abriram.

Nós vemos com os olhos dos gregos e falamos com as suas expressões.

Ora, o dever especial do homem culto é completar em si, o máximo possível, a imagem da *continuidade do desenvolvimento universal*; isso o distingue, como espírito consciente, do bárbaro, que é inconsciente. Assim como a visão do passado e do futuro distingue em geral o homem do animal, também o passado pode trazer consigo arrependimentos, e o futuro, preocupações, de que o animal nada sabe.

E assim nós permanecemos eternos admiradores das faculdades criadoras dos gregos e seus devedores no conhecimento do mundo. Nisso os temos próximos; naquilo permanecem grandes, estranhos e distantes.

E se a história da cultura iluminar esta relação mais claramente que a história dos acontecimentos, ela merecerá a nossa preferência.

Notas

1 Por exemplo, nos profetas. Mas também algumas literaturas de tempos e povos muito mais próximos são, às vezes, bem pouco compreensíveis.

2 Simples compiladores têm, ao contrário, uma importância especial.

3 Theodor Mommsen, *Römische Geschichte*, v, p. 336.

Jacob Burckhardt (1818-1897)

Sobre a história da arte como objeto de uma cátedra acadêmica (1874)

A matéria deste curso em quatro aulas é menos a história da arte – quer dizer, a apresentação detalhada da evolução da arte (apresentação que ultrapassaria os meios e o tempo de que dispomos) –, é menos ainda a arqueologia no sentido particular de "prova confirmante daquilo que está representado na arte", do que uma breve iniciação à observação das obras de arte segundo as épocas e os estilos.* Tomaremos o cuidado de proscrever aqui toda estética sistemática. Não será mesmo jamais uma questão da "ideia" de uma obra de arte. A ligação entre a obra de arte e os sentimentos do artista, assim como do espectador, será deixada para a apreciação de cada um; trata-se aqui de um problema complexo, vasto e que se torna com o tempo ainda mais enigmático. A arte, certamente, não poderá jamais escapar ao empreendimento da filosofia, que está em todos os domínios. Seja como for, é nosso interesse e nosso dever reconhecer nossos limites e não prometer mais do que podemos cumprir.

Apesar de todos os seus aspectos negativos, nossa época apresenta a vantagem de uma formidável receptividade, de uma assustadora capacidade de enriquecimento intelectual. Essa vontade de *saber* teria já existido antes, e mesmo em excesso: desde a Antiguidade era possível lançar-se a aprender. Somente nosso século é capaz de uma *assimilação intelectual* diversificada: ele experimenta interior e exteriormente um *interesse* por

* N. T.: O texto, que aqui traduzimos na íntegra, é a aula inaugural do curso de História da Arte, ministrado por Jacob Burckhardt na Universidade de Basileia, no ano de 1874. A tradução para o português, inédita, é realizada a partir do texto em alemão publicado sob organização de Felix Stähelin, para o seguinte volume: Jacob Burckhardt, "Über die Kunstgeschichte als Gegenstand eines akademischen Lehrstuhls", em J Burckhardt, *Gesamtausgabe*, Stuttgart/Berlin/Leipzig, Deutsche Verlags-Anstalt, 1934, pp. 23-28, Band 13. Há uma tradução francesa recente: Jacob Burckhardt, "De l'histoire de l'art comme objet d'une chaire académique", trad. Aude Virey-Wallon, em Pierre Rosenberg (org.), *Relire Burckhardt*, Paris, Musée du Louvre et École Nationale Supérieure des Beaux-Arts, 1997. O texto original traz junto ao seu título a data de 6 de maio de 1874, acompanhada da abreviação Q. B. F. F. Q. S. (*quod bonum faustum fortunatumque sit*) [que seja bom, faustoso e bem sucedido].

tudo. Esse estado de espírito é favorecido pelas circunstâncias particulares que representam as comunicações internacionais sob sua forma atual, as traduções e a variedade de meios de reprodução artística. Em todos os tempos existiram as coisas mais destacáveis; cada período das grandes civilizações conheceu sua idade de ouro, cujos importantes vestígios trazem ainda testemunho, a despeito das destruições. No entanto, a compreensão e o interesse pelo passado frequentemente se apagaram:

- diante de uma religião nova e exclusiva;
- diante da chegada de uma nova barbárie, força natural chamada a criar uma cultura e uma arte durável com os restos das civilizações extintas;
- diante da afirmação, à época concernente, de uma atividade artística, poética etc., que, tendo alcançado um grau de realização talvez muito superior, estava convencida de sua própria qualidade e preocupada unicamente consigo mesma.

Os arquitetos e outros artistas do barroco foram inteiramente cegos ao gótico e consideravam ainda os mestres do Renascimento como secos, *secchi*, nas três artes maiores. Eles desfrutavam, por outro lado, em seu próprio estilo, de uma espontaneidade e de uma perfeição comprovadas que a arte de hoje não conhece em parte alguma, e que não podia provir senão de uma íntima convicção da excelência de sua arte.

Nossa época é seguramente dotada dos mesmos dons, mas ela se prende a todos os estilos do passado e se ressente, em razão do isolamento das diferentes produções, da falta de um contexto decorativo plenamente vivo. Esse estado, de fato, tem ao menos um lado positivo, o de oferecer também ao espectador a possibilidade de adquirir um conhecimento geral da arte, sob todas as suas formas, segundo sua disposição e seu destino.

No que concerne à cultura *alemã* moderna, por exemplo, a partir do final do século XVII, o encaminhamento foi o seguinte. Num primeiro momento, fora da vida cotidiana, somente um domínio estético era verdadeiramente reconhecido como tal por todos: a poesia grega e, quase ainda mais, a poesia romana e uma grande parte da literatura clássica em geral. Reconhecia-se, por toda parte, a qualidade da arte antiga, não como modelo, mas como obra-prima. O barroco reinava como mestre. Vieram em seguida os grandes compositores que despertaram no povo alemão um sentimento nacional potente pela música, sentimento que fez logo nascer um meio muito sério de amadores apaixonados. Depois, a partir da metade do século xviii, interveio a influência determinante dos poetas alemães isolados, que emprestavam uma linguagem impressa de nobreza a visões e sentimentos inéditos, exprimindo sentimentos conhecidos e palavras de uma expressividade nova. Esses poetas introduziram um novo desfrute da natureza; a natureza participou, a partir de então, de todos os impulsos da alma; ela se tornou o teatro dos sentimentos. Depois afirmaram-se o interesse pela vida popular, considerada como rica de significados objetivos e, ao mesmo tempo, a redescoberta da arte antiga iniciada pelos trabalhos de Winckelmann. Depois, a repentina tomada de consciência da faculdade particular que tinha a nação de germanizar tudo o que era estrangeiro fez ganhar força a poesia de todos os tempos e de todos os povos no universo de nossos antepassados; Homero e Shakespeare relidos pelos alemães; as vozes de todos os povos de Herder. O aprofundamento e a extensão do conjunto de domínios de pesquisa foram acompanhados por um interesse objetivo geral pelo passado e pelo estrangeiro e, mais particularmente, pelas religiões e legislações antigas. Somente então emergiu pouco a pouco e por todos os lados a arte do passado como um testemunho da história universal e, numa acepção mais nobre ainda, como a manifestação durável do espírito humano e o objetivo supremo da existência.

A arte, em sua pluralidade, agiu desde então sobre nós: sobre alguns como um assunto de reflexão e de comparação, como um elemento de formação de primeira importância; sobre outros, de maneira mais direta, pela potência da beleza que emana das obras e força ao abandono. Assim se afirma no coração de nossa época apressada um domínio de contemplação geral, do qual os séculos passados tinham pouca ou nenhuma noção, um segundo estado de sonho fazia apelo aos órgãos de percepção espiritual e intelectual totalmente particulares. A arte não pode substituir nenhuma felicidade, mas ela pode sublinhar o instante da maneira mais nobre. Se Ênio já declarava, a propósito de suas três línguas (latim, grego e osque), que possuía *tria corda*, o conhecedor podia contar ainda com a arte de um outro *cor* [coração].

A juventude desfruta de vantagens para compreender e reter; sua receptividade, sua fé, sua memória; as primeiras impressões, se elas são verdadeiramente as primeiras, são as mais duráveis. Ora, sem conselhos, arrisca-se a cair na armadilha de admirar também o secundário e o terciário, e de confundir a arte com simples habilidade, mas isso é apenas um mal menor (que será corrigido por um estudo mais aprofundado). No fundo, o primordial é o modelo transparecendo nas coisas mais humildes que se admira, e essa admiração é sincera, quer dizer, despida dos *a priori* da crítica. O único dever é aquele de guiar e ensinar: de orientar o olho em direção ao primordial e ao importante, de encurtar os caminhos.

A cadeira de História da Arte é tão necessária quanto outra, a partir do instante em que se reconhece a importância da arte na formação geral. E seu estudo, ele próprio, é tão difícil quanto outro, a partir do instante em que trouxer um real enriquecimento intelectual.

O professor, como toda pessoa convidada a falar sobre arte, depara-se certamente com um grande obstáculo: não levando em conta a poesia, a arte é de fato o gênio mudo que constrói, esculpe e pinta; ela é o não-dito por excelência, aquela que vive pela forma e pelo som, porque não pode viver pela palavra. É porque jamais se poderá traduzir em palavras o verdadeiro mistério de uma obra de arte, é também porque mesmo as análises mais perfeitas deixarão ainda mais insondável o sentido profundo da arte, que todos os comentários permanecerão mais ou menos sem valor. É uma vã pretensão querer traduzir essas noções pela "ideia da obra de arte". A pesquisa e a especulação permitem delinear cada dia mais os segredos da natureza; os da arte, jamais.

Nós devemos falar da arte porque ela nos condiciona e nos envolve com demasiada força. (Como o homem submisso, que, ao ignorar-se, não pode falar do soberano que o submete.) Nós sentimos a arte como um fenômeno histórico de primeira grandeza, como uma potência ativa em nossa vida. Ela apresenta suficientemente aspectos tangíveis que permitem apreendê-la: suas manifestações monumentais estão estreitamente ligadas à história dos povos, das religiões, das dinastias e das civilizações. Sua dimensão técnica é indissociável de todas as outras técnicas do mundo. (E Plínio começou mesmo a descrevê-la sob esse aspecto, evocando as matérias.)* Quanto ao lado biográfico, ela preenche sozinha bibliotecas inteiras.

E, no entanto, nada pode trazer a resposta àquele que pergunta: que força pôde conduzir os gregos a conceber tão maravilhosas esculturas dos deuses, os ocidentais do século XIII a construir tão maravilhosas catedrais, Rafael a pintar tão maravilhosas *madonas*? E como, independentemente de tudo isso, a música pôde sozinha simbolizar a alma de maneiras tão maravilhosas?

E porque a arte é uma maravilha, a relação que nós mantemos com ela é também um dom dos deuses; os momentos felizes e a repentina comunhão íntima com a arte – esses momentos em que está escrito que a arte deve tocar a interioridade do ser – são independentes da vontade; como essas visões da natureza ou da vida humana que nos deixaram centenas de vezes indiferentes e que, de repente, revelam com uma acuidade singular sua significação suprema.

As faculdades de apreensão são muito diversamente divididas. Existem homens particularmente dotados, mas dotados de um espírito fechado às artes plásticas, que serão talvez mais receptivos à poesia ou à música e que experimentam uma emoção intensa diante da vida cotidiana do espetáculo da natureza (como Lord Byron).** Outros adquirem, em matéria de artes plásticas, um conhecimento estendido e um amplo saber, frequentemente concentrado sobre as "curiosidades", enquanto ficam indiferentes à essência da arte. Estes podem sempre se mostrar muito úteis como investigadores do dado concreto. Para outros ainda, a ligação entre a imaginação e a obra de arte, em particular, opera-se de maneira demasiadamente fugidia e fugaz; sua fantasia se inflama e se nutre de si mesma mais do que da obra de arte, que se torna um simples pretexto aos devaneios de sua imaginação. Outros ainda sentem, diante da beleza da

* N. T.: Escritor latino, Caius Plinius Secundus (23 d. C\Como-79 d.C\Stabias) instala-se em Roma, onde atua como advogado e escritor. Burckhardt se refere à sua *História da arte*, que é parte de sua obra monumental *Naturalis historia* (História natural), composta em 37 livros e publicada dois anos depois de sua morte.

** N. T.: George Noel Gordon, Lord Byron (1788-1824), poeta romântico inglês, famoso por sua personalidade aventurosa e pela influência que sua poesia exerceu no Romantismo em todo o mundo.

arte, uma avidez e um desejo material por demais imediatos, uma elevação que belas litografias parisienses suscitariam com tanta força quanto uma cabeça de anjo de Leonardo ou uma "Madona" de Rafael. É raro o dom perfeito e equilibrado que assegura uma compreensão profunda e plural da arte; o que cada um retém de melhor e como o faz é um assunto individual. As *principais condições preliminares* são as seguintes: não se abandonar cegamente ao mundo das intenções, mas permanecer aberto ao conhecimento objetivo das coisas, quer dizer, não ser um sujeito comum. Não estar preocupado com outras coisas na contemplação da arte, pois o olho correria o risco de sobrevoar as maiores criações prestando apenas uma atenção restrita. Não considerar a arte como um simples deleite; uma vez ao menos, no curso da existência, a arte deve ser mais do que isso, mesmo que depois ela se torne diversão. A arte não se contenta apenas com um simples resíduo de tempo e de força. Um castigo espera aqueles que aspiram deter-se apenas uma vez: eles passarão ao largo do melhor e se cansarão muito rapidamente. E não falemos daqueles que, por simples falso pudor ou porque a arte faz parte da cultura geral, percorrem servilmente as galerias e suspiram em segredo. É um caminho bem mais judicioso que empreendem aqueles que olham apenas algumas obras, porém atentamente e em detalhe; estes serão talvez recompensados por uma relação mais íntima com a obra de arte e aprenderão sem livros a conversar com elas em uma linguagem resolutamente individual. A maior felicidade seria, na ausência de todo conhecimento, poder apreender o sublime espaço de um instante, à imagem dos Varegues,* esses guerreiros normandos em Constantinopla, que teriam tomado como seus deuses as estátuas de divindades destruídas em toda a Grécia. Em seu mundo, eles conheciam apenas os Ases** sob a forma de figuras de madeira grosseiramente entalhadas; enquanto pagãos e indo-germânicos, eles se sentiram

---

* N. T.: Em alemão, *Waräger*. Nome dado ao grupo de escandinavos que penetraram na Rússia, no século IX, fundaram o principado de Novgorod (c. 860) e aquele de Kiev. Grandes comerciantes, chegaram depois a Bizâncio. Em Bizâncio, Varegues tornou-se sinônimo de "escandinavos".

** N. T.: Deuses escandinavos. Na mitologia germânica, uma das famílias de deuses em que figuram Odin, Thor, Balder.

próximos da Antiguidade e da Grécia helenística, e esse parentesco despertou neles a sensibilidade primitiva do espírito germânico pelo belo.

Enfim, outra condição essencial: é necessário que o próprio olhar seja ainda capaz de observar, que ele não esteja cansado por um trabalho excessivo, fechando-se às coisas do mundo visível; que ele não esteja ainda recluso no mundo único da escrita e do impresso. Essa aptidão visual transparece já na contemplação da natureza. O obtuso necessita do estímulo extraordinário e pitoresco: ele não olha mais o resto da paisagem, e esta última não age mais sobre sua imaginação. Por outro lado, para o receptivo, toda a natureza circundante é plena magia, quer se trate de uma silhueta de montanha ou de rio, o contraste entre as flores de um pomar, a folhagem suave de uma árvore e o azul escuro dos pinheiros distantes, ou ainda do último raio de sol vespertino sobre as nuvens majestosas. Essa abertura do espírito, que pode desfrutar do mínimo detalhe e sabe construir a partir do nada, saberá também servir à observação da arte.

Uma vez que deixamos de lado a essência da arte e seu mistério, aquilo que atribuía a ela um fundamento metafísico independente de suas obrigações (a arte existiria também sem elas), resta-nos unicamente evocar aqui seu lugar na história universal.

Tradução: *Cássio da Silva Fernandes*

Leopold von Ranke (1795-1886)

Apresentação

Sérgio da Mata

"Consagrar a uma doutrina menos estudo do que o necessário para compreender o seu sentido, e ao mesmo tempo criticá-la, é infringir as leis eternas da probidade literária." Ao escrever essas palavras, Edmund Husserl não estava pensando em Leopold von Ranke. A poucos, porém, ela se aplica tão bem quanto ao historiador alemão. Ranke tornou-se um desses territórios minados da história da historiografia. Sobre ele sempre se fala e escreve, dele pouco (ou, o que é mais comum, nada) se lê. Informações a seu respeito e impressões sobre seus livros são obtidas de segunda, terceira mão. Às vezes, quase sempre, suas célebres frases são evocadas e submetidas a interpretações desconectadas seja do contexto propriamente textual, seja do histórico. Temos aí um conjunto de condições privilegiadas para o surgimento do que temos chamado de mitos historiográficos.

O que é um mito historiográfico? Podemos defini-lo como uma crença, ou articulação de várias crenças, coletivamente construída(s) e a partir de então associada(s) à obra e à trajetória de um historiador ou grupo de historiadores. Tais crenças reintroduzem no campo do pensamento histórico algo que ele, desde seus primórdios, ao menos no Ocidente, pretendeu negar: a fábula, a lenda. É típico do mito historiográfico, como do mito em geral, o manter-se incólume ante toda e qualquer contraposição com os "fatos". Sua força não advém do real, mas do desejo de tornar algo real. Pois o historiador, e mesmo aquele que se ocupa com a história da historiografia, não é capaz de submeter tudo o que estuda e escreve ao mesmo olhar crítico. Onde o olhar questionador e o rigor acadêmico cedem à tradição e ao argumento de autoridade, lá predomina aquilo que Husserl designava "atitude natural", uma naturalização do dado – ou do imaginado. São esses hiatos, por assim dizer, que permitem o surgimento dos mitos historiográficos. Eles prescindem (e, por sua própria natureza, *têm* de prescindir) de qualquer formulação sistemática e crítica para se perpetuarem. Seu terreno tende a ser, sobretudo, o da oralidade acadêmica. O que não impede que mesmo pesquisadores experientes vertam-nos, por sua própria conta e risco, ao papel.[1]

Não é outro o caso da assim chamada "historiografia positivista" do século XIX. Um mito tão mais resistente na medida em que se baseia numa caracterização heteróclita, cujo sentido último é o de construir o avesso de outro mito e, assim, legitimá-lo: o da "revolução" dos Annales. "Positivista" seria aquela historiografia empiricista, centrada apenas no âmbito do político e do Estado nacional, no uso de documentos oficiais, cultora dos grandes homens, inteiramente alheia à reflexão teórica e às "ideias". Quando se atribui ao famoso manual de Langlois e Seignobos a condição de *summa* dessa historiografia positivista, o alvo é bem claro. São aqueles a quem Febvre chamou os "derrotados de 1870". Ou seja, o grupo da *Revue Historique*, e, por extensão, a historiografia acadêmica alemã, historicista, que lhe servira de modelo.

Ranke ocupa um lugar de destaque na mitologia criada em torno da "revolução historiográfica" ocorrida no século XX. Dentro e fora da Alemanha, seja entre seus cultores, seja entre seus críticos, tem-se invocado desde sempre o seu nome como "pai da história científica", como "maior historiador alemão do século XIX", como arquétipo, enfim, de um modelo a perpetuar ou a questionar.

Será preciso fugir desses extremos caso queiramos entender um pouco melhor seu legado e sua importância efetivos. Trata-se de ver Ranke – como diria Plessner – *com outros olhos*. Se a compreensão pressupõe identidade, é mister nos aproximarmos de seu pensamento e seu mundo. Mas na identidade absoluta tudo nos escapa, por tornar-se autoevidente. Cai-se facilmente naquela mesma "atitude natural" que queremos, a todo custo, evitar. Será preciso, portanto, alternar esse movimento de aproximação empática com o seu oposto: o estranhamento, a alteridade, a distância.[2]

• • •

O pai de Ranke descendia de uma família de pastores luteranos. Inicialmente estudou teologia, depois direito em Leipzig. Gottlob Israel Ranke fazia questão que seus filhos aprendessem línguas estrangeiras modernas, além das clássicas. Isso sem dúvida contribuiu para despertar em seu filho mais velho, Leopold, o gosto pelos estudos filológicos. Nascido em Wiehe, no ano de 1795, o jovem Ranke estudou por dois anos em Donndorf, transferindo-se depois para o famoso ginásio de Schulpforta (lá haviam estudado Fichte e Klopstock e estudariam, mais tarde, Wilamowitz e Nietzsche). É nessa fase que um dos seus professores incentiva nele o interesse pela leitura dos clássicos, sobretudo dos trágicos. Como tantos de seus colegas, familiarizou-se com as obras de Sófocles, Ovídio, Virgílio e Homero. Ranke disse ter lido a *Ilíada* e a *Odisseia* três vezes.[3] Heródoto e Tucídides não faziam parte do rol de leituras obrigatórias, e a História estava longe ainda de ser uma disciplina que o atraísse. Advindo de um ambiente profundamente religioso, espírito moldado naquela mesma melancólica região da Turíngia que dera ao mundo homens como Martinho Lutero e Johann Sebastian Bach, Ranke via antes na Teologia "a maior de todas as ciências".[4]

O colégio interno, segundo narrou em suas memórias, era "um mundo em si mesmo". Nada ali lembrava o ambiente de intensa agitação patriótica daqueles dias. Em 1813, enquanto Napoleão era derrotado em Leipzig, Ranke lia calmamente a *Agricola* de Tácito. Pouco depois, entra para a universidade decidido a estudar Teologia e Filologia.

Com o texto bíblico Ranke estava, claro, bastante familiarizado. Nos tempos do colégio lera sempre os evangelhos, os salmos e os livros históricos. Na universidade de Leipzig, sente-se atraído pelas preleções sobre história eclesiástica. Mais que à Teologia, porém, Ranke se dedica às línguas antigas. Um de seus professores, o eminente filólogo Gottfried Hermann, torna-se para ele uma referência. É assim que chega a Píndaro e, finalmente, a Tucídides. Também lê Goethe, mas considera-o demasiado moderno... Para a elaboração do seu próprio estilo, prefere Lutero.[5] Descobre a *História de Roma* de Niebuhr, o primeiro livro de história escrito em alemão que nele deixou marcas. Do ponto de vista filosófico, Ranke é seduzido pelo idealismo alemão.

No entanto, a História passa a ocupar, para Ranke, um lugar cada vez mais importante. Em 1817, no jubileu dos trezentos anos da Reforma, produz um ensaio histórico sobre Lutero. Esse escrito, o famoso *Lutherfragment*, constituiria uma espécie de embrião de sua grande *História da Alemanha na época da Reforma.*

Concluídos seus estudos em Leipzig, Ranke passa a lecionar Grego no ginásio Fridericianum em Frankfurt an der Oder. O convite partira de um ex-colega, Ernst Poppo, autor de inúmeros trabalhos sobre Tucídides. Ranke dá aulas para as séries mais avançadas sobre Homero e Horácio. Passa também a dar aulas de História. É nesse momento, a acreditarmos em Alfred Dove,[6] que o jovem professor converte-se àquela que, até então, fora para ele uma simples ciência auxiliar.

Teriam sido anos felizes, embora solitários, esses em Frankfurt an der Oder. Seu círculo é diminuto, e entre os amigos lê-se Fichte. Na Páscoa de 1820, seu primeiro projeto se delineia: "Eu gostaria de estudar algo sobre a vida das nações no século xv... Mas ainda não sei nada a respeito."[7] De fato, até aquele momento Ranke interessara-se quase que exclusivamente pela Antiguidade clássica. O ginásio dispunha de uma excelente biblioteca, e ali ele encontrou o necessário para a preparação de seu primeiro livro, na verdade um livro duplo. No espaço de quatro anos, Ranke conclui suas

Histórias dos povos latinos e germânicos e seu volume complementar, *Para a crítica dos historiadores modernos*. Em Berlim, a obra foi recebida com entusiasmo por homens como Schleiermacher e Niebuhr, e lhe valeu o convite para ensinar na universidade da capital prussiana. As *Histórias* tratam da formação e da unidade profunda do conjunto de nações surgidas da herança do mundo greco-romano. Viu-se nelas a aplicação do método crítico de Barthold Georg Niebuhr, ecos do estilo de Johannes von Müller e do pensamento de Wilhelm von Humboldt. Sobretudo a sombra de Tucídides, historiador que Ranke considerou, até o fim da vida, um modelo insuperável. Não menos importante foi sua inversão da fórmula "a história como poderia ter sido" das novelas de Walter Scott, assim como sua admiração pelos "brilhantes trabalhos" de Augustin Thierry.[8]

• • •

Os contemporâneos de Ranke, não nos enganemos, foram seus maiores críticos. Para Hegel, ele não passava de um "historiador comum". Para Marx, um "catador de detalhes". O livro de estreia fora alvo da severa crítica de Heinrich Leo, profundo conhecedor da história italiana e, à época, inclinado ao hegelianismo. Droysen certamente pensava nele quando fez sua célebre menção à "objetividade eunuca". No entender do autor da *Historik*, Ranke era dono de uma "inteligência covarde". Heine reprova seu "indiferentismo sentimental em face de todas as questões políticas da pátria" e se compadece de sua "alma tão boa, tão infeliz como a de um cordeiro". Rehm, professor em Marburg, achava seus livros pouco eruditos e indignos das bibliotecas universitárias alemãs. Mesmo alguns dos que frequentaram seu círculo mais íntimo lhe faziam ressalvas. Para Sybel o fim dos "historiadores objetivos, imparciais, destituídos de sangue e nervos" deveria ser saudado como um "progresso". Treitschke, seu sucessor em Berlim, acusa a *História dos papas* de relativismo moral. Uma obra que, como não poderia deixar de ser, desagradara profundamente aos historiadores católicos do sul da Alemanha, como Höfler e Theiner.[9]

Desnecessário dizer que muitos eram de opinião oposta. Nas *Histórias dos povos latinos e germânicos*, um crítico francês, Taillandier, viu a expressão de uma "sobriedade perfeita de estilo, fundada sobre o conhecimento profundo do verdadeiro, e a mais decidida aversão pelos lugares-comuns da história". O pai da Escola Histórica do Direito, Savigny, e sua ilustre cunhada, Betina von Arnim, cobriram de elogios o segundo livro de Ranke, *Príncipes e povos da Europa meridional* (1827). Para Eberhard Gothein, tratava-se "indubitavelmente de uma obra de história cultural", "uma obra-prima da análise histórica". Thiers elevara Ranke à condição de maior historiador da Alemanha "e talvez da Europa". Dilthey, em quem os seminários do velho historiador causaram forte impressão, incluía Ranke entre os "gênios da arte narrativa": uma personalidade literária da estatura de Goethe.[10]

• • •

Entre 1829 e 1836, Ranke atinge a maturidade como historiador. Neste ínterim, empreende uma viagem de quatro anos para pesquisas em arquivos da Áustria e Itália, publica sua primeira obra a obter ampla repercussão no exterior – a *História dos papas* –, edita a *Revista Histórico-Política* e torna-se, finalmente, *ordinarius* na Universidade de Berlim. Religião, filosofia, política: seu pensamento histórico estava fortemente marcado por essa tríade. O peso de cada um desses vetores, bem o sabemos, variou consideravelmente no decorrer de sua longa e produtiva carreira acadêmica.

A sua profunda religiosidade (poderíamos caracterizá-la como um pietismo quietista) em primeiro lugar. Foi ela, mais que qualquer outro fator, que o levou a reconhecer o valor próprio de cada época. Ranke era, sim, um homem temente a Deus – mas de forma alguma um espírito ortodoxo. Lera, como Burckhardt, a obra teológica do *outsider* Wilhelm de Wette.[11] Em comum com De Wette tinha a convicção de que as verdades religiosas estão para além de qualquer empiria; não está ao alcance do método histórico comprová-las ou refutá-las. Ainda nos tempos de professor de liceu, em 1822, tinha passado por uma forte crise religiosa: "Eu estou agora entre aqueles que ora duvidam, ora recuperam a esperança em si, nos outros, em tudo." Ranke não chega, porém, a ser abalado em suas convicções mais profundas. O que não significa que a tarefa principal do historiador seja para ele, como o será para Droysen, o problema da teodiceia.[12] Ranke se coloca a tarefa de decifrar o *hieróglifo sagrado*: "Deus habita, vive e dá-se a reconhecer em toda a história. Cada feito dá testemunha dele, cada instante fala de seu nome." Haverá, diz em carta ao irmão, "algo de mundano no mundo, algo em que Deus não esteja presente?".[13] A providência, o milagre, são, por conseguinte, incompatíveis com o princípio da justiça divina.[14] Deus não pode intervir a favor de uns em prejuízo de outros, não pode fazer do presente algo superior ao passado. Tudo isso parece ir de encontro à suspeita de que Ranke estaria entre os seguidores mais consequentes de Kant.[15] Sua solução do problema da teodiceia não difere da que fora encontrada pelo idealismo alemão: ela se dá, em última análise, por meio de uma expulsão de Deus do plano da história.[16]

Com isso já estamos a falar do segundo elemento da tríade, a filosofia. Para seu primeiro crítico, Heinrich Leo, o autor das *Histórias dos povos latinos e germânicos* carecia de seriedade religiosa e filosófica. Ranke escreve em sua réplica:

> O que eu tentei aqui foi me aproximar não de Johannes Müller ou dos antigos, mas do fenômeno em si mesmo, tal como ele se manifesta – do ponto de vista externo uma singularidade, mas do ponto de vista interno (assim eu entendo Leibniz) algo de geral, um significado, um espírito. [...] Contudo não deve se irritar comigo aquele que só é capaz de pensar a partir das fórmulas gerais da Escola [hegeliana]. Eu também não o critico por isso; nós trilhamos caminhos inteiramente distintos.[17]

Nem a réplica de Ranke nem a longa tradição de estudos a seu respeito foram capazes de desfazer completamente o equívoco de Leo.[18] O problema das "influências filosóficas" de Ranke continua ainda hoje a suscitar discussão, e, não raro, os desvios de rota dos intérpretes assumem proporções impressionantes. Um deles, recentemente, chegou a apostar suas fichas em Rousseau,[19] muito embora todas as evidências falem em favor das figuras de proa do idealismo alemão.[20] Mas é ainda Hegel o nome mais lembrado pelos estudiosos. O que não deixa de ser estranho, se se tem em mente os embates travados na Berlim nas primeiras décadas do século XIX: tendo se aproximado, ao chegar à capital prussiana, do círculo de Schleiermacher e Savigny, Ranke inevitavelmente assumia posição no confronto entre a Escola Histórica e Hegel. Em sua História da Universidade de Berlim, Max Lenz resumiu a questão nestes termos: "quem quer que frequentasse este círculo não poderia ser um amigo de Hegel".[21] O conflito chegaria ao seu ápice em fins da década de 1820, com os violentos ataques do jurista hegeliano Eduard Gans a Savigny. Gans utilizara reiteradas vezes o termo *Gedankenlosigkeit* [algo como "vazio de ideias"] para se referir às obras do ícone da Escola Histórica do Direito.[22] Precisamente nesse momento Ranke estava no exterior, de onde voltaria somente em 1831. Não participou diretamente da polêmica, o que, de toda forma, não coadunava com seu temperamento e sua visão de mundo. Alguns estudiosos sustentam que nesses anos deu-se uma mudança significativa na sua visão do processo histórico, hipótese bastante factível a nosso ver.[23]

À queda de Carlos X em julho de 1830 segue-se um período de intensa agitação política por toda a Europa, da Espanha à Polônia. Indubitavelmente, Ranke sofre o impacto dos eventos,[24] e isso, ao que parece, numa dupla perspectiva: por um lado, passa a se interessar mais pela filosofia da história e a teoria da história; de outro, sente-se no dever de se posicionar mais claramente na arena política.

Hegel teria exercido alguma influência ao longo desses "anos de peregrinação" de Ranke? Das memórias do nosso autor nada se depreende. Um fator complicador: seus escritos apontam ora numa ora noutra direção. Tais ambivalências aprofundam o fosso entre dois grupos de intérpretes. Como legítimo representante da Escola Histórica, amigo pessoal de Savigny e, portanto, em relação direta com a tradição romântica, Ranke só poderia estar em relação de oposição à filosofia especulativa da história, e, portanto, também a Hegel. Assim reza a lógica, e assim vê a questão o primeiro grupo. O segundo grupo defende um gradiente relativamente amplo de opiniões que de comum entre si têm o fato de seguirem a direção oposta.[25] O que sabemos com certeza é que, desde relativamente cedo, Ranke estava a par de outras polêmicas nas quais Hegel se envolvera. Em carta enviada ao seu amigo Heinrich Ritter em janeiro de 1828, ele escreve: "O que diz você sobre a oposição de Franz Baader a Hegel? Eles trabalham praticamente numa mesma perspectiva, só que em diferentes labirintos".[26] O economista Gustav Schmoller, ao que parece baseado em conversas com um Ranke tardio, acrescenta um dado interessante ao debate: "Ele declarou certa vez que pretendia realizar seus objetivos quanto à história universal por meio do caminho proposto por Niebuhr e, ao mesmo tempo, por meio da tendência que Hegel desenvolvera".[27] Levantou-se a suspeita de que, já em 1832, Ranke teria tido acesso a versões prévias das transcrições das *Preleções sobre a filosofia da história* de Hegel.[28]

Naqueles mesmos anos, o homem político Ranke faz sua primeira aparição com a criação da *Revista Histórico-Política* em 1832, e por cuja edição tornou-se o principal responsável (Savigny e Eichhorn atuaram por pouco tempo ao seu lado). Iniciativa paraoficial e de perfil conservador (mas não reacionário), ela foi concebida como uma forma de atingir as classes ilustradas e fazer frente ao fascínio crescente que as ideias liberais e republicanas exerciam na Confederação alemã. A plataforma da revista é sintetizada no ensaio "França e Alemanha", em que Ranke conclama seus compatriotas a "resolver nossa própria e grande tarefa: temos de construir o verdadeiro Estado alemão, que corresponda ao gênio da nação".[29] Sem qualquer recurso, portanto, as ideias que, nos termos do pensamento romântico, eram vistas como "fora do lugar".[30] Foi na revista, em todo o caso, que Ranke publicou dois de seus mais conhecidos e notáveis ensaios: *As grandes potências* (1833) e o *Diálogo político* (1836). O padrão bastante elevado de muitos dos textos manteve distante o público-alvo, mas houve outras razões para que o empreendimento durasse apenas quatro anos. A atuação político-jornalística de Ranke lhe custou incompreensões junto a amigos como Karl August Varnhagen e Alexander von Humboldt. A tarefa ia além de suas forças, e segundo ele próprio declarou mais tarde, não correspondia à sua real "vocação".[31] Sem dúvida Ranke fora talhado para o papel de estudioso, artista e intérprete, mas não para o de protagonista.

Nesse sentido, ele se enquadrava como poucos naquele tipo "insólito" que Fritz Ringer acredita ter sido produzido pelo século xviii alemão: o "intelectual puro".[32]

• • •

É esse, em seus contornos muito gerais, o momento intelectual, político e religioso de Ranke entre o início dos seus estudos universitários e a preparação da preleção sobre "O conceito de história universal". O manuscrito, redigido em 1831 e publicado somente em 1954 por Eberhard Kessel na *Historische Zeitschrift*, é um documento de grande importância para que se possa visualizar o pensamento do historiador alemão num momento-chave de sua vida pessoal e intelectual.

Tanto do ponto de vista conceitual quanto teórico, o que se revela nessas páginas é um Ranke dividido entre (ou em plena transição entre) dois mundos. Em que pese a tendência à substituição do termo *Historie* por *Geschichte* no espaço de língua alemã, e que estaria completada por volta de 1750,[33] oitenta anos depois Ranke continua a dar preferência ao primeiro conceito para designar tanto a disciplina quanto seu objeto. A adoção algo relutante da palavra *Geschichte* parece revelar nele uma resistência a pensar o processo histórico enquanto coletivo singular, como, aliás, revelava o uso do plural *Geschichten* no título do seu primeiro livro. Historicismo consequente, o de Ranke.

As reflexões sobre a dimensão artística do trabalho historiográfico dão testemunho da influência de Humboldt,[34] enquanto a contraposição das formas de abordagem próprias à Filosofia e à História está em relação direta com o pensamento de Fichte. A partir das áreas de contato entre idealismo transcendental e romantismo é que Ranke fundamenta sua teoria da história. Num trecho originalmente excluído do manuscrito, chega-se, de fato, a falar em "progresso" [*Fortschritt*], porém um exame atento demonstra que é antes ao princípio do "desenvolvimento" [*Entwicklung*], tal como o entendia Savigny, que Ranke se filia. Vale dizer: um processo de transformação de estruturas supraindividuais no tempo, desprovido de qualquer aroma teleológico.[35] Não é improvável que alguma influência de

Hegel se faça notar. Mas se Ranke de fato chegou a se familiarizar com seu pensamento, o que predomina a esta altura é, sobretudo, uma contraposição a ele e ao seu imperialismo face à ciência histórica.[36] A crítica de Ranke é vigorosa em seu sentido último, mas amena no tom. Afinal, mesmo depois de morto, Hegel continuaria por muito tempo a dominar, por meio de seus discípulos, a Universidade de Berlim e praticamente toda a filosofia acadêmica produzida na Alemanha daqueles dias.[37]

Uma última palavra, enfim, sobre o espinhoso problema da "objetividade" em Ranke. Um pouco de tudo tem sido dito a respeito: tudo não passaria de autoengano, ingenuidade, até mesmo hipocrisia do historiador. Nossa hipótese é que para tratar o tema seria preciso trabalhar numa dupla perspectiva. A primeira exige uma aproximação com a sociologia do conhecimento, a segunda é propriamente biográfica. Observadores argutos como Madame de Staël e Carlyle diziam se surpreender com a "imparcialidade natural" dos alemães de seu tempo. Numa geração de cosmopolitas, o *pathos* nacionalista era um sentimento ainda incomum. Ranke seguramente concordava com as ideias de que "onde o sábio começa, termina o político" (Schiller), de que "a política arruína a história" (Goethe). O fato é que tal *habitus*, não de todo raro nos meios intelectuais alemães de inícios do século XIX, parece ter sido intensificado em Ranke pelo seu pietismo quietista. Podemos concordar com Dove, para quem sua proverbial "objetividade" se devia à universalidade de sua simpatia. Mas para chegar a tal ponto seria preciso algo mais: uma mística autêntica, pois somente dessa forma o indivíduo alcança os níveis mais elevados de *ascetismo*. E como para Ranke aquilo que é subjetivo "impõe-se por si mesmo",[38] daí resulta que ser "objetivo", em última análise, implica assumir uma atitude ascética, um esforço de depuração das paixões que, ao menos em parte do século XIX, ainda podia ser vislumbrado. Como bem percebeu Helmuth Plessner, referindo-se a Ranke, "uma historiografia científica e desiludida, dividida entre tantas perspectivas, só pode ser suportada por homens ancorados em uma fé".[39]

A diferença que nos separa de Ranke salta assim aos olhos: se a muitos de seus contemporâneos a sua "objetividade" era *moralmente inaceitável*, a partir do século XX ela passa a ser vista como *impossível*. A compreensão das razões mais profundas dessa mudança de atitude, devemo-la a um dos pais da moderna Antropologia Filosófica. Para Arnold Gehlen, as sociedades industriais estão marcadas por uma "espantosa ausência de quaisquer ideais ascéticos".[40] De modo que é bem possível que, nesse particular, vivamos a mais nietzscheana de todas as épocas. Dos vários imperativos categóricos que Ranke prescreveu aos historiadores, o da "objetividade" talvez tenha se tornado o mais impossível de todos.

Notas

1 É o caso das páginas dedicadas a Ranke no compêndio de história da historiografia de Josep Fontana, *A história dos homens*, Bauru, Edusc, 2004, pp. 225-29. Vê-se por que não podemos partilhar inteiramente da tese (de resto tentadora) de Gehlen, segundo a qual o que determina a superação do mito foi menos o processo crescente de racionalização que o advento da consciência histórica. Arnold Gehlen, *Urmensch und Spätkultur*, Bonn, Athenäum-Verlag, 1956, p. 250 e 259.

2 Helmuth Plessner, *Mit anderen Augen: Aspekte einer philosophischen Anthropologie*, Stuttgart, Reclam, 2000, pp. 164-82.

3 Leopold von Ranke, *Zur eigenen Lebensgeschichte*, Leipzig, Duncker & Humblot, 1890, p. 21.

4 Idem, p. 16.

5 Pedro Caldas postulou em artigo recente que a influência luterana não se limitava ao plano meramente estilístico e religioso; ela fundamentaria a estrutura da compreensão histórica em Ranke. Pedro S. Caldas, "O espírito dos papéis mortos: um pequeno estudo sobre o problema da verdade histórica em Leopold von Ranke". *Emblemas*, n. 1, pp. 23-38, 2007.

6 Alfred Dove, "Leopold von Ranke", em *Allgemeine Deutsche Biographie*, Leipzig, Duncker & Humblot, 1888, v. 27, pp. 246-67.

7 Max Lenz, *Geschichte der königlichen Friedrich-Wilhelm-Universität zu Berlin*, Halle, Verlag der Buchhandlung des Waisenhauses, 1910, v. 2 (1), p. 271.

8 Adolf von Harnack, *Geschichte der königlich preussischen Akademie der Wissenschaften zu Berlin*, Berlin, Reichsdruckerei, 1900, Band 1 (2), p. 886; Heinrich von Sybel, Gedächtnissrede auf Leopold von Ranke, em *Abhandlungen der königlichen preussischen Akademie der Wissenschaften zu Berlin*, 1886, p. 10, pp. 6-7; Max Lenz, op. cit., p. 275; Leopold von Ranke, op. cit., p. 61.

9 John E. Acton, *Historical Essays and Studies*, London, MacMillan, 1907, pp. 357-58; Antoine Guilland, *Modern Germany and her Historians*, New York, Macbride, Nast & Company, 1915, pp. 116-7; Heinrich von Treitschke, *History of Germany*, London, Allen & Unwin, 1919, v. 5, pp. 568-70; G. P. Gooch, *Historia e historiadores en el siglo XIX*. México: Fondo de Cultura Económica, 1942, p. 91; Alexander Demandt, "Ranke unter den Weltweisen", em *Öffentliche Vorlesungen der Humboldt-Universität zu Berlin*, 1995, pp. 7-29.

10 Saint-René Taillandier, "Historiens modernes de l'Allemagne: Leopold Ranke", *Revue des Deux Mondes*, 1854, pp. 49-50; Eberhard Gothein, *Die Aufgaben der Kulturgeschichte*, Leipzig, Dunkker & Humblot, 1889, p. 12; Wilhelm Dilthey, *Vom Anfang des geschichtlichen Bewusstseins*, Leipzig, B. G. Teubner, 1936, pp. 216-18.

11 Cf. Thomas A. Howard, *Religion and the Rise of Historicism*, Cambridge, Cambridge University Press, 2000.

12 "A mais elevada tarefa de nossa ciência é a teodiceia." Johann Gustav Droysen, *Geschichte des Helenismus*, Darmstadt, Primus, 1998, v. 3, p. XI.

13 Max Lenz, op. cit., pp. 272-73.

14 Ver sua crítica a Guicciardini por este dar crédito a eventos milagrosos em sua *História da Itália*. Leopold von Ranke, *Zur Kritik neuerer Geschichtsschreiber*, Leipzig, G. Reimer, 1824, pp. 36-38.

15 Helmuth Plessner, *Die verspätete Nation*, Frankfurt am Main, Suhrkamp, 1974, p. 115.

16 Odo Marquard, "Theodizeemotive in Fichtes früher Wissenschaftslehre", em Odo Marquard, *Individuum und Gewaltenteilung*, Stuttgart, Reclam, 2004, pp. 145-58.

17 Max Lenz, op. cit., p. 276. Sobre a polêmica entre Ranke e Leo, cf. Georg Iggers, *Deutsche Geschichtswissenschaft*, Wien, Böhlau, 1997, pp. 91-94.

18 Entre nós, Sérgio Buarque foi o primeiro a abordar a questão em seu belo ensaio: Sérgio Buarque de Holanda, "O atual e o inatual em Leopold von Ranke", em Sérgio Buarque de Holanda (org.), *Ranke*, São Paulo, Ática, 1979, p. 18.

19 Guillermo Z. Padilla, "Sobre las huellas de Ranke", em Guillermo Z. Padilla, *La cultura moderna de la historia*, México, El Colegio de México, 2002, pp. 77-110.

20 F. Medicus, "Kant und Ranke", *Kant-Studien*, v. 8, 1903, p. 133: "[Fichte é] o filósofo que mais influenciou Ranke". Também Fries é mencionado por Ranke em suas memórias.

21 Max Lenz, op. cit., p. 281.

22 As críticas do mais ilustre hegeliano de esquerda, Marx, seriam praticamente idênticas no espírito e no tom. Num artigo de 1842, ele acusaria a Escola Histórica do Direito de "frivolidade" e "servilismo". Seu alvo último era Savigny, que naquele ano fora nomeado ministro para a reforma da legislação prussiana. Karl Marx, "Das philosophische Manifest der historischen Rechtsschule", em *Marx-Engels Werke*, Berlin, Dietz, 1976, vol. I, p. 78.

23 Theodore von Laue, *Leopold Ranke: The Formative Years*, Princeton, Princeton University Press, 1950, p. 33 e ss.; Leonard Krieger, *Ranke: The Meaning of History*, Chicago, Chicago University Press, 1977, p. 128 e ss.

24 Leopold von Ranke, *Zur eigenen Lebensgeschichte*, op. cit., p. 50.

25 Entre os primeiros contam os nomes de von Below, Dilthey, Rothacker e Iggers. Entre os últimos, Sybel, Harnack, Troeltsch e Gadamer.

26 Peter Koslowski, "History as the Control of Speculation: Schelling's Discovery of History and Baader's Critique of Absolute Historicity", em P. Koslowski (ed.), *The Discovery of Historicity in German Idealism and Historism*, Berlin, Springer, 2005, p. 31.

27 Gustav Schmoller, "Gedächtnissrede auf Heinrich von Sybel und Heinrich von Treitschke", em *Sitzungsberichte der königlichen preussischen Akademie der Wissenschaften zu Berlin*, 1896, p. 8.

28 Werner Berthold, "Die Konzeption der Weltgeschichte bei Hegel und Ranke", em Wolfgang Mommsen, *Leopold von Ranke und die moderne Geschichtswissenschaft*, Stuttgart, Klett-Cotta, 1988, p. 77. A primeira edição das preleções, preparada por Gans, foi publicada em 1837. Ver ainda Max Lenz, op. cit., p. 503.

29 Leopold von Ranke, Frankreich und Deutschland, em *Historisch-Politische Zeitschrift*, 1832, p. 90, Band 1. Para uma boa abordagem de Ranke como homem político, ver Friedrich Meinecke, *Weltbürgertum und Nationalstaat*, München, R. Oldenbourg, 1911, p. 280 e ss.

30 Num certo sentido, o escrito programático da *Revista*, assim como da Escola Histórica em geral, é o opúsculo que Savigny publica em 1814 contra o jurista de tendência iluminista Thibault: Friedrich von Savigny, *De la vocación de nuestro siglo para la legislación y la ciencia del derecho*, Buenos Aires, Atalaia, 1946. O fato de Ranke nomear os personagens do *Diálogo político* com o nome e o prenome de Savigny, não bastasse o teor do texto, mostra a que ponto o jurista foi importante para o historiador.

31 Leopold von Ranke, *Zur eigenes Lebensgeschichte*, op. cit., pp. 50-51.

32 Fritz Ringer, *O declínio dos mandarins alemães*, São Paulo, Edusp, 2000, p. 34.

33 Reinhart Koselleck, *Futuro passado*, Rio de Janeiro, Contraponto/PUC-Rio, 2006, p. 48.

34 Cf., neste livro, Wilhelm von Humboldt, "Sobre a tarefa do historiador", trad. Pedro Spinola Caldas.

35 Wolfgang Wieland, "Entwicklung", em O. Brunner, W. Conze e R. Koselleck (hrsg.), *Geschichtliche Grundbegriffe*, Stuttgart, Klett-Cotta, 2004, v. 2, p. 216.

36 Helmut Berding, "Leopold von Ranke", em P. Koslowski (ed.), *The Discovery of Historicity in German Idealism and Historism*, Berlin, Springer, 2005, pp. 44-45.
37 Hermann Lübbe, *Die Hegelsche Rechte*, Stuttgart, Friedrich Frommann, 1962, pp. 8-9.
38 Leopold von Ranke, *Völker und Staaten in der neueren Geschichte*, Erlenbach, Eugen Rentsch, 1945, p. 506.
39 Helmuth Plessner, *Die verspätete Nation*, op. cit., p. 116.
40 Arnold Gehlen, *Die Seele im technischen Zeitalter*, Reinbeck, Rowohlt, 1957, p. 78.

BIBLIOGRAFIA

ACTON, John E. *Historical Essays and Studies*. London: MacMillan, 1907.

BERDING, Helmut. Leopold von Ranke. In: KOSLOWSKI, P. (org.). *The Discovery of Historicity in German Idealism and Historism*. Berlin: Springer, 2005, pp. 41-58.

BERTHOLD, Werner. Die Konzeption der Weltgeschichte bei Hegel und Ranke. In: MOMMSEN, Wolfgang (org.). *Leopold von Ranke und die moderne Geschichtswissenschaft*. Stuttgart: Klett-Cotta, 1988.

CALDAS, Pedro S. O espírito dos papéis mortos: um pequeno estudo sobre o problema da verdade histórica em Leopold von Ranke. *Emblemas*, n. 1, 2007, pp. 23-38.

DEMANDT, Alexander. Ranke unter den Weltweisen". *Öffentliche Vorlesungen der Humboldt-Universität zu Berlin*, 1995, pp. 7-29.

DILTHEY, Wilhelm. *Vom Anfang des geschichtlichen Bewusstseins*. Leipzig: B. G. Teubner, 1936.

DOVE, Alfred. Leopold von Ranke. *Allgemeine Deutsche Biographie*. Leipzig: Duncker & Humblot, 1888, pp. 246-67, v. 27.

DROYSEN, Johann Gustav. *Geschichte des Helenismus*. Darmstadt: Primus, 1998, v. 3.

FONTANA, Josep. *A história dos homens*. Bauru: Edusc, 2004.

GEHLEN, Arnold. *Die Seele im technischen Zeitalter*. Reinbeck: Rowohlt, 1957.

______. *Urmensch und Spätkultur*. Bonn: Athenäum-Verlag, 1956.

GOOCH, G. P. *Historia e historiadores en el siglo XIX*. México: Fondo de Cultura Económica, 1942.

GOTHEIN, Eberhard. *Die Aufgaben der Kulturgeschichte*. Leipzig: Duncker & Humblot, 1889.

GUILLAND, Antoine. *Modern Germany and her Historians*. New York: Macbride, Nast & Company, 1915.

HARNACK, Adolf von. *Geschichte der königlich preussischen Akademie der Wissenschaften zu Berlin*. Berlin: Reichsdruckerei, 1900, Band 1 (2).

HOLANDA, Sérgio Buarque de. O atual e o inatual em Leopold von Ranke. In: ______ (org.). *Ranke*. São Paulo: Ática, 1979.

HOWARD, Thomas A. *Religion and the Rise of Historicism*. Cambridge: Cambridge University Press, 2000.

IGGERS, Georg. *Deutsche Geschichtswissenschaft*. Wien: Böhlau, 1997.

KOSELLECK, Reinhart. *Futuro passado*. Rio de Janeiro: Contraponto/PUC-Rio, 2006.

KOSLOWSKI, Peter. History as the Control of Speculation: Schelling's Discovery of History and Baader's Critique of Absolute Historicity. In: ______ (ed.). *The Discovery of Historicity in German Idealism and Historism*. Berlin: Springer, 2005, pp. 23-40.

KRIEGER, Leonard. *Ranke:* The Meaning of History. Chicago: Chicago University Press, 1977.

LAUE, Theodore von. *Leopold Ranke:* The Formative Years. Princeton: Princeton University Press, 1950.

LENZ, Max. *Geschichte der königlichen Friedrich-Wilhelm-Universität zu Berlin*. Halle: Verlag der Buchhandlung des Waisenhauses, 1910, v. 2 (1).

LÜBBE, Hermann. *Die Hegelsche Rechte*. Stuttgart: Friedrich Frommann, 1962.

MARQUARD, Odo. Theodizeemotive in Fichtes früher Wissenschaftslehre. In: ______. *Individuum und Gewaltenteilung*. Stuttgart: Reclam, 2004, pp. 145-58.

Marx, Karl. Das philosophische Manifest der historischen Rechtsschule. *Marx-Engels Werke*. Berlin: Dietz, 1976, vol. i.

Medicus, F. Kant und Ranke. *Kant-Studien*, v. 8, 1903.

Meinecke, Friedrich. *Weltbürgertum und Nationalstaat*. München: R. Oldenbourg, 1911.

Padilla, Guillermo Z. Sobre las huellas de Ranke. In: ______. *La cultura moderna de la historia*. México: El Colegio de México, 2002, pp. 77-110.

Plessner, Helmuth. *Die verspätete Nation*. Frankfurt am Main: Suhrkamp, 1974.

______. *Mit anderen Augen. Aspekte einer philosophischen Anthropologie*. Stuttgart: Reclam, 2000.

Ranke, Leopold. *Zur Kritik neuerer Geschichtsschreiber*. Leipzig: G. Reimer, 1824.

______. "Frankreich und Deutschland". *Historisch-politische Zeitschrift*, 1. Band, 1832.

______. *Zur eigenen Lebensgeschichte*. Leipzig: Duncker & Humblot, 1890.

______. *Völker und Staaten in der neueren Geschichte*. Erlenbach: Eugen Rentsch, 1945.

Ringer, Fritz. *O declínio dos mandarins alemães*. São Paulo: Edusp, 2000.

Savigny, Friedrich von. *De la vocación de nuestro siglo para la legislación y la ciencia del derecho*. Buenos Aires: Atalaia, 1946.

Schmoller, Gustav. Gedächtnissrede auf Heinrich von Sybel und Heinrich von Treitschke. *Sitzungsberichte der königlichen preussischen Akademie der Wissenschaften zu Berlin*, 1896.

Sybel, Heinrich von. Gedächtnissrede auf Leopold von Ranke. *Abhandlungen der königlichen preussischen Akademie der Wissenschaften zu Berlin*, 1886, p. 10, pp. 6-7.

Taillandier, Saint-René. Historiens modernes de l'Allemagne: Leopold Ranke. *Revue des Deux Mondes*, 1854, pp. 49-50.

Treitschke, Heinrich von. *History of Germany*. London: Allen & Unwin, 1919, v. 5.

Wieland, Wolfgang. Entwicklung. In: Brunner, O.; Conze, W.; Koselleck, R. (orgs.). *Geschichtliche Grundbegriffe*. Stuttgart: Klett-Cotta, 2004, v. 2.

O CONCEITO DE HISTÓRIA UNIVERSAL (1831)

A História se diferencia das demais ciências porque ela é, simultaneamente, uma arte.* Ela é ciência na medida em que recolhe, descobre, analisa em profundidade; e arte na medida em que representa e torna a dar forma ao que é descoberto, ao que é apreendido.

Outras ciências se contentam simplesmente em registrar o que é descoberto em si mesmo: a isso se soma, na História, a capacidade de recriação.

Enquanto ciência, ela se aproxima da Filosofia; enquanto arte, da poesia. A diferença está no fato de que Filosofia e poesia, de maneira análoga, se movimentam no plano das ideias, enquanto a História não tem como prescindir do plano do real.[1] Caso fosse apresentada à Filosofia a tarefa de analisar uma cena ocorrida no tempo, para penetrar suas causas ela abarcaria num conceito o núcleo do ser: e por acaso a filosofia, para a História, não é história também?** Tomasse a poesia por objeto a reconstituição da vida não mais existente, também ela seria história. Não por suas possibilidades, mas sim por causa de seu próprio material, dado e condicionado pela empiria, é que a História se diferencia da poesia e da Filosofia. Ela associa as duas em um terceiro elemento que lhe é peculiar. A História não é nem uma coisa nem outra, ela promove a síntese das forças espirituais atuantes na poesia e na Filosofia sob a condição de que tal síntese passe a orientar-se menos pelo ideal – com o qual ambas se ocupam – que pelo real.

Há nações que não possuem a capacidade para apoderar-se desse elemento. Os indianos possuíam Filosofia e poesia; todavia lhes faltava a História [*Geschichte*].

---

* N. T.: Leopold von Ranke, "Idee der Universalhistorie", apud E. Kessel, "Rankes Idee der Universalhistorie". *Historische Zeitschrift*, v. 178, 1954, pp. 269-308.

** N. T.: No original: "*Und ist Philosophie der Geschichte etwa nicht auch Geschichte?*". A frase permite uma outra leitura, com a qual Ranke parece jogar: "E por acaso a Filosofia da História não é história também?".

É de se notar como entre os gregos a História se desenvolveu a partir da poesia, é derivada desta. Os gregos tiveram uma teoria da pesquisa histórica [*Historie*], a qual, embora seu exercício não possa ser igualado quando visto de hoje, sempre foi significativa. Uns têm destacado mais o caráter científico, outros o artístico; entretanto, nenhum apresentou a necessidade de unificar os dois. Sua teoria oscila entre ambos os elementos, sem conseguir se decidir. Como diz Quintiliano: *Historia est proxima poetis et quodammodo carmen solutum.**

Perdurando a dúvida, nos últimos tempos tem-se ou dado ênfase apenas à dimensão real ou insistido apenas na ciência como seu fundamento. O que levou à redução da História a uma mera parte da Filosofia. Contudo, ela precisa ser, como foi dito, ciência e arte ao mesmo tempo. Ela jamais é uma coisa sem ser a outra. Entretanto, bem pode ora uma ora outra se tornar mais evidente. Naturalmente, em preleções ela só aparece como ciência; precisamente por isso é necessário que nos ocupemos com seu *conceito.*

A arte basta-se a si mesma: sua existência atesta sua validade, já a ciência, bem como seus conceitos, tem de ser estudada em profundidade, e em seu nível mais íntimo ela deve ser clara.

Daí meu desejo de esclarecer, no decorrer de algumas de nossas próximas preleções, o conceito de história universal [*Welthistorie*]. A fim de que eu me refira [...] ao princípio histórico, a abrangência e [...]. Eu vou falar:

I. Do princípio histórico

Tratar-se-á aqui do que justifica, em si mesmo, o trabalho do historiador. Não em relação à vida. É um trabalho reconhecidamente necessário; sendo dispensável versar sobre sua utilidade, já que dela ninguém duvida. A sociedade, a relação entre as coisas exige-na. Porém, é necessário que ascendamos a um ponto de vista superior. A fim de justificar nossa

* N. T.: "A história é próxima à poesia e dela se pode dizer que, de certo modo, é um canto sem métrica.

ciência frente às pretensões da Filosofia nós procuramos nos reportar ao que há de mais elevado: buscaremos um princípio ao qual possa ser atribuída sua própria vida; para alcançá-lo, preferiremos ver a História em sua oposição à Filosofia. Falamos daquela Filosofia que chega a seus resultados por meio da especulação, e que alimenta a pretensão ao domínio sobre a História.

Mas quais são essas pretensões? Fichte, entre outros, as nomeou: "Se o filósofo é capaz de deduzir os possíveis fenômenos da experiência a partir da onipotência do seu conceito prévio, então é evidente que ele não necessita de experiência alguma para realizar sua tarefa, e, dentro de seus limites, dar-se a liberdade de desconsiderar qualquer experiência – simplesmente *a priori* –, o todo do tempo e todas as épocas teriam de ser descritas a partir do mesmo *a priori*."* Ele demanda da Filosofia: um conceito abrangente para a totalidade de uma vida que se divide em diferentes épocas, as quais só são concebidas de maneira confusa e puramente [...], bem como cada uma destas épocas singulares, por sua vez, precisa de conceitos unificadores para um período singular – e que se manifesta nos mais diferentes fenômenos.

Daí resulta que o filósofo, partindo de um lugar completamente diferente, de uma verdade descoberta de uma maneira que lhe é própria, constrói a totalidade da História – como se ela tivesse de ser deduzida a partir de seu conceito de humanidade. Em seguida, não satisfeito em ter de verificar se seu conceito é verdadeiro ou falso a partir do decurso do que realmente aconteceu, ele passa a adequar os eventos ao conceito. Ele reconhece a verdade da História [*Geschichte*] unicamente na medida em que ela se submete ao seu conceito. É isso o que se chama de construir a História [*Historie*].**

Caso esse procedimento fosse correto, a História perderia toda a sua autonomia: ela seria simplesmente regida por um teorema da Filosofia;

* N. T.: Ranke sintetiza aqui uma passagem da primeira preleção dos *Fundamentos da época atual* (1804) de Fichte. Cf. Johann Gottlieb Fichte, "Die Grundzüge des gegenwärtigen Zeitalters", em Johann Gottlieb Fichte, *Zur Politik. Moral und Philosophie der Geschichte (Werke* VII*)*, Berlin, Walter de Gruyter, 1971, p. 5.

** N. T.: Antes do advento do construtivismo em meados do século XX, o termo "construção" [*Konstruktion*] tinha uma acepção ligeiramente negativa no alemão, sugerindo algo como um meio termo entre "análise" e "especulação".

para com a verdade deste, porém, ascender e declinar. Todo seu interesse particular desapareceria. Tudo o que é digno de ser conhecido teria por objetivo apenas o saber em que medida o *principium philosophicum* se deixa comprovar. Em que medida se deu aquela continuidade do gênero humano concebida *a priori*. Só que não haveria mais qualquer interesse em nos aprofundarmos nas coisas do passado. Querer saber como se viveu e pensou numa dada época. Tal interesse estaria posto apenas na totalidade de um conceito deduzido a partir dos fenômenos da história humana. Por meio do estudo da história nunca se poderia chegar a uma convicção universal e fundamentada. A única diversidade possível consistiria num desdobramento dos conceitos, numa dedução feita de cima para baixo – suficiente para que a História deixasse de gozar de autonomia, sem interesse em si mesma, e sua fonte vital se esgotaria. Praticamente não valeria a pena dedicar-se a seu estudo uma vez que a possuiríamos no e por meio do conceito filosófico.

A Teologia já havia tido tais pretensões antigamente; também ela pretendeu – num entendimento, sem dúvida, falso – dividir toda a história humana em períodos de pecado, redenção e império de mil anos; ou nas quatro monarquias profetizadas por Daniel e aprisionar a totalidade dos eventos a partir de algumas frases do livro do Apocalipse.

Tanto numa perspectiva quanto na outra, a História perderia todo seu fundamento e caráter científicos, e de forma alguma poderíamos falar de um elemento que lhe fosse próprio, e a partir do qual viveria.

Observemos apenas que a História mantém-se em contínua oposição a tais pretensões, de forma que a Filosofia não teria podido exercer seu domínio. Pelo menos em obras impressas não encontrei filosofia alguma que sequer em aparência tivesse estendido seu poder sobre tal domínio; que deduzisse a multiplicidade dos fenômenos a partir de um conceito especulativo – pois a realidade das coisas se afasta do, e escapa ao, conceito especulativo.

Ao mesmo tempo, observamos que a História seguiu em frente imperturbavelmente, e se opôs àquelas pretensões com todo o vigor. Deste modo, ela demonstra o caráter particular do princípio que a norteia, e que é oposto ao filosófico.

Perguntemo-nos primeiramente quais são as ações em que se manifesta esse espírito, antes de o enunciarmos.

Em primeiro lugar, sempre ocorrem à Filosofia as exigências das reflexões mais elevadas; e à História as condições da vida; aquela coloca mais peso no interesse pelo universal, esta no interesse pelo particular; aquela entende o progresso como o essencial: toda especificidade só conta enquanto parte de um todo; esta também se volta para o específico com simpatia; a atitude daquela é de recusa: o estado de coisas que a Filosofia poderia aprovar, ela o coloca bem à frente de si; por sua própria natureza, ela é profética, orientada para a frente; a História vê o que é bom e benéfico no existente, o qual tenta captar, e direciona seu olhar para trás.

Tal oposição transforma-se num ataque direto de uma ciência [*Wissenschaft*] sobre a outra. Enquanto, como vimos, a Filosofia pretende submeter a História, por vezes a História alimenta pretensões semelhantes. Ela quer ver os resultados da Filosofia não como um absoluto, mas simplesmente como manifestações no tempo; ela supõe que a Filosofia mais exata residiria na História da Filosofia, isto é, que as teorias que se colocam em evidência de tempos em tempos, por mais que se contradigam, conteriam a verdade absoluta reconhecível ao gênero humano. Todavia ela vai além, e advoga que a Filosofia, especialmente na sua modalidade conceitual, seria apenas a manifestação do saber de um povo subjacente à linguagem; de tal forma que ela nega à Filosofia qualquer validade absoluta e a concebe como submetida à História. A seu lado ela tem até mesmo os filósofos que, em regra, atribuem a todos os sistemas anteriores a mera condição de degraus, consideram-nos meros fenômenos condicionados e reservam validade absoluta apenas a seus próprios sistemas.

Eu não pretendo afirmar que as coisas sejam assim, pretendo apenas demonstrar que na perspectiva histórica das coisas atua um princípio ativo que se manifesta incessantemente e que se opõe à perspectiva filosófica. A questão é saber qual princípio é este que fundamenta tal afirmação.

Enquanto o filósofo, observando a História a partir de seu campo, busca o infinito por meio do progresso, do desenvolvimento e da totalidade, a História reconhece o infinito em cada coisa viva, algo de eterno vindo de Deus em cada instante, em cada ser; é este seu princípio vital.

Como poderia qualquer coisa existir sem o fundamento divino de sua vida?

Por essa razão, como dissemos, a História se inclina com simpatia para o específico. Por esta razão, ela reivindica o interesse pelo particular; reconhece o existente e o que tem valor; opõe-se ao mudancismo negador; ela reconhece até mesmo no erro a sua parcela de verdade; eis por que ela vê nas filosofias já abandonadas, anteriormente vigentes, uma parcela do conhecimento eterno.

Não é necessário que demonstremos longamente que o eterno habita o indivíduo. Este é o fundamento religioso a que nossos esforços nos levam. Nós acreditamos que nada existe senão por meio de Deus. À medida que nos libertamos das pretensões de uma certa teologia limitada, percebemos que todos nossos esforços brotam de uma fonte mais elevada, religiosa.

Porém, deve-se rejeitar a ideia de que mesmo a pesquisa histórica deva voltar-se simplesmente para a busca daquele princípio mais elevado e que subsiste ao fenômeno. Não, ela se aproximaria demasiado da Filosofia na medida em que este princípio seria antes pressuposto que contemplado.

O próprio fenômeno, em e por si mesmo, será elevado à História por causa do seu conteúdo – mais importante: será salvo. A História dedica seus esforços ao concreto, e não apenas ao abstrato que nele estaria contido.

Uma vez que reivindicamos tal princípio como nosso princípio mais elevado, deve-se observar que exigências daí resultam para a pesquisa histórica.

1. A primeira delas é o amor à verdade. Na medida em que reconhecemos nosso objetivo mais elevado no evento, no estado momentâneo de alguma coisa ou no indivíduo que queremos conhecer, adquirimos uma consideração elevada por aquilo que aconteceu, se passou, se manifestou. O primeiro passo é reconhecer isso. Caso quiséssemos, por meio de nossa imaginação, nos antecipar em algum lugar a tal objetivo, estaríamos trabalhando contra ele, estaríamos reconhecendo apenas o reflexo de nossas teorias e de nossa imaginação. Mas com isso não se está sugerindo que devamos apenas nos aferrar ao fenômeno, ao seu "quando" e ao seu "onde". Com isso nos apossaríamos somente de uma manifestação exter-

na, enquanto nosso próprio princípio nos remete ao que é interno. Por conseguinte, é necessário:

2. Uma investigação documental, pormenorizada e aprofundada. Primeiramente dedicada ao próprio fenômeno, suas condições, seu contexto, sobretudo pela razão de que, procedendo de outra forma, não estaríamos capacitados para obter o conhecimento: – e, consequentemente, para o conhecimento de sua essência, de seu conteúdo.[2] Pois como qualquer formação é uma formação espiritual, somente por meio de uma percepção espiritual ela pode ser apreendida. Tal percepção baseia-se na harmonia das leis que atuam no espírito do observador com aquelas por meio das quais o objeto observado se manifesta. Já aqui pode haver maior ou menor aptidão. Toda alma coletiva baseia-se na harmonia do indivíduo com o que é próprio da espécie. O princípio criador e a natureza que conferem forma confrontam-se no indivíduo, o qual as reconhece, compreendendo-se a si mesmo e desvelando-se para si mesmo. Esse dom está presente em todas as pessoas, em maior ou menor grau. Discernimento, coragem e probidade ao dizer a verdade são suficientes: imparcial e modestamente em seus estudos, devem todos transmitir e fazer prevalecer aquilo a que se dedicaram. Mas o que é imparcialidade [*Unbefangenheit*]? Ela conduz à terceira exigência de nosso princípio.

3. Um interesse universal. Há aqueles que se interessam apenas pelo estudo das instituições burguesas ou das constituições, pelos avanços da ciência ou pelas realizações artísticas ou pelos enredos políticos. A maior parte da história escrita tratou até agora da guerra e da paz. Como, porém, tais campos nunca se dão apartados um do outro, mas estão sempre articulados e até mesmo condicionando-se mutuamente – como, por exemplo, os diferentes campos científicos influenciam tanto a política externa quanto, e sobretudo, a interna –, é necessário dedicar um interesse uniforme a todos eles. De outra forma nos tornaríamos incapazes de entender um por meio do outro, e caminharíamos rumo a uma meta oposta à do conhecimento. Aí reside a imparcialidade a que nos referíamos. Ela não é uma falta de interesse, mas um interesse no conhecimento puro, não turvado por opiniões preconcebidas. Mas como? Tal esforço minucioso em busca da verdade levará ao esmigalhamento de todo um

campo do conhecimento? Não nos ocuparemos senão com uma série de fragmentos?

4. A fundamentação do nexo causal.[3] Precisaríamos nos contentar e satisfazer com uma simples informação, em si e por si mesma, que correspondesse unicamente ao objeto. Para aquela primeira exigência já mencionada, bastaria que houvesse uma sequência entre os distintos eventos. Só que entre eles existe um nexo. O que ocorre ao mesmo tempo se toca e influencia mutuamente. O precedente condiciona o posterior. Existe uma articulação íntima entre causa e efeito – mesmo que não possamos datá-la, o nexo causal não está menos presente. Ele existe, e, pelo fato de existir, devemos procurá-lo e conhecê-lo. Essa forma de estudo da história, derivada da relação entre causas e efeitos, é denominada pragmática. Todavia, não queremos compreendê-la numa perspectiva convencional, mas, sim, de acordo com nossos conceitos.

Desde a formação da historiografia moderna, e na medida em que ela se concentrou no agir humano, o pragmatismo difundiu um sistema em que as motivações profundas das coisas assentam no egoísmo e na ambição de poder. O procedimento é corrente: apreendidas pela observação livre, as ações dos indivíduos são deduzidas, atribuídas, imputadas àquelas ou a quaisquer outras paixões. Desse modo, toda a percepção histórica adquire uma aparência seca, irreligiosa, de falta de caráter, e que conduz ao desespero. Eu não nego que tais motivações possam ser extremamente poderosas e atuantes: nego apenas que sejam as únicas. Primeiramente, deve-se investigar o mais exatamente possível se somos capazes de descobrir as verdadeiras razões nas informações verdadeiras. Mais comumente do que se pensa, isso será possível. Somente então, quando não formos mais capazes de avançar, nos será permitido dar espaço às suposições. Não se deve pensar que com isso estaria prejudicada a liberdade da observação. Não; quanto mais documentada, exata, produtiva a investigação, mais livremente nossa arte se movimenta. Somente no âmbito da verdade imediata, impossível de ser negada, é que tal arte chegará a bom termo! Secas em si são apenas as causas aparentes. Causas verdadeiras são variadas, profundas, passíveis de uma observação viva. Assim, tal como o conhecimento em geral, nosso próprio pragmatismo é documental. Ele pode até ser bastante discreto, contudo, é muito importante. Onde falam os próprios eventos, onde a composição pura revela o nexo entre as coisas, não há necessidade de empregar demasiadas palavras a seu respeito.

5. Apartidarismo [*Unparteylichkeit*]. Na história universal [*Weltgeschichte*] manifestam-se, em regra, dois partidos que se defrontam um com o outro. Embora as disputas mantidas por estes partidos sejam muito distintas, elas têm, contudo, um parentesco íntimo. Vemos sempre um se desenvolver a partir do outro.[4]

Não se deve crer que no decorrer do tempo estes partidos serão facilmente esquecidos. Há nos homens uma feliz esperança quanto ao julgamento da história, da posteridade, e isso é dito milhares de vezes. Só que não é muito comum que isso seja feito de forma apartidária. Em nós vive um interesse distinto do fugaz interesse de outrora. Muito frequentemente julgamos o passado a partir da situação atual. Talvez isso nunca foi tão grave quanto atualmente, em que interesses próprios e que se estendem por toda a história universal ocupam a opinião pública mais do que nunca e a dividem num grande embate.

Do ponto de vista político, não há problema algum nisso. Mas do ponto de vista propriamente histórico, sim. Nós, que buscamos a verdade mesmo no erro, que vemos tudo o que existe atravessado por um princípio vital originário, temos sobretudo de nos tornarmos livres internamente. Onde quer que haja uma luta semelhante, cada um dos partidos deverá ser avaliado em sua situação própria, em seu meio e, por assim dizer, em seu conteúdo interno particular. É necessário compreendê-los antes de julgá-los.

Ser-nos-á objetado que, todavia, também aquele que escreve, que compõe uma exposição, deveria ter sua opinião, sua religião, das quais ele não teria como declinar.

E ter-se-ia razão, caso nos atrevêssemos a dizer quem tem razão em cada conflito. É bem possível que frequentemente saibamos bem em favor de quem estaríamos em meio ao conflito, em favor de que opinião nos decidiríamos. É bem possível que aquele apartidarismo que normalmente vê a verdade das disputas no ponto equidistante entre duas opiniões opostas seja impossível ao historiador, na medida em que ele muito certamente está aferrado à sua opinião; porém isso de forma alguma é o mais importante. Somos capazes de visualizar o erro, mas onde não haverá erros? Com isso, porém, não damos as costas à vida. Ao lado do bem reconhecemos o mal, mas este também reside em algo interior.

Não são as opiniões que nós colocamos à prova; o que nos interessa é a vida que sempre exerce a influência decisiva nos conflitos políticos e religiosos. Aqui elevamo-nos com a finalidade de obter uma visão da essência dos elementos opostos e em luta, por mais complexa que ela seja. Nós simplesmente não temos de julgar o erro ou a verdade. Destaca-se apenas forma junto à forma, vida junto à vida, efeito e contraefeito. Nossa tarefa é penetrá-los até o fundamento de sua existência e apresentá-los com total objetividade.

Há atualmente dois grandes partidos em luta entre si, para os quais as palavras *movimento* e *resistência* como que se tornaram bandeiras. A História: ela se diferencia totalmente do [espírito de partido], tanto do que se quer manter eternamente aferrado a uma posição como daquele que quer manter-se em eterna mudança. Algumas pessoas associam o primeiro ao princípio jurídico. Elas identificam uma legalidade na defesa de uma situação [...] reconhecida, de uma determinada lei. Elas não querem perceber que as coisas existentes se formaram através de remodelações – geradas por lutas – ocorridas no seio das coisas antigas. Somente então chegaria a História a seu termo. Em algum outro lugar ela chegaria a seus objetivos: por assim dizer, não seria possível a existência de um estado não legal, de nenhum estado que pudesse prejudicar a razão: uma conclusão impossível. Tampouco, porém, pode a História colocar abaixo aquilo que é antigo, como se fosse algo totalmente morto, inútil, sem consideração por lugares particulares e favorável a interesses particulares.[5] Se ela teme a violência na observação, quanto mais no relato. Esse destruir, refazer e destruir novamente não corresponde ao caminho da natureza. É um estado de desordem interior que se manifesta dessa forma. É um organismo que entrou em confronto consigo mesmo: certamente estranho, mas não agradável de se observar. É certo que a História reconhece o princípio do movimento, mas como evolução e não como revolução; precisamente por essa razão ela reconhece o princípio da resistência. Somente onde o equilíbrio se mantém, sem que surjam essas lutas violentas e que a tudo devoram, é que pode a humanidade prosperar.[6] Exatamente por isso, pelo fato de que a História reconhece ambos os princípios, é que ela pode ser justa em relação a um e a outro. Ela não tem sequer de decidir teoricamente o conflito, que seu passado ensina [...]; ela sabe perfeitamente que ele, tal conflito, será decidido segundo a vontade de Deus.

6. Compreensão da totalidade. Tanto como o indivíduo e como o nexo de uma coisa com a outra, finalmente, existe também a totalidade. Trata-se de algo vivo, e assim apreendemos sua manifestação: nós percebemos a sequência das condições que tornam um fator possível por intermédio do outro. Mas isso não é suficiente, há aí uma totalidade, há um vir-a-ser, um ser-eficiente, um fazer-se valer, um desvanecer-se. Essa totalidade é tão certa como cada manifestação em cada fator. Devemos dedicar-lhe toda a atenção. Tratando-se de um povo, não é a todos os elementos individuais de suas manifestações vivas, mas, sim, ao conjunto de seu processo de desenvolvimento, de seus feitos, de suas instituições, de sua literatura que nos fala a ideia que nós simplesmente não podemos ignorar. Quanto mais se avança, mais difícil, porém, dominá-la. Pois também aqui, somente através de uma investigação rigorosa, aprendizado lento e utilização de documentos, pelos quais realizamos algo; por meio de indução do que já é bem conhecido, isso significa divinação e, por meio do que se pouco conhece, filosofema. Vê-se como a história universal [*Universalhistorie*] é algo tremendamente difícil. Que massa infinita! Quantos esforços diferentes entre si! Quanta dificuldade em captar uma individualidade! Desconhecendo tantas coisas, como haveríamos de identificar por toda a parte o nexo causal? Para não falar em fundamentar a essência da totalidade. Realizar plenamente essa tarefa é algo a meu ver impossível. Somente Deus conhece integralmente a história universal [*Die Weltgeschichte weiss allein Gott*]. Nós conhecemos as oposições; quanto às harmonias – que, como diz um poeta indiano, "são conhecidas dos deuses, mas desconhecidas dos homens" –, só podemos lamentar por delas não nos aproximarmos. Mas há para nós, nitidamente, uma unidade, um avançar das coisas [*Fortgang*], um desenvolvimento [*Entwicklung*].[7]

Assim chegamos, pela via histórica, próximos da tarefa da Filosofia. Se a Filosofia fosse o que deve ser, caso a História estivesse inteiramente esclarecida e consumada, então elas coincidiriam integralmente. Com um espírito filosófico, a ciência histórica penetraria seu elemento. Caso a arte histórica for capaz de infundir-lhe vida, e de reproduzir com aquela parcela da força poética que não inventa algo novo, mas apenas reproduz o que é captado e compreendido em suas feições verdadeiras, então, como dizíamos no início, ela seria capaz de unificar ciência e arte, de juntar ambas em seu próprio elemento.

II. Do escopo da história universal

São três as formas de delimitá-la: quanto aos desenvolvimentos em sequência, simultâneos e isolados.

Desenvolvimentos em sequência. A História abrangeria, em si e por si, o todo da vida da humanidade surgida ao longo do tempo. Todavia, é demasiado o que dela se perdeu e que permanece desconhecido. Os primeiros períodos de sua existência – bem como seus primeiros representantes – estão perdidos, sem que haja esperança de um dia os reconstruir.

Podemos ver que significado tem a História. Uma vez perdido um autor, perde-se também a expressão do individual, do único. Num livro de História, contudo, não se exprimem apenas o ser e a visão de seu autor. Tal livro nos interessa muito mais por causa das outras vidas que contém. Muito do que foi escrito se perdeu; outras coisas jamais foram escritas. Tudo o que existe está ameaçado pela morte. Somente aqueles que a História menciona não morreram completamente, sua essência e sua vida continuarão a exercer influência enquanto ainda forem compreendidos: é somente com o apagar da memória que a verdadeira morte acontece.[8]

Feliz é a situação em que restos documentais ainda existem. Estes, ao menos, podem ser compreendidos.

Mas e naquelas situações em que não for este o caso? Por exemplo, a pré-história? Eu sou de opinião que esta deve ser separada da História, pela razão de que a primeira contraria o princípio da segunda, que é o da pesquisa documental.

Totalmente apartado deveria ser tudo o que, na história universal [*Welthistorie*], faz menção a articulações e eventos geológicos da história natural sobre a formação do mundo, do sistema solar e da terra; pelos nossos próprios caminhos nada podemos saber de tais coisas. É permitido aqui reconhecer nossa ignorância.

Quanto ao mito eu não gostaria, no geral, de negar que ele vez por outra possa conter um elemento histórico. O mais importante, porém, é que ele corresponda à visão que um povo tem de si mesmo, sobre sua atitude em relação ao mundo e assim por diante. Ele é importante na medida em que depositou em si o universo subjetivo de um povo, seus pensamentos, e não na medida em que possa conter algo de objetivo. Na primeira perspectiva o mito é bastante confiável para a pesquisa histórica, ali ela exerce seus direitos plenamente, mas não na segunda perspectiva.

Finalmente, só podemos dar uma atenção muito limitada aos povos que ainda hoje em dia permanecem numa espécie de estado natural, e permitem supor que desde o início tal estado permanece o mesmo e que o mundo primitivo neles se conservou. A Índia e a China são antiquíssimas e dispõem de uma cronologia muito abrangente. Mas mesmo os mais inteligentes elaboradores de cronologias são incapazes de se livrarem do estado natural. Seu passado mais distante é extraordinário. Sua configuração pertence, antes, à história natural.

Tradução: *Sérgio da Mata*

Tradução das passagens em latim e grego: *Estevão de Rezende Martins*

NOTAS

1 Anotação feita à margem e excluída: "Ela se distingue de ambas devido a um certo elemento real (escrito anteriormente e depois cortado: objeto) que lhe é próprio".

2 Anotação à margem do manuscrito: "Somente a crítica, a separação das fontes, a corresp (...), somente aquilo que é fidedigno (originalmente, no lugar desta última palavra: digno de ser conhecido)".

3 Escrito à margem posteriormente: "*Sine ferreis hypothesibus cognoscimus et ab effectis progrediamur ad causas*" ("Conhecemos sem estar presos a hipóteses rígidas e, dos efeitos, progredimos às causas").

4 Anotação feita à margem e depois excluída: "Por meio desse caminho, a história encontra o princípio da evolução [Fortgang] e do progresso [Fortschritt]. Como já foi dito, ela ama o existente, mas sem desconhecer que em tudo o que existe há um elemento de evolução, de progresso. Ela renuncia [...] à revolução; ela tem o progresso em alta conta. Por isso ela se diferencia daquilo que alguns consideram ser o princípio jurídico; estes ficam a meio caminho e veem na legalidade o que há de mais elevado, sem refletir sobre como a lei surgiu. De um ponto de vista histórico, a História reduzirá tudo isso a um estado não condicionado por leis. Todavia, a História reconhece, liberalmente, o princípio do desenvolvimento [Entwicklung]".

5 Trecho excluído do original: "A rivalidade entre progresso e resistência, originada em leis naturais, é vista com tensão (?) pela História".

6 Excluído do original: "Todavia, de quando em quando, grandes crises têm de ser necess (frase inconclusa)".

7 Anotado à margem: "Ela não prova, ela indica. *Scribitur ad narrandum, non ad probandum*" ("Escreve-se para narrar, não para demonstrar").

8 Anotado em grego na margem inferior: "A palavra (do poeta) vive mais do que os feitos que celebra. (Píndaro, Nemeia 4, 6)". [N. T.: Trata-se do 6º verso da 4ª Ode Nemeia. Nessas odes, Píndaro celebra diversos vencedores dos jogos nemeios].

Henry Thomas Buckle (1822-1862)

Apresentação

Valdei Araujo

Em um dos primeiros esboços biográficos publicados logo após a morte de Henry Buckle, a título de prefácio a seus ensaios, o biógrafo anônimo nos apresenta um panorama bastante interessante da recepção imediata de sua obra na Inglaterra, antes de ela ter sido, poucas décadas depois, elevada à categoria de uma das obras pioneiras das ciências sociais.

Comparando a vida de abnegada dedicação aos estudos de Buckle, bem como sua reconhecida genialidade, à trajetória de Pico della Mirandola (1463-1494), o biógrafo afirma que ambos teriam sonhado realizar uma obra monumental, resumindo e conciliando os fragmentos do conhecimento disponível em suas épocas. A morte aos 40 anos, de febre tifoide em Damasco, certamente contribuía para adornar com ares de romantismo e martírio a trajetória desse herói da ciência. Não deixa de ser curioso que Buckle, um dos maiores críticos do culto aos heróis na história,[1] tenha sido tão imediatamente transformado em um deles, e ainda por cima de tonalidade religiosa, já que é considerado um mártir que entregou sua vida à religião da ciência. Essa pequena contradição é apenas um fragmento das tensões entre Buckle e seus contemporâneos.

Nascido em uma rica família de comerciantes ingleses, aos 14 anos Buckle afastou-se do ensino regular para se dedicar a um plano enciclopédico de estudos. De saúde supostamente frágil, recusou-se a seguir o destino de comerciante que o pai lhe havia preparado. Sem uma formação universitária, a trajetória de Buckle estava fadada a ser marginal aos grandes centros de legitimação acadêmica; o que parece ter reforçado sua sensação de insatisfação com os intelectuais de seu tempo. O encontro com o utilitarismo de John Stuart Mill (1806-1873) e o positivismo de Auguste Comte (1798-1857) foram momentos decisivos na formação de sua própria agenda de investigação.

Autodidata e com tendências a um enciclopedismo megalômano, com a morte do pai, em 1840, iniciou os trabalhos de preparação de sua obra-prima inacabada, a *História da civilização na Inglaterra*, cujos únicos dois volumes foram publicados em 1857 e 1861, respectivamente. A lista de autores citados no primeiro volume, que é aposta logo no início, ocupa nada menos que 14 páginas, com mais de mil títulos listados; o segundo volume é precedido de outra lista não menos impressionante. Todo o primeiro volume, com seus 14 capítulos, compõe o que Buckle chama de "Introdução geral" à sua *História da civilização na Inglaterra*. O segundo volume é todo dedicado a descrever a evolução de certos traços da Espanha e Escócia, as duas sociedades sendo marcadas pelo retardamento do progresso civilizacional pela superstição. Se nos locais onde a natureza se mostra mais vigorosa, como nos trópicos, a imaginação tende a ser dominada pela superstição, Buckle procura provar que nenhum outro lugar na Europa é mais parecido com os trópicos do que a Espanha. Assim, nela o fardo da superstição cobrou o preço mais alto.

No plano geral da obra permanecem as referências à história da Inglaterra como o exemplo do curso civilizacional mais próximo ao ideal. Embora tenha sido muito bem-sucedido em formular as linhas gerais de um programa de investigação para a História, as explicações de Buckle permanecem no interior do senso comum historiográfico inglês da era vitoriana. Suas grandes teorias apenas confirmam os preconceitos de uma era e uma nação orgulhosa de suas realizações. Nesse ponto não havia muita diferença entre sua historiografia e a daqueles que criticava, ele era apenas mais ambicioso e dogmático na busca das causas e leis.

A mitologia em torno do autor afirma ter o trabalho de preparação durado quase vinte anos, com uma carga regular de cerca de dez horas de estudos por dia. Embora alguns autores posteriores tendam a destacar o choque que a obra de Buckle teria provocado na "conservadora" comunidade de historiadores ingleses, a linguagem cientificista e de um cru determinismo adotada não era estranha ao homem londrino médio, não depois de Charles Dickens (1812-1870) ter destilado sua ferina sátira do utilitarismo e espírito positivo nas páginas de um de seus mais famosos romances, *Hard Times*, publicado em folhetins entre abril e agosto de 1854. O bordão do materialista Gradgrind – um dos personagens centrais do romance –, "o que quero agora são fatos", deveria ainda ressoar na mente do leitor que três anos depois, em 1857, aventurava-se no primeiro volume da obra de Buckle.[2] A anterioridade da sátira demonstra o quanto, no contexto britânico, a busca por uma "ciência social" de leis impessoais e eternas já era um traço cultural.

Na tentativa de humanizar a imagem do cientista insensível, que talvez ajudasse a explicar a "imediata indiferença" com que o seu primeiro livro fora recebido, o biógrafo chama a atenção do leitor para o carinho de Buckle por sua mãe, a quem os dois volumes são dedicados. Essa recepção fria e hostil é atribuída à grande falha de Buckle segundo seu biógrafo: o isolamento e a falta de contato social, que o levavam a facilmente assumir posições dogmáticas. Nesse ponto lembra igualmente as reações negativas dos escoceses, feridos em seu orgulho nacional pelas análises implacáveis do segundo volume da *História*.

Nos trechos que selecionamos, impressionam os termos precisos nos quais Buckle critica a historiografia de sua época, isso décadas antes da polêmica entre metódicos e durkheimianos na França de finais do século XIX. Deplora-se uma historiografia empiricista, por demais apegada ao fato individual, incapaz de dialogar com os avanços das ciências naturais e mesmo com alguns campos de vanguarda como a Ciência Política e a Estatística. Essa última é celebrada como a grande reveladora das leis gerais. Podemos apenas imaginar o entusiasmo de alguns, e o assombre de outros, frente à descoberta das grandes regularidades humanas, das curvas regulares que prometiam novas possibilidades de controle e planejamento social. Essa tradição de linguagem, central no discurso das ciências sociais, retornaria de tempos em tempos em ondas de otimismo renovado, não sem deixar, nos momentos de maré vazante, importantes contribuições para nossa compreensão da história.

A genealogia da luta por uma História enquanto ciência social deveria incorporar mais seriamente o debate sobre suas raízes no pensamento cientificista do século XIX, até para fins de uma reavaliação crítica. Depois de descobrirmos que a riqueza da historiografia oitocentista não pode ser encoberta por rótulos ingênuos como "tradicional", "não crítica" ou "positivista", talvez fosse o momento de entendermos mais livremente o quanto a história que escrevemos hoje ainda é tributária de "positivistas" e "historicistas". Para isso, mesmo esses rótulos, herança de uma história das ideias muito rígida, deveriam ser substituídos por objetos mais capazes de recuperar a complexidade dos fenômenos que neles se escondem, desde a formação de tradições de linguagens político-intelectuais e de conceitos histórico-sociais até a montagem de instituições e ideologias. Insistir em uma história intelectual internalista e desencarnada pode ser um passatempo louvável, mas pouco contribuirá para a compreensão efetiva da formação de nosso modo de pensar e escrever a história, e, por isso, em nossa capacidade de fazê-la avançar.

A ideia da sucessão de épocas ou visões de mundo, que para o século XIX concentra-se na passagem do romantismo ao realismo/naturalismo; ou do historicismo ao cientificismo; esconde essa simultaneidade de linguagens que não deixaram de ser articuladas, mesmo quando as condições de sua recepção não eram tão favoráveis.[3] Assim, em pleno romantismo podemos encontrar elementos da linguagem materialista/determinista que depois será rearticulada para combatê-lo; da mesma forma que os manifestos por uma História mais determinista não silenciaram as resistências historicistas.

Um dos poucos ensaios publicados por Buckle surge a pretexto da resenha de um dos livros de John Stuart Mill. Nele, Buckle formula uma metáfora que poderia ser arrolada entre aquelas de mais larga fortuna para comparar fatos e tendências. Os fatos individuais "Seriam como meteoros que encantam o vulgo com seu brilho e depois desaparecem sem deixar qualquer rastro".[4] Dos meteoros aos fogos e espumas e vagas braudelianas há certamente uma genealogia a reconstruir e mitos de revolução a desmontar, tarefa essencial para uma história da historiografia do século xx.[5]

A esse respeito, como podemos ler em um dos trechos selecionados, Buckle tem seu lugar garantido entre os pioneiros na formulação e escrita de uma história da historiografia, ou uma história da história, como ele a denomina no capítulo vi de sua obra, integralmente dedicada ao exercício de compreender a evolução da escrita da história desde a Idade Média:

> [...] muitas luzes serão lançadas sobre os movimentos da sociedade, já que deve sempre haver uma conexão entre o modo pelo qual os homens contemplam o passado e o modo pelo qual eles contemplam o presente, ambos sendo de fato diferentes formas dos mesmos hábitos de pensamento e, por isso, em todas as épocas há uma certa conexão e correspondência entre esses dois modos de contemplação.[6]

Apesar das divergências teóricas e metodológicas com os historiadores de seu tempo, Buckle compartilhava com eles, talvez em maior grau, uma de suas principais fraquezas: uma crença excessiva no progresso e no papel modelar da história inglesa. Deslumbrados com as grandes transformações políticas, econômicas e tecnológicas da Inglaterra vitoriana, esses autores tendiam a ler o passado como uma grande e linear evolução até os estágios mais desenvolvidos do presente.[7] Claro que essa cronologia do progresso civilizatório também tinha sua crono-geografia, isto é, um mapeamento evolucionista das sociedades contemporâneas dentro e fora da Europa. Buckle produzirá intrincadas explicações para esses "fatos", celebrando e legitimando como único possível o modelo civilizacional inglês. Sabemos o impacto profundo desse crono-mapeamento – que dava ares de ciência a um conjunto muito antigo de preconceitos – na consciência de intelectuais das sociedades consideradas menos talhadas para o progresso. No Brasil, Buckle teve uma recepção estrondosa a partir de 1870, o que explica a tradução integral de sua *História da civilização na Inglaterra* já em finais do século XIX.[8] Como destaca Luciana Murari:

> [...] a leitura de textos produzidos por alguns dos mais significativos intelectuais brasileiros do período 1870-1914 – Sílvio Romero, Euclides da Cunha, Araripe Jr., Capistrano de Abreu – mostra que o nome de Buckle é onipresente, seja através de citações diretas, seja através da crítica a seu pensamento, ou por seu uso de forma relativamente velada, pois alguns autores empregam a lógica e a terminologia buckleanas como se estes elementos pertencessem ao senso comum.[9]

Por que então, apesar dessa convergência de Buckle com os valores centrais do evolucionismo progressista que predominava na consciência histórica inglesa, a recepção de sua obra foi inicialmente polêmica? Segundo Stow, o problema central estava no desmonte do moralismo vitoriano que era uma das bases de legitimação dos historiadores na Grã-Bretanha. Ainda carentes do tipo de profissionalização que estava em curso na Prússia, os historiadores britânicos teriam permanecido fiéis ao modelo do intelectual letrado envolvido com a orientação e correção moral da sociedade. Negar que os vícios e virtudes individuais tinham algum papel importante na decisão dos grandes eventos históricos era minar a fonte de legitimação de uma historiografia que se propunha cultuar os heróis e educar a sociedade.[10]

Um dos introdutores das ideias de Ranke (1795-1886) na Inglaterra, o historiador e bispo anglicano William Stubbs (1825-1901), esteve entre os historiadores mais críticos do modelo de Buckle. O bispo insistia que a liberdade de ação individual era a fonte das grandes transformações históricas, por isso os métodos estatísticos não poderiam ter validade absoluta nos domínios de Clio. A História, escrita com método e objetividade, deveria ser entendida como parte fundamental da formação moral do homem. Ainda em 1877, o bispo afirmaria em uma de suas conferências: "[...] os feitos da vontade humana, em sua incontável combinação e circunstâncias que nenhuma teoria pode exaustivamente calcular, não são o campo para afirmações dogmáticas ou especulações classificatórias".[11]

Embora Buckle provavelmente desejasse ser como um cientista que lenta e seguramente esquadrinha o terreno, seu primeiro biógrafo insistia em caracterizá-lo como "um explorador nas regiões das ciências históricas e sociais",[12] e seu projeto é comparado com os grandes viajantes do Amazonas ou do Orinoco, que depois de muito caminhar imaginavam ter atingido a foz dos rios, mas logo descobriam ter chegado apenas em mais uma curva ou na entrada de uma lagoa. A metáfora descreve bem o que o leitor encontra no livro de Buckle, um labirinto infinito de informações, aparentemente desconexas, cujo levantamento poderia continuar por volumes tão extensos e infinitos quanto aqueles dois grandes rios. Mas também nesse labirinto não faltam tesouros, a seleção que apresentamos é apenas um convite ao leitor disposto a recolhê-los.

• • •

De modo geral, a tradução a seguir contém as mesmas passagens da "Introdução Geral" à *História da civilização na Inglaterra* que foram selecionadas por Fritz Stern para sua coletânea *The Varieties of History*,[13] com a exceção dos fragmentos do capítulo VI. Todas as passagens foram cotejadas com a primeira edição de 1857.

Notas

1 Vale lembrar que o escocês Thomas Carlyle (1795-1881) publicou em 1841 o famoso e influente ensaio sobre os heróis e o heroísmo na história. Na longa lista de autores citados no primeiro volume, Buckle menciona apenas um dos muitos livros de Carlyle, a edição das cartas de Oliver Cromwell.

2 Sobre as relações entre historiografia e literatura na Inglaterra vitoriana, e a cultura da sentimentalidade, talvez como um bloqueio ao discurso positivo, ver Flávia Florentino Varella, "David Hume e Jane Austen: o sentimento e a construção da moderna historiografia inglesa", *Revista Fênix*, v. 3, n. 2, 2006.

3 Nessa direção, é bastante interessante, no caso brasileiro, as leituras feitas por Varnhagem da obra *De l'influence des climats sur l'homme et des agents physiques sur le moral*, publicada em 1867 por Pierre Foissac. Cf. Helena Mollo, "História geral do Brasil: entre o espaço e o tempo", em Wilma Peres Costa e Cecília Helena de Salles (orgs.), *De um império a outro: formação do Brasil, séculos XVIII e XIX*, São Paulo, Hucitec/Fapesp, 2007, p. 109.

4 Henry Thomas Buckle, *Essays*, New York, Appleton and C, 1863, p. 44.

5 Para uma discussão mais ampla sobre esse ponto, ver Valdei Lopes de Araujo. *Sobre o lugar da história da historiografia como disciplina autônoma, passim.*

6 Henry Thomas Buckle, *History of Civilization in England*, London, J. W. Parker and Son, vol. I, p. 266.

7 Cf. George B. Stow, "Stubbs, Steel, and Richard II as Insane: The Origin and Evolution of an English Historiographical Myth", *Proceedings, American Philosophical Society*, vol. 143, n. 4, 1999, p. 607. Como é comum na historiografia britânica, Stow denomina essa concepção de *whigg*.

8 Henry Thomas Buckle, *História da civilização na Inglaterra*, trad. Adolpho J. A. Melchert, São Paulo, Tipografia da Casa Eclética, 1899-1900, 2 vols. Em nota aposta ao primeiro tomo, datada de 1882, Melchert explica que sua tradução foi feita a partir da edição francesa, com alguma ajuda de um amigo versado no inglês. Para esta coletânea, decidimos traduzir diretamente do inglês, o que privará o leitor do estilo sóbrio e elegante do primeiro tradutor. Essa edição brasileira deve ser ainda destacada pelo longo e importante ensaio sobre a obra de Buckle da lavra de J. C. Gomes Ribeiro, polemista e intelectual bastante atuante em sua época.

9 Luciana Murari, *Brasil: ficção geográfica*, Rio de Janeiro, Annablume, 2007, p. 67. Há nesse livro toda uma seção dedicada à concepção de natureza na filosofia da história de Buckle e seus impactos no Brasil. Existe uma vasta bibliografia sobre a recepção e impacto do cientificismo no Brasil, lembro aqui apenas do belo artigo de Francisco Foot Hardman (*Brutalidade antiga*, p. 296), no qual analisa, entre outros tópicos, a influência das imagens bucklenas das ruínas na obra de Euclides da Cunha.

10 Cf. George B. Stow, op. cit., p. 611.

11 William Stubbs apud George B. Stow, op. cit., p. 612.

12 Henry Thomas Buckle, *Essays*, op. cit., p. 11.

13 Fritz Stern, *The Varieties of History: From Voltaire to the Present*, New York, Vintage, 1973.

Bibliografia

Araujo, Valdei Lopes de. Sobre o lugar da história da historiografia como disciplina autônoma. *Locus: Revista de História*, Juiz de Fora, v. 12, n. 1, 2006, pp. 79-94.

Buckle, Henry Thomas. *History of Civilization in England.* London: J. W. Parker and Son, 1857, vol. I.

______. *History of Civilization in England*, v. II. London: Appleton and Co., 1865.

______. *Essays.* New York: Appleton and Co., 1863.

______. *História da Civilização na Inglaterra*, trad. Adolpho J. A. Melchert. São Paulo: Tipografia da Casa Eclética, 1899-1900, 2 vols.

Hardman, Francisco Foot. *Brutalidade antiga:* sobre história e ruína em Euclides. Estudos Avançados, USP, v. 10, n. 26, 1996, pp. 293-310.

Mises, Ludwig von. *Theory and History.* Contributor Murray N. Rothbard. Ludwig von Mises Institute, 2007, pp. 84-92.

Mollo, Helena Miranda. História geral do Brasil: entre o espaço e o tempo. In: Costa, Wilma Peres; Salles, Cecília Helena de (orgs.). *De um império a outro:* formação do Brasil, séculos XVIII e XIX. São Paulo: Hucitec, Fapesp, 2007, pp. 99-118.

Murari, Luciana. *Brasil, ficção geográfica: ciência e nacionalidade no país d'Os Sertões*. Rio de Janeiro: Annablume, 2007.

Stern, Fritz. *The Varieties of History:* From Voltaire to the Present. New York: Vintage, 1973.

Stow, George B. Stubbs, Steel, and Richard II as Insane: The Origin and Evolution of an English Historiographical Myth. *Proceedings, American Philosophical Society*, vol. 143, n. 4, 1999, pp. 601-37.

Varella, Flávia Florentino. David Hume e Jane Austen: o sentimento e a construção da moderna historiografia inglesa. *Revista Fenix*, v. 3, n. 2, 2006.

Introdução Geral à *História da civilização na Inglaterra* (1857)

Capítulo 1. Exposição dos meios para a investigação da História, e provas da regularidade das ações humanas. Essas ações são governadas por leis mentais e físicas: logo, esses dois conjuntos de leis devem ser estudados, e por isso não pode haver História sem as ciências naturais.

De todos os grandes ramos do conhecimento humano, a História é aquele sobre o qual mais se tem escrito e que tem sido sempre o mais popular.* Parece ser opinião geral que o sucesso dos historiadores tem, de modo geral, igualado seus esforços; e se sobre esse objeto muito tem sido estudado muito também tem sido compreendido.

Esta confiança no valor da História é amplamente difundida, como podemos notar pela amplitude com que é lida e pela porção que ocupa em todos os planos de educação. Nem pode ser negado que, de certo ponto de vista, essa confiança é perfeitamente justificável. É inegável que se tem coletado materiais que, quando vistos no todo, possuem uma rica e imponente aparência. Os anais políticos e militares de todos os grandes países da Europa, e muitos daqueles fora da Europa, têm sido cuidadosamente compilados, reunidos em uma forma conveniente, e as evidências nas quais se fundamentam têm sido toleravelmente bem selecionadas. Uma grande atenção tem sido aplicada à história da legislação, bem como a da religião: enquanto considerável trabalho, embora inferior, tem sido empregado em traçar o progresso da ciência, das literaturas e belas artes, das invenções úteis e, ultimamente, dos costumes e comodidades dos povos. De modo a ampliar nosso conhecimento do passado, antiguidades de todos os tipos

* N. T.: Henry Thomas Buckle, *History of Civilization in England*, London, J. W. Parker and son, 1857, v. I.

têm sido examinadas; os sítios de antigas cidades, revirados; moedas, desenterradas e decifradas; inscrições, copiadas; alfabetos, restaurados; hieróglifos, interpretados, e, em alguma medida, línguas há muito esquecidas, reconstruídas e reorganizadas. Muitas das leis que regulam as mudanças na linguagem humana foram descobertas, e, nas mãos de filólogos, usadas para elucidar inclusive o mais obscuro período das primeiras migrações das nações. A economia política foi elevada à condição de ciência e, através dela, muitas luzes foram lançadas sobre as causas da desigual distribuição da riqueza que é a fonte mais fértil dos distúrbios sociais. As estatísticas têm sido tão assiduamente cultivadas que temos as mais exaustivas informações não apenas relativas aos interesses materiais dos homens como também às suas peculiaridades morais; tais como a quantidade dos diferentes crimes, as proporções que eles estabelecem entre si e a influência exercida sobre eles pela idade, sexo, educação, e outros fatos semelhantes. A Geografia Física tem marchado junto com este grande movimento, o fenômeno do clima tem sido registrado; montanhas, medidas; rios, investigados e rastreados até as suas origens; produções naturais de todos os tipos, cuidadosamente estudadas, e suas propriedades ocultas, reveladas: enquanto todo o alimento que sustenta a vida tem sido quimicamente analisado; seus componentes, enumerados e medidos, e a natureza da conexão entre eles e a estrutura humana foi, em muitos casos, satisfatoriamente estabelecida. Ao mesmo tempo, como nada do que possa ampliar nosso conhecimento daquilo que afeta o homem deve ser deixado de lado, têm sido feitas pesquisas circunstanciadas em muitos outros departamentos, de modo que, com relação à maioria dos povos civilizados, estamos agora familiarizados com suas taxas de mortalidade, de casamentos, a proporção de seus nascimentos, o caráter de seus empregos e a flutuação tanto nos salários quanto nos preços das *commodities* necessárias às suas existências. Esses e outros fatos similares têm sido coletados, metodizados e preparados para o uso. Tais resultados, que formam, como estão, a anatomia da nação, são admiráveis em sua minuciosidade, e a eles têm sido agregados outros resultados menos minuciosos, mas mais extensos. Não apenas as ações e o caráter das grandes nações têm sido registrados, mas um prodigioso número de diferentes tribos em todas as partes do mundo conhecido tem sido visitado e descrito por viajantes, permitindo-nos comparar a condição da humanidade em todos os estágios da civilização e sob todas as variedades de circunstâncias. Quando nós, além disso, acrescentamos que essa curiosidade a respeito de nossos semelhantes é aparentemente insaciável e que está constantemente crescendo, que os meios de saciá-la estão igualmente se ampliando e que a maior parte das observações que têm sido feitas está ainda preservada; quando considerarmos tudo isso junto talvez possamos fazer uma tênue ideia do imenso valor desse vasto corpo de fatos que agora possuímos e pelo auxílio dos quais o progresso da humanidade está para ser investigado.

Mas se, por outro lado, passamos a descrever o uso que tem sido feito desse material, traçaremos um quadro distinto. A infeliz peculiaridade da história do homem é que, embora suas partes separadas tenham sido examinadas com considerável habilidade, dificilmente alguém tentou combiná-las em uma totalidade, de forma a assegurar o modo pelo qual essas partes estão conectadas entre si. Em todos os outros grandes campos de investigação, a necessidade de generalização é universalmente aceita, e nobres esforços têm sido feitos para elevar-se dos fatos particulares de modo a descobrir as leis pelas quais esses fatos são governados. Até aqui, entretanto, está longe de ser esse o caminho usual entre os historiadores, dentre os quais uma estranha ideia prevalece: a de que seu negócio é meramente relatar os eventos que podem ocasionalmente ser vivificados por alguma reflexão moral ou política como sendo provavelmente úteis. De acordo com esse esquema, qualquer autor que, por indolência de reflexão ou por uma natural incapacidade, esteja despreparado para lidar com os ramos mais altos do conhecimento, tem apenas que empregar alguns anos na leitura de certo número de livros e então qualificar-se para ser um historiador; ele estará apto para escrever a história de um grande povo, e sua obra, de se tornar uma autoridade no assunto que ele acredita tratar.

O estabelecimento desse estreito padrão tem levado a resultados muito prejudiciais ao progresso de nosso conhecimento. Graças a ele, os historiadores, considerados como um corpo, nunca reconheceram a necessidade de um estudo preliminar amplo que os capacitasse a considerar seu objeto na totalidade de suas relações naturais. Por isso o espetáculo singular de um historiador ignorante em Economia Política; outro nada sabendo de leis; outro nada sobre questões eclesiásticas e mudanças de opinião; outro negligenciando a filosofia da estatística, e outro a ciência da física; embora esses tópicos sejam os mais essenciais de todos, na medida em que eles compreendem as principais circunstâncias pelas quais o temperamento e o caráter da humanidade são afetados, e nos quais eles são exibidos. Sendo esses importantes empreendimentos, no entanto, cultivados por um ou outro homem, têm sido mais isolados do que reunidos: a ajuda que poderia derivar da analogia e da mútua ilustração tem sido perdida; e nenhuma disposição, mostrada para concentrá-los na História, da qual eles são, propriamente falando, os componentes necessários...

Sendo nossos conhecimentos históricos tão imperfeitos, e os materiais tão numerosos, parece desejável que alguma coisa seja feita em uma escalar maior do que tem sido tentado até agora, e que um grande esforço deve ser feito para levar esse grande setor de investigação ao nível dos outros setores, de modo que possamos manter o balanço e a harmonia de nosso conhecimento. É nesse espírito que a presente obra foi concebida. Fazer a sua plena execução igualar sua concepção é impossível: ainda assim, espero realizar para a história do homem alguma coisa equivalente, ou de todos os ângulos análoga, ao que tem sido feito por outros investigadores pelos diferentes ramos das ciências naturais. No que diz respeito à natureza, os eventos aparentemente mais irregulares e caprichosos têm sido explicados e demonstrados em acordo com certas leis fixas e universais. Isso tem sido feito porque homens habilidosos – e, sobretudo, pacientes –, incansavelmente reflexivos, estudaram os eventos naturais com vistas ao descobrimento de suas regularidades: se os eventos humanos forem submetidos a tratamento similar, temos todo o direito de esperar resultados semelhantes. Porque está claro que aqueles que afirmam que os fatos da história são incapazes de serem generalizados tomam por garantida a própria questão que está em debate. Na verdade, eles fazem mais do que isso. Eles não apenas assumem o que não podem provar, mas assumem também o que em nosso estado atual de conhecimento é altamente improvável. Quem quer que esteja familiarizado com tudo o que tem sido feito nos últimos dois séculos deve estar consciente que cada geração demonstra que alguns eventos são regulares e previsíveis, os mesmos eventos que a geração precedente declarou serem irregulares e imprevisíveis. Por isso, a tendência marcante do avanço da civilização é reforçar nossa crença na universalidade da ordem, do método e da lei. Sendo esse o caso, segue-se que frente a qualquer fato ou classe de fatos que não tenham sido ainda reduzidos à ordem, nós, no lugar de pronunciá-los irredutíveis, devemos, em vez disso, nos deixar guiar pela nossa experiência do passado e admitir a probabilidade de que aquilo que chamamos agora de inexplicável irá ser explicado em algum momento futuro. Essa expectativa de descobrir regularidades no meio da confusão é tão familiar ao homem de ciência que entre os mais eminentes deles tornou-se um artigo de fé; e, se a mesma expectativa não é amplamente encontrada entre os historiadores, isso deve ser atribuído, em parte, à sua inferior habilidade em relação à dos investigadores da natureza, e em parte à grande complexidade dos fenômenos sociais com os quais seus estudos estão envolvidos.

Ambas as causas têm retardado a criação de uma ciência da história. Os mais celebrados historiadores são manifestadamente inferiores aos mais bem-sucedidos praticantes das ciências físicas: ninguém que tenha se devotado à História esteve intelectualmente à altura de ser comparado com Kepler, Newton ou muitos outros que poderiam ser nomeados. E pela grande complexidade de seus fenômenos, o historiador filosófico é submetido a dificuldades bem maiores que o estudante da natureza; logo, enquanto, de um lado, suas observações estão mais vulneráveis às causas de erro que advêm dos preconceitos e das paixões, ele, por outro, é incapaz de empregar o grande recurso físico do experimento, pelo qual podemos frequentemente simplificar mesmo os mais intrincados problemas do mundo externo.

Por isso não surpreende que o estudo dos movimentos do homem esteja ainda em sua infância, se comparados aos avanços no estado dos estudos sobre os movimentos da natureza. Na verdade, a diferença entre o progresso dos dois empreendimentos é tão grande que, enquanto na Física a regularidade dos eventos e a capacidade de prevê-los são comumente tidas como garantidas, mesmo em casos ainda por serem provados, uma regularidade similar em História não apenas não é tomada como certa, mas é efetivamente negada. Por isso qualquer um que deseje levar a História ao nível dos outros ramos do conhecimento é confrontado por um obstáculo preliminar; já que lhe é dito que nos assuntos humanos há algo de misterioso e providencial que os torna impermeáveis às nossas investigações, e que eles sempre esconderão de nós o seu desenvolvimento futuro. A isso deve ser suficiente responder que tal afirmação é gratuita; que é, por sua natureza, incapaz de ser provada; sendo ainda oposta pelo fato notório de que em todos os outros ramos o crescimento do conhecimento é acompanhando por um incremento da confiança na uniformidade na qual, sob as mesmas circunstâncias, os mesmos eventos devem suceder uns aos outros. Seria talvez mais satisfatório testar mais profundamente a dificuldade e questionar de uma vez as fundações da opinião comum de que a História precisaria sempre permanecer no seu estado empírico presente, nunca podendo ser elevada ao patamar de uma ciência. Devemos então ser levados a uma ampla questão que, na verdade, está na raiz de todo o problema, e é simplesmente essa: são as ações dos homens, e logo das sociedades, governadas por leis fixas, ou são elas o resultado do acaso ou de intervenção sobrenatural? A discussão dessas alternativas sugerirá algumas especulações de considerável interesse. [...]

Não são apenas os crimes dos homens que são marcados por essa uniformidade de sequência. Mesmo o número de casamentos anualmente celebrados é determinado não pelo temperamento e vontades individuais, mas por fatos amplos e gerais, sob os quais os indivíduos não podem exercer qualquer autoridade. É agora sabido que os casamentos possuem uma relação fixa e determinada com o preço do milho; e na Inglaterra a experiência de séculos provou que, no lugar de ter qualquer conexão com sentimentos pessoais, eles são simplesmente regulados pelos rendimentos médios da grande massa da população: de modo que essa imensa instituição social e religiosa é não apenas afetada, mas completamente controlada pelo preço dos alimentos e pelo nível dos salários. Em outros casos, a uniformidade tem sido detectada, embora suas causas sejam ainda desconhecidas. Para dar um exemplo curioso, estamos agora aptos a provar que as aberrações da memória são marcadas pelo caráter geral dessa ordem invariável e necessária. Os correios de Londres e Paris recentemente publicaram o número de cartas que retornaram porque seus escritores, por esquecimento, omitiram o endereçamento. Ignorando-se as diferenças de circunstâncias, os retornos são, ano após ano, cópias uns dos outros. Ano após ano a mesma proporção de missivistas esqueceu esse simples ato; de modo que para cada período sucessivo podemos efetivamente predizer o número de pessoas cuja memória irá falhar com relação a essa simples e, como poderia parecer, acidental ocorrência.

Para aqueles que têm uma firme concepção da regularidade dos eventos, e claramente avaliam a grande verdade que as ações do homem, sendo guiadas por seus antecedentes, nunca são realmente inconsistentes, mas por mais caprichosas que pareçam ser, apenas formam parte de um vasto esquema de ordem universal do qual nós, no presente estado do conhecimento, podemos somente ver as linhas gerais. Para os que compreendem isso, que é, ao mesmo tempo, a chave a o fundamento de toda a História, os fatos aduzidos, longe de serem estranhos, são justamente o que se deveria esperar e o que são desde que sejam conhecidos. Na verdade, o progresso da investigação está se tornando tão rápido e tão claro que não há dúvidas que antes de mais um século ter passado a cadeia de evidências estará completa. Será tão raro encontrar um historiador que negue a regularidade dos fatos do mundo moral como é hoje raro encontrar um filósofo que negue a regularidade do mundo material.

Deve-se observar que as provas precedentes de nossas ações serem reguladas por leis foram derivadas da Estatística, um ramo do conhecimento que, embora ainda em sua infância, já lançou mais luz no estudo da natureza humana do que todas as ciências juntas. Mas embora tenha sido a Estatística a primeira a investigar este grande objeto tratando-o de acordo com os seus métodos de raciocínio – métodos que em outros campos têm sido considerados bem-sucedidos –; e embora eles tenham, pela aplicação de números, incorporado um poderoso motor para extrair a verdade, não devemos, por isso, supor que não haja outros recursos disponíveis pelos quais esse objeto possa da mesma forma ser investigado. Nem devemos inferir que, pelo fato de as ciências físicas ainda não terem sido aplicadas à História, elas sejam por isso inaplicáveis. Na verdade, quando consideramos o incessante contato entre o homem e o mundo exterior, é certo que deverá haver uma íntima conexão entre as ações humanas e as leis físicas; de modo que, se as ciências físicas não foram até agora levadas a explicar a História, a razão é tanto o fato de os historiadores não terem percebido até agora a conexão ou, ainda, tendo-a percebido, eles são destituídos dos conhecimentos pelos quais a sua operação pode ser rastreada. Por isso levantou-se uma separação artificial dos dois grandes setores de investigação, o estudo do interno e aquele do externo: e embora, no estado presente da literatura europeia, haja alguns indisfarçáveis sintomas do desejo de quebrar essa barreira artificial, deve-se ainda admitir que nada foi efetivamente feito para realizar tão grande fim. Os moralistas, os teólogos e os metafísicos continuam a desenvolver seus estudos sem muito respeito pelo que consideram o trabalho inferior do homem de ciência, cujas pesquisas, na verdade, eles frequentemente criticam como sendo perigosas aos interesses da religião ou inspirando-nos uma indevida confiança nos recursos do entendimento humano. Por outro lado, os praticantes das ciências físicas, conscientes de que formam um corpo avançado, são naturalmente orgulhosos de seu próprio sucesso; e, contrastando as suas descobertas com as posições mais estacionárias de seus oponentes, são levados a desprezar os empreendimentos cuja nulidade tornou-se agora notória.

É tarefa do historiador mediar esses dois partidos e reconciliar suas pretensões hostis mostrando o ponto no qual seus respectivos estudos devem se fundir. Estabelecer os termos dessa coalizão será fixar as bases para toda a História. Pois, desde que a História lida com as ações dos homens, e desde que essas ações são meramente o produto da união entre fenômenos externos e internos, torna-se necessário examinar a importância relativa desses fenômenos; inquirir na extensão em que suas leis forem conhecidas e afirmar os recursos para as futuras descobertas feitas por essas duas grandes classes: os estudantes do espírito* e os estudantes da natureza. Tentarei realizar essa tarefa nos dois próximos capítulos. Caso atinja

* N. T.: Optei por traduzir a palavra *mind* por "espírito" e não "mente", que em português tem um sentido mais restrito, com suas conotações biopsicológicas, do que em inglês. O tradutor da primeira edição brasileira opta por "mente", o que fazia sentido no contexto cientificista de final do século XIX, contexto esse que não era o de Buckle, o qual, acredito, não estava se referindo a fenômenos estritamente mentais quando empregava a palavra *mind*.

algo próximo do sucesso, a presente obra terá, ao menos, o mérito de ter contribuído com alguma coisa para diminuir esse vasto e tolo abismo que bloqueia nosso conhecimento, separando assuntos que são intimamente relacionados e que nunca deveriam ter sido separados. [...]

Capítulo 2. Influência exercida pelas leis físicas sobre a organização da sociedade e sobre os caracteres individuais

Se nos perguntamos quais agentes físicos influenciam mais poderosamente a raça humana, descobriremos que eles podem ser classificados sob quatro categorias: nomeadamente, clima, alimentação, solo e o aspecto geral da natureza. Por esse último entendo aquelas aparências que, embora apresentadas principalmente à visão, têm, através dos outros sentidos, conduzido à associação de ideias, e logo, em diferentes países, têm dado lugar a diferentes hábitos de pensamentos nacionais. A uma dessas quatro classes podem ser referidos todos os fenômenos externos pelos quais os homens são permanentemente afetados. A última dessas classes, ou o que eu chamo de aspecto geral da natureza, produz seu principal resultado pela excitação da imaginação e pela sugestão dessas inumeráveis superstições que são os grandes obstáculos para o avanço do conhecimento. E como, na infância de um povo, o poder de tais superstições é supremo, tem ocorrido que os vários aspectos da natureza têm produzido correspondente variedade de caracteres populares, e organizado nas religiões nacionais peculiaridades que, sob certas circunstâncias, é possível reduzir. Os outros três agentes, nomeadamente, clima, alimentação e solo, não têm, tão longe quanto sabemos, tal influência direta; mas, como estou prestes a provar, originado as mais importantes consequências no que se refere à organização geral da sociedade. Deles têm surgido muitas dessas grandes e conspícuas diferenças entre as nações, as quais são comumente atribuídas a alguma diferença fundamental entre as várias raças nas quais a humanidade está dividida. Mas, enquanto tal divisão original das raças é apenas uma hipótese, as discrepâncias que são causadas pelas diferenças de clima, alimentação e solo são passíveis de uma explicação satisfatória e, quando compreendidas, irão esclarecer muitas das dificuldades que ainda obscurecem o estudo da História. Proponho, por isso, em primeiro lugar examinar as leis desses três vastos agentes na medida em que estiverem conectadas com o homem em sua condição social; e, tendo traçado o efeito dessas leis com tanta precisão quanto o presente estado do conhecimento físico permitir, devo então examinar o agente restante, nomeadamente, o aspecto geral da natureza. Tentarei destacar as mais importantes divergências que essas variações têm naturalmente dado lugar nos diferentes países.

Começando então com o clima, a alimentação e o solo, é evidente que essas três forças físicas são, em não pequena escala, dependentes umas das outras. Ou seja, há uma muito estreita conexão entre o clima de um país e o alimento que nele irá ordinariamente crescer; enquanto ao mesmo tempo o alimento é ele mesmo influenciado pelo solo que o produz, bem como pela elevação ou depressão do terreno, pelo estado da atmosfera e, em uma palavra, por todas aquelas condições cuja reunião o nome Geografia é, em seu sentido mais *lato*, comumente empregado.

A união entre esses agentes físicos sendo então íntima, parece aconselhável considerá-los não separadamente em si mesmos, mas pelos diferentes efeitos produzidos por sua ação conjunta. Nesse sentido, devemos assumir um ponto de vista mais compreensivo da totalidade do problema; evitando a confusão que poderia ser causada pela separação artificial de fenômenos que são em si mesmos inseparáveis. Assim, seremos capazes de ver mais claramente a extensão dessas importantes influências, que, nos estágios primitivos da sociedade, os poderes da natureza exercem sobre os destinos do homem.

Dentre todos os resultados produzidos nos povos pelo seu clima, alimentação e solo, a acumulação de riqueza é o primeiro e, em muitos aspectos, o mais importante. Pois, embora o progresso do conhecimento possa eventualmente acelerar o crescimento da riqueza, é, entretanto, certo que na formação social primitiva a riqueza precisa ser primeiro acumulada para que depois o conhecimento possa surgir. Enquanto cada homem estiver envolvido em coletar os materiais necessários para sua própria subsistência não haverá tempo livre nem gosto para empreendimentos superiores; nenhuma ciência será criada, e o máximo que poderá ser alcançado é uma tentativa de economizar esforço pela melhoria dos instrumentos rudes e imperfeitos que mesmo os mais bárbaros povos são capazes de inventar.

Em um estágio social como esse, a acumulação de riqueza é o primeiro grande passo que pode ser dado, porque sem riqueza não pode haver tempo livre, e sem ele não haverá conhecimento. Se o que um povo consome é exatamente igual ao que ele possui, não haverá sobras, e, por isso, nenhum capital sendo acumulado, não haverá meios pelos quais se possa manter qualquer classe ociosa. Mas se a produção é maior que o consumo, surge um excedente que, de acordo com princípios bem conhecidos, incrementa-se e eventualmente torna-se um fundo pelo qual, imediata ou remotamente, serão mantidos aqueles que não produzem a riqueza da qual vivem. Então, torna-se possível a existência de uma primeira classe intelectual, porque pela primeira vez existe uma acumulação prévia através da qual os homens podem dispor daquilo que não produzem, e estão então habilitados para se dedicar a assuntos que, em um período primitivo, a pressão de suas necessidades diárias não lhes deixava tempo. [...]

Capítulo 3. Exame do método dos metafísicos para o descobrimento de leis mentais

É quase desnecessário notar como em muitas esferas os progressos das civilizações europeias têm sido marcados pela diminuição da influência do mundo exterior: refiro-me, obviamente, às peculiaridades do mundo exterior que têm uma existência independente da vontade dos homens, e não são criadas por eles. As nações mais avançadas devem, em seu estado presente, comparativamente pouco às características originais da natureza que em todas as civilizações fora da Europa, exercem um poder ilimitado. Por isso, na Ásia e em outros lugares, o curso do comércio – e outras atividades semelhantes – é determinado pela existência dos rios, pela facilidade com a qual podem ser navegados e pela quantidade e qualidade de seus portos. No entanto, na Europa, a causa determinante não é tanto essas peculiaridades físicas, mas a habilidade e energia humanas. Antes os países mais ricos eram aqueles nos quais a natureza era mais abundante; agora são aqueles nos quais os homens são mais ativos. Pois em nossa época do mundo, se a natureza é parcimoniosa, sabemos como compensar suas deficiências. Se um rio é difícil de navegar ou um lugar, difícil de atravessar, nossos engenheiros podem corrigir o erro e remediar o mal. Se não temos rios, fazemos canais; se não temos portos naturais, fazemos artificiais. E tão marcante é a tendência a enfraquecer a autoridade dos fenômenos naturais que é vista inclusive na distribuição do povo, já que nas mais civilizadas partes da Europa a população das cidades em todo o lugar ultrapassa à do campo. É evidente que, quanto mais os homens se reúnem nas grandes cidades, mais se tornam acostumados a buscar seus objetos de reflexão nos negócios da vida humana, e menos atenção dedicam às peculiaridades da natureza que são as fontes férteis da superstição, e pelas quais, em toda civilização fora da Europa, o progresso do homem foi atrasado.

Pode-se honestamente inferir desses fatos que o avanço da civilização na Europa é caracterizado pela diminuição da influência das leis físicas, e o crescimento da influência das leis espirituais. A prova completa dessa generalização pode ser reunida apenas pela História, por isso devo reservar uma larga porção nos volumes futuros desta obra para as evidências nas quais ela está fundamentada. Mas, deve ser admitido por qualquer um, a proposição é fundamentalmente verdadeira. Em adição aos argumentos apresentados, seguem-se duas premissas, nenhuma delas parece suscetível a muito questionamento. A primeira premissa é que não temos evidências de que as forças da natureza estejam em permanente crescimento, e não temos razões para esperar que tal crescimento possa ocorrer. A outra premissa é a de que temos evidências abundantes de que os recursos do espírito humano têm se tornado mais poderosos, numerosos e mais hábeis para lidar com as dificuldades do mundo exterior. Cada nova aquisição de nosso conhecimento oferece novos meios com os quais podemos tanto controlar as operações da natureza quanto, ao falharmos em fazê-lo, prever as consequências e assim evitarmos o que é impossível prevenir; nos dois casos diminuímos a pressão sobre nós exercida pelos agentes externos.

Admitidas essas premissas, somos levados a uma conclusão de grande valor para os objetivos desta Introdução. Pois se a medida da civilização é o triunfo do espírito sobre os agentes externos, torna-se claro que, das duas classes de leis que regulam o progresso da humanidade, as leis espirituais são mais importantes que as físicas. Isso, na verdade, é assumido por uma escola de pensadores como algo evidente, embora eu não esteja seguro de que sua demonstração tenha sido até agora realizada de modo mesmo que próximo de uma análise exaustiva. A questão, no entanto, sobre a originalidade de meu argumento é bastante banal; o que devemos notar é que no presente estado de nossa investigação o problema com o qual iniciamos tornou-se mais simples, e o descobrimento das leis da história europeia resolve-se, em seu primeiro momento, com o descobrimento das leis do espírito humano. Essas leis espirituais, quando estabelecidas, serão a base última da história da Europa; as leis físicas serão tratadas como de menor importância, e meramente como dando lugar a perturbações cuja força e frequência têm, durante muitos séculos, perceptivelmente diminuído. [...]

CAPÍTULO 5. INVESTIGAÇÃO SOBRE A INFLUÊNCIA EXERCIDA PELA RELIGIÃO, LITERATURA E GOVERNO

A totalidade da ação humana sendo, então, de um ponto de vista superior, governada pela totalidade do conhecimento humano, parece ser uma simples questão de coletar as evidências de conhecimento e, submetendo-as a sucessivas generalizações, definir o corpo de leis que regulam o progresso da civilização. E não tenho a menor dúvida de que isso será eventualmente feito. Mas, infelizmente, a História tem sido escrita por homens tão inadequados para a grande tarefa que eles empreendem que poucos dos materiais necessários foram até agora reunidos. No lugar de nos contar coisas que sozinhas não têm qualquer valor, quando deveriam nos informar sobre os progressos do conhecimento e do modo pelo qual a humanidade tem sido afetada pela difusão do conhecimento, mas no lugar dessas coisas a vasta maioria dos historiadores enche suas obras com os mais banais e miseráveis detalhes: anedotas pessoais de reis e cortes; intermináveis relatórios do que foi dito por um ministro e o que foi pensado por outro; e, o que é pior, longas descrições de campanhas, batalhas e sítios, muito interessantes para os envolvidos, mas para nós profundamente inúteis, pois não nos fornecem novas verdades nem os meios pelos quais novas verdades possam ser descobertas. Esse é o real impedimento que agora bloqueia o nosso avanço. É essa falta de discernimento, e essa ignorância do que é mais valioso selecionar, o que nos priva dos materiais que deveriam desde muito estar acumulados, organizados e guardados para uso futuro. Em outras grandes áreas do conhecimento, a observação precedeu o descobrimento; primeiro os fatos têm sido registrados e então suas leis, encontradas. Mas no estudo da história do homem, fatos importantes são negligenciados, e fatos sem importância, guardados. A consequência disso é que quem agora tentar generalizar os fenômenos históricos precisará coletar os fatos, ao mesmo tempo em que conduz a generalização. Ele não encontra nada pronto para seu uso. Precisa ser o pedreiro bem como o arquiteto; precisa não apenas projetar o edifício, mas da mesma forma escavar a pedreira. A necessidade de executar essa dupla tarefa impõe ao filósofo fardo tão enorme que os limites de uma vida inteira são inferiores à tarefa. A História, no lugar de ser elevada, como deve ser, a completas e exaustivas generalizações, está ainda em tão rude e informal estado que nem mesmo o mais determinado e demorado empenho irá habilitar qualquer um a compreender a verdadeira importância das ações da humanidade durante um período tão curto quanto dois séculos sucessivos.

Em função dessas coisas, há muito abandonei meu esquema original; e relutantemente determinei escrever a história não da civilização geral, mas da civilização de um povo em particular. Enquanto por esse caminho encurtamos o campo de investigação, infelizmente diminuímos os recursos que ela poderia dispor. Pois, embora seja perfeitamente verdade que a totalidade das ações humanas, se considerada em longos períodos, depende da totalidade do conhecimento humano, deve ser permitido que esse grande princípio, quando aplicado apenas a um país, perca alguma coisa de seu valor original. Quanto mais diminuímos nossas observações, maiores se tornam as chances de que a ação das grandes leis seja perturbada pela ação de leis menores. A interferência de governos estrangeiros, a influência exercida pelas opiniões, literatura e costumes de um povo estrangeiro; suas invasões e talvez mesmo conquistas; a introdução forçada de novas religiões, novas leis, e costumes – todas essas coisas são perturbações que, do ponto de vista da história universal, equalizam-se, mas que em um país apenas são aptas a distorcer a marcha natural, tornando os movimentos da civilização mais difíceis de calcular. O modo pelo qual procedi para fazer frente a essas dificuldades será agora exposto; mas o que primeiro gostaria de destacar são as razões que me levaram a considerar a história da Inglaterra como mais importante do que qualquer outra, e, por isso, como a mais valiosa para ser submetida a uma investigação completa e filosófica.

É evidente agora que na medida em que a grande vantagem de estudar os eventos passados consiste na possibilidade de afirmar as leis pelas quais eles são governados, a história de qualquer povo se tornará mais valiosa na proporção em que seus movimentos tenham sido minimamente perturbados por agentes externos. Toda interferência estrangeira ou externa a que é submetida uma nação influi em seu desenvolvimento natural e, por isso, complica as circunstâncias que tentamos investigar. Simplificar complicações é, em todos os campos do conhecimento, o primeiro elemento do sucesso. Isso é muito familiar para os praticantes das ciências físicas, que são frequentemente capazes de descobrir, através de um único experimento, uma verdade que inúmeras observações tinham em vão procurado; a razão disso sendo que ao fazermos experiências com os fenômenos podemos desembaraçá-los de suas complicações e isolá-los de interferências de agentes desconhecidos, deixando-os, como são, a correr seu próprio curso, revelando assim o funcionamento de suas próprias leis.

Esse é, então, o verdadeiro padrão pelo qual devemos medir o valor da história de qualquer nação. A importância da história de um país depende não do esplendor de seus feitos, mas do grau em que suas ações são oriundas de causas que se originam internamente. Se, por isso, pudéssemos encontrar algum povo civilizado que tenha desenvolvido sua civilização inteiramente por recursos próprios; que tivesse escapado a qualquer influência estrangeira e que não tivesse sido beneficiado nem atrasado por qualquer peculiaridade pessoal de seus governantes, a história desse povo poderia ser de enorme importância, porque apresentaria as condições normais e inerentes de desenvolvimento. Tal povo poderia demonstrar as leis do progresso agindo em um estado de isolamento; poderia ser, de fato, um experimento pronto e possuiria todos os valores dos modelos artificiais aos quais as ciências naturais tanto devem.

Encontrar um povo como esse é obviamente impossível, mas a missão do historiador filosófico é selecionar para seu estudo específico o país no qual essas condições foram mais exatamente seguidas. Agora, será rapidamente admitido, não apenas por nós mesmos, mas por estrangeiros inteligentes, que na Inglaterra, durante pelo menos os últimos três séculos, isso tem acontecido mais constante e exitosamente que em qualquer outro país. Não digo nada sobre o número de nossas descobertas, o brilhantismo de nossa literatura ou o sucesso de nossas armas. Esses são objetos de ciúmes; e outras nações poderiam talvez nos negar esses méritos superiores, que estamos inclinados a exagerar. Mas sustentarei apenas uma afirmação: que dentre todos os países europeus a Inglaterra é o único no qual, durante o mais longo período, o governo tem sido suave e o povo, mais ativo; onde a liberdade do povo tem sido estabelecida em bases mais amplas; onde cada homem é mais capaz de dizer o que pensa e fazer o que deseja; onde cada um pode seguir sua própria inclinação e propagar suas próprias opiniões; onde a perseguição religiosa, sendo pouco comum, o jogo e o fluxo do espírito humano podem ser claramente vistos, intocados por aquelas limitações que existem em todos os outros lugares; onde a defesa da heresia é menos perigosa e a prática da discordância, mais comum; onde credos hostis floresceram lado a lado, ascenderam e caíram de acordo com os desejos do povo, inalterados pelas vontades da Igreja e sem o controle da autoridade do Estado; onde todos os interesses e todas as classes, tanto espirituais quanto temporais, são mais livres para cuidarem de si mesmas; onde essa doutrina da interferência chamada proteção foi primeiro combatida, e onde sozinha tem sido destruída; e onde, em uma palavra, esses perigosos extremos a que a interferência dá lugar têm sido evitados, despotismo e rebelião são igualmente raros, sendo a concessão reconhecida como a base para a política, o progresso nacional tem sido menos perturbado pelo poder das classes privilegiadas, pela influência das seitas particulares ou pela violência de governantes arbitrários. [...]

Capítulo 6. Origem da História e estado da literatura histórica durante a Idade Média

[...] Além disso, pareceu-me que os princípios que exibi poderiam também ser testados por um procedimento que ainda não mencionei, mas que está intimamente conectado com o assunto que tratamos. Ou seja, incorporar na investigação do progresso da história do homem, uma investigação sobre o progresso da História ela mesma. Por esse meio, muitas luzes serão lançadas sobre os movimentos da sociedade, já que deve sempre haver uma conexão entre o modo pelo qual os homens contemplam o passado, e o modo pelo qual eles contemplam o presente, ambos sendo de fato diferentes formas dos mesmos hábitos de pensamento e, por isso, em todas as épocas há uma certa conexão e correspondência entre esses dois modos de contemplação. Descobrir-se-á que tal investigação, do que chamo a história da História, estabelecerá dois grandes fatos de considerável valor. O primeiro é que durante os últimos três séculos os historiadores, tomados como uma classe, demonstraram um respeito constante e crescente pelo intelecto humano, e uma aversão por aqueles inúmeros artifícios pelos quais ele foi antes aprisionado. O segundo fato é que durante o mesmo período eles mostraram uma tendência crescente a negligenciar assuntos antes tidos como de grande importância, e têm estado mais inclinados a dedicarem-se a assuntos relacionados com a condição do povo e a difusão do conhecimento. Esses dois fatos serão decisivamente estabelecidos na presente Introdução; e deve-se admitir que sua existência corrobore os princípios que tenho proposto. Se for possível provar que à medida que a sociedade se aperfeiçoa a literatura histórica tem constantemente tendido a uma direção, levanta-se uma probabilidade muito forte a favor da verdade dessa direção. Na verdade, são esses tipos de probabilidades que tornam tão importante para o estudante de qualquer ciência particular estar familiarizado com a história dessa ciência; porque há sempre uma boa possibilidade de que, quando o conhecimento geral está avançado, todos os departamentos particulares, se estudados por homens competentes, estarão também avançando, mesmo quando os resultados possam parecer tão pequenos para serem notados. Torna-se então muito importante observar o modo pelo qual, durante épocas sucessivas, os historiadores transformaram o seu terreno, pois descobriremos que tais mudanças, no longo prazo, sempre apontaram para a mesma direção, que é, na realidade, apenas parte desse grande movimento pelo qual o intelecto humano, com infinita dificuldade, reclama seus próprios direitos e lentamente se emancipa dos preconceitos inveterados que impedem sua ação.

Com vistas nessas considerações, parece aconselhável que quando examinar as diferentes civilizações nas quais os países da Europa se dividiram, eu deva também relatar o modo pelo qual a história foi geralmente escrita em cada país. No uso desse recurso, deverei ser guiado pelo desejo de ilustrar a íntima conexão entre a real condição do povo e suas opiniões com relação ao passado; e, de modo a manter essas relações em vista, devo tratar o estado da literatura histórica não como um objeto separado, mas como formando parte da história intelectual de cada nação. O presente volume conterá um panorama das principais características da civilização francesa até a Grande Revolução; nela será incorporado o relato dos historiadores franceses e dos admiráveis avanços que introduziram em seu setor de conhecimento. A relação que esses avanços têm com o estado da sociedade da qual eles procedem é extraordinária, e será examinada com certo vagar; enquanto no próximo volume a civilização e a literatura históricas dos outros principais países serão tratadas de maneira semelhante. Antes, no entanto, de entrar nesses diferentes assuntos, ocorreu-me que uma investigação preliminar sobre as origens da história europeia poderia ser interessante para suprir informações sobre assuntos pouco conhecidos; ao mesmo tempo em que permitiria ao leitor entender a extrema dificuldade com a qual a História atingiu seu avançado, embora imperfeito, estado atual. Os materiais para estudar as condições primitivas da Europa desapareceram desde há muito, mas as exaustivas informações que hoje possuímos sobre as nações bárbaras nos suprirão com recursos úteis, porque elas todas têm muito em comum. [...]

Capítulo 14. Causas aproximadas da Revolução Francesa após meados do século XVIII

Aquilo para o que a atenção dos compiladores da história é frequentemente direcionada não é a transformação, mas meramente os resultados externos que a seguem. A verdadeira história da raça humana é a história das tendências que são percebidas pelo espírito, e não os eventos que são discernidos pelos sentidos. É por isso que nenhuma época histórica admitirá essa precisão cronológica familiar a antiquários e genealogistas. A morte de um príncipe, a perda de uma batalha e a mudança de uma dinastia são assuntos que cabem inteiramente no domínio dos sentidos. No momento em que acontecem podem ser registrados pelo mais ordinário dos observadores. Mas aquelas grandes revoluções intelectuais sob as quais todas as revoluções são baseadas não podem ser avaliadas por esse padrão simples. Para traçar os movimentos do espírito humano é necessário contemplá-lo sob diferentes aspectos, e então coordenar os resultados do que foi separadamente estudado. Por esse modo chegamos a certas conclusões gerais que, como as ordinárias estimativas médias, crescem em valor na proporção em que aumentamos o número de casos nos quais elas são coletadas. Que esse é um método disponível e seguro advém não apenas da história do conhecimento físico, mas também do fato de que é a base da máxima empírica pela qual todos os homens de boa compreensão são guiados naquelas transações comuns da vida nas quais as generalizações da ciência ainda não foram aplicadas. Na verdade, tais máximas, que são altamente apreciáveis, e que em seu conjunto formam o que chamamos de bom senso, nunca foram coletadas com nada parecido com as precauções que o historiador filosófico deve sentir-se obrigado a empregar.

A real objeção contra as generalizações sobre o desenvolvimento do intelecto de uma nação não é que elas carecem de certeza, mas que lhes faltam precisão. É esse justamente o ponto no qual o historiador diverge do escritor de anais. Que o intelecto inglês, por exemplo, está gradualmente se tornando mais democrático, ou, como tem sido nomeado, mais liberal, é tão certo quanto o fato de que a rainha Vitória detém a coroa deste país. Mas, enquanto ambas as afirmações são igualmente certas, a última é mais precisa. [...]

Tradução: *Valdei Araujo*

Os autores

Estevão de Rezende Martins (Organizador)
Doutor em Filosofia e História pela Universidade de Munique. Professor titular de Teoria da História na Universidade de Brasília. Pesquisador 1 do CNPq. *Humboldt fellow* (Alemanha).

Arthur Assis
Doutor em História pela Universidade de Witten/Herdecke (Alemanha). Professor adjunto da Universidade de Brasília.

Cássio da Silva Fernandes
Doutor em História pela Universidade Estadual de Campinas. Professor adjunto da Universidade Federal de Juiz de Fora.

Deborah Scheidt
Mestre em Letras pela Universidade Federal do Paraná. Professora assistente da Faculdade de Ciências e Letras de Campo Mourão (Fecilcam).

Luiz Sérgio Duarte
Doutor em Sociologia pela Universidade de Brasília. Professor da Universidade Federal de Goiás. *Humboldt fellow* (Alemanha).

Pedro Caldas
Doutor em História pela Pontifícia Universidade Católica do Rio de Janeiro. Professor da Universidade Federal do Estado do Rio de Janeiro. Pesquisador do CNPq.

Renato Lopes
Doutor em História pela Universidade Federal do Paraná. Professor da Universidade Federal do Paraná (UFPR). Pesquisador do CNPq.

Sérgio da Mata
Doutor em História pela Universidade de Colônia. Professor adjunto da Universidade Federal de Ouro Preto.

Valdei Araujo
Doutor em História pela Pontifícia Universidade Católica do Rio de Janeiro. Professor da Universidade Federal de Ouro Preto. Bolsista do Programa Pesquisador Mineiro da Fapemig.

O HISTORIADOR E SUAS FONTES

Carla Bassanezi Pinsky *e* Tania Regina de Luca (orgs.)

Como o pesquisador, na prática do seu ofício, pode trabalhar com fotografias, obras literárias, cartas, diários, discursos e pronunciamentos, testamentos, inventários, registros paroquiais e civis, processos criminais, materiais produzidos por órgãos de repressão ou mesmo com as inúmeras fontes do patrimônio cultural? Em O historiador e suas fontes, um grupo de historiadores experientes responde a essa questão, expondo um repertório variado de fontes interessantes e suas formas de utilização.

A obra mostra também por que certos documentos adquirem maior ou menor relevância ao longo do tempo e em que isso afeta a História e a memória. Fala ainda de como os debates historiográficos, ao sabor das tendências modernas e pós-modernas alteram o uso das fontes históricas e afetam o ofício do historiador. O historiador e suas fontes é, portanto, uma instigante discussão sobre teoria e prática da História.

DICIONÁRIO DE CONCEITOS HISTÓRICOS

Kalina Vanderlei Silva e *Maciel Henrique Silva*

Os autores deste livro defendem um conhecimento histórico compreensível e socialmente relevante. Para isso, apresentam os principais conceitos históricos que permeiam nosso dia-a-dia e introduzem o leitor em importantes discussões teóricas, sem se perderem, contudo, em um vocabulário excessivamente técnico. Os conceitos selecionados, abordados de forma dinâmica e de acordo com sua natureza, dividem-se em três tipos: primeiro, os conceitos históricos stritu senso, ou seja, aquelas noções que só podem ser utilizadas para períodos e sociedades particulares. Em segundo lugar, conceitos mais abrangentes, muitas vezes denominados categorias de análise, que podem ser utilizados para diferentes períodos históricos. E, por último, conceitos que funcionam como ferramentas para o trabalho do historiador, como Historiografia, Interdisciplinaridade e Teoria.

Os verbetes estão apresentados em ordem alfabética para facilitar a leitura. Há também uma lista de livros para aprofundamento dos estudos que acompanha cada conceito. Os temas abordados, sempre que possível, estão vinculados à realidade brasileira e latino-americana. Além disso, a obra relaciona o saber histórico com a prática em sala de aula.